謎の弁才天女＋謎の津軽第二出雲王朝（他）

［蘇る吉田大洋著述集］

吉田大洋

ヒカルランド

蘇る吉田大洋著述集

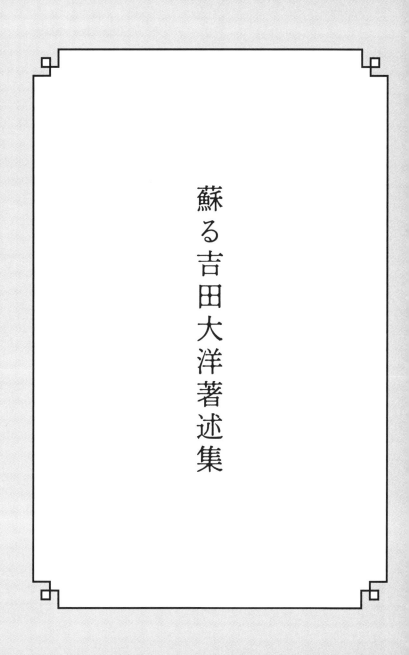

カバーデザイン　櫻井浩（⑥Design）
本文仮名書体　文麗仮名（キャップス）

◆目次

第四章 陰で動いた役の行者の組織

第五章　恐ろしい弁才天の呪詛

第六章　死してなお戦う秀吉と家康

第二部　謎の津軽第二出雲王朝（未完）――【未発表篇】――

第一章　ナガスネ彦の素姓

第四部　古神道のしおり　―【未発表篇】―

※本作品は、未完成の遺稿を掲載しているため、一部原稿が残っておりません。文章の欠落箇所がみられますが、ご了承のほどよろしくお願い致します。

ジェラシーの女神

第一部　謎の弁才天女

——福神の仮面をかぶった呪詛の神——

［復刻篇］

1989年8月、トクマブックスより刊行された『謎の弁才天女―福神の仮面をかぶった呪詛の神』を再録したものです。

はじめに――鬼女に突き落とされた弁才天

「あなたは呪《のろ》われている」

こう聞かされて、気持ちのいい人はいまい。恐怖におののく女性がいるかもしれない。逆に、「機械文明の発達した現代において、そんなことが信じられるか」と、即座に否定する男性も出てくることだろう。

三年前のある日、私はある知人から「北条政子が弁才天に奥州藤原氏を呪詛《じゅそ》した」という話を聞かされ、その素姓を調べることとなった。

弁才天は、七福神のなかで唯一の女神である。羽衣をまとった美しい天女として描かれ、弁舌、芸能、学術、蓄財の神として信仰されてきた。

しかし、取材が進むにつれ、弁才天のなかに恐ろしげな素顔が次々と現われてきたのである。

秘仏と称されるものでは、弁才天がいちばん多いのではなかろうか。ふつう弁才天といえば、琵琶をかかえた江の島の妙音弁才天を想い起こすが、秘仏は八臂《はっぴ》（八本腕）が主体である。剣や鉾、弓などを持ち、武神的な性格を表わしている。

その源流をさかのぼると、古代オリエントのイシュタルに至り、インドではサラスヴァティーの仏教化とされる。本来は見目うるわしい笑顔、豊満な肉体を持った女神だったが、被征服民族の神であったために、やがて鬼女へと突き落とされていく。

平成元年六月二十日、出雲神族四八九代の首長《かみ》・富當雄《まさお》氏が身罷《みまか》った。その数日前、私は最後の対面をしたが、富氏は日本史上重要なことを言い遺《のこ》した。

「我々の大祖先はクナトの大首長《おおかみ》（岐神《ふなとのかみ》）だが、もう一つ隠された女首長《め》にアラハバキ（荒吐神）があった。体制側によってこれらが抹殺されようとしたとき、クナトは地蔵に、アラハバキは弁才天へと変身した」

世界の歴史をひもとくと、そこにはかならず太陽族（太陽神を奉じる種族。牛をトーテムとするものが多かったので牛族ともいう）と、龍蛇族（龍神＝月神＝水神を奉じる種族）との戦いがみられる。そして、常に敗れるのは龍蛇族であった。

釈尊を出したサーキヤ族はむろんのこと、東南アジアのほとんどの太陽族は、「太陽の御子スーリヤが龍女ソーマを娶《めと》って生まれた子が建国の王である」という説話を残す。

日本ではウガヤフキアエズの命（太陽の御子）がタマヨリ姫（龍宮の乙姫）に神武天皇を生ませ、神武もまた、出雲神族のヒメタタライスズ媛《ひめ》やイスズヨリ媛を妻とする。

征服者は王女を奪うだけでなく、被征服者の神々を別なかたちにして認めるという方法で抹殺していく。

たとえば、ナーガとナーギ↓シヴァ神↓不動明王という図式である。しかし、被征服者は彼らの真の神を忘れない。変形された神々に、怨念と悲憤をぶつけ、強力な呪詛神へと仕立てていく。

わが国では、弁才天に役《えん》の行者、弘法大師空海、山伏、忍者、海賊、猿楽者、琵琶法師、鉢屋《はちや》衆などがからむ。

本来、美しかるべき弁才天に、カーリーやドゥルガー、宇賀神、荼吉尼《だきに》天、稲荷などの性格が加えられ、恐ろしい鬼女へと変身していく間には、虐《しいたげ》られた人々の慟哭《どうこく》があったのだ。

平成元年、己巳《つちのとみ》年。六十年に一度の弁才天の年である。各地の弁才天の秘仏が開帳されたが、マスコミにも取り上げられず、ひそやかな祭りが多かった。呪詛神としての性格がそうさせるのだろうか――。

世は昭和から平成へ。二十一世紀も近い。怨念や呪詛の世界は、消滅すべき時機《とき》にきている。またそうならねば、真の弁才天もアラハバキの神も復活しない。

平成元年夏　　　　　　　　　　著　者

第一章

弁才天に呪詛した北条政子

昔、江の島には三体の弁才天があった

電話のベルが鳴った。某社の重役をしていた、衣川《きぬがわ》萬里氏からである。

「吉田さんは、たしか家紋や姓氏に関する本を、四、五冊出されていましたね」

「ええ、でもだいぶ前のことになります。紋章関係で現在、市販されているのは一冊だけですよ」

「北条氏の紋章を知りたいんです。時政や政子は、どういう家紋を使っていたのでしょうか」

「三鱗《みつうろこ》といいましてね、多少、上下を押しつぶしたような三角形を、山形に三つ組み合わせたものです」

「えっ！……やっぱりそうなのか。これは間違いないな」

衣川氏は興奮したように独《ひと》り言《ごと》を言いながら、言葉をついだ。

「北条氏が三鱗を家紋にしたという記録や文献はありますか」

「北条氏の系譜のほかに、『太平記』や『相州兵乱記』などに載っています。後者は小田原の北条氏（早雲《そううん》）に関するものですが、紋章はまったく同じですから」

「吉田さんは、それらの図書をお持ちですか」

「持っていますよ」と、うなずく私に、

「紋章に関する部分だけ、コピーしていただけませんか。お願いします」

「わかりました。今日中に用意しておきましょう。それにしても、なぜ北条氏の三鱗紋にこだわるのですか」

「伺ったときにお話しします。ちょっと長くなりますので」

衣川氏は信仰心に篤《あつ》く、会社を退職したのち、昭和六十年、国学院大学で神官の資格までとっている。全国の聖地や神社めぐりなどもしているから、その間、何か情報を摑《つか》んだのかもしれない。めったに電話をかけてこない人である。まず、神仏に関することだろうと思われた。

翌日の午後、拙宅を訪れた衣川氏は、コピーに目を通しながら、次のようなことを話し始めた。

「昔、江の島には三体の八臂《はっぴ》（八本の腕）の弁才天像があったそうです。しかし、明治の神仏分離、廃仏毀釈《きしゃく》にあい、一体は江島《えのしま》神社、もう一体は旅館の岩本楼が引き取ってお祀《まつ》りしたが、残る一体は行方不明になった、と伝えています。

これは文覚上人《もんがくしょうにん》が勧請《かんじょう》（神仏の分霊を請《しょう》じ迎え祀ること）したもので、北条政子が護

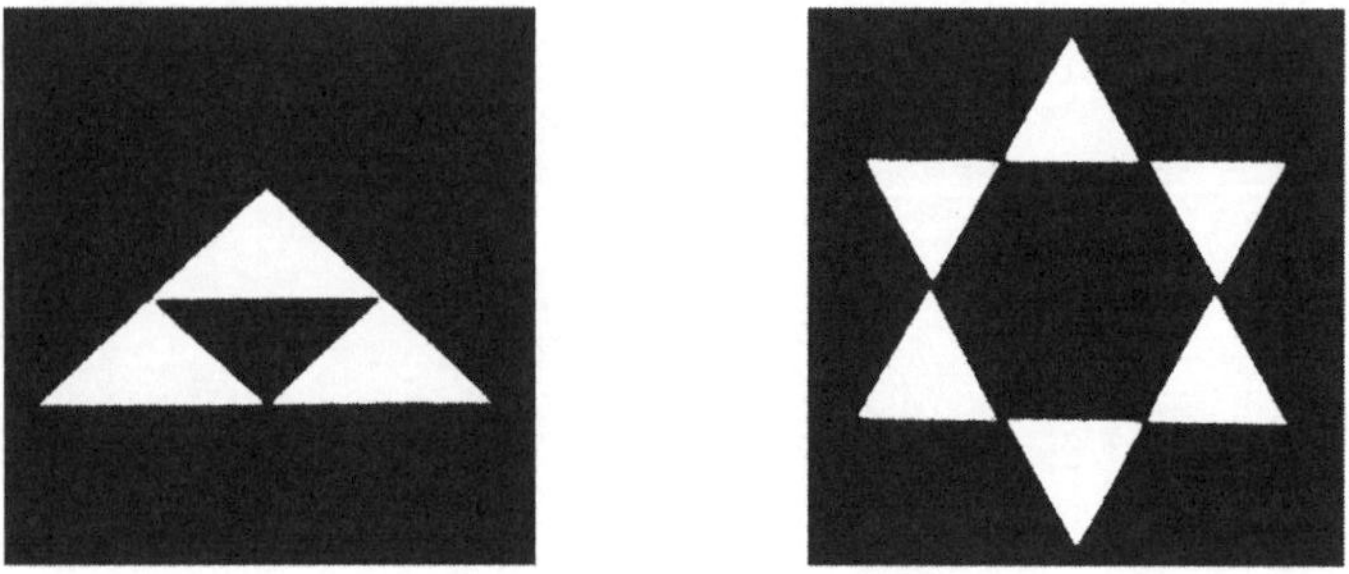

北条氏の家紋（三鱗―左）と籠目紋

持仏とし、日夜、奥州藤原氏の調伏を祈願したというシロモノです。実は、この弁才天像が見つかったんです。相当に傷んでいましたが、仏師のTさんが実費で修復してくれ、現在、小伝馬町の大安楽寺に安置してあります。

私は北条政子の護持仏に間違いないと思っていましたが、いろいろ言う人がいましてね、何か証拠になるものはないかと探していたんです。ある日、大安楽寺で弁天さんをじっくり鑑賞していたら、胸部に三鱗紋が付いているのに気づきました。私にも北条氏の紋章について、淡い記憶がありましてね。それで、吉田さんに電話したようなわけです」

衣川さんは、鬼の首でも取ったように喜んでいる。しかし、関東周辺の弁才天社のほとんどは、「三鱗」あるいは「波に三鱗」を神紋、寺紋にしている。北条氏は弁才天の紋章を、自分の家紋にしたのかもしれないのである。『太平記』五・時政榎嶋《えのしま》ニ参籠《さんろう》ノ事ノ条には、おおよそ次のように記されている。

鎌倉草創ノ始、北条四郎時政榎嶋ニ参籠シテ、子孫ノ繁昌ヲ祈ケリ、三七日（二十一日目）ニ当リケル夜、赤キ袴《はかま》ニ柳裏ノ衣《きぬ》着タル女房ノ、端厳《たんごん》美麗ナルガ、忽然《こつぜん》トシテ時政が前ニ来テ告テ曰《いわ》ク（中略）其ノ姿ヲ見ケレバ、サシモ厳《いつく》シカル女房、忽《たちまち》ニ伏長《ふしだけ》二十丈許《ばかり》ノ大蛇ト成《なっ》テ、海中ニ入ニケリ。其ノ迹《あと》ヲ見ニ、大ナル鱗ヲ三ツ落セリ。時政所願成就シヌト喜テ、則彼《かの》鱗ヲ取テ、旗ノ紋ニゾ押タリケル。今ノ三鱗形ノ文《もん》是也。其後弁才天ノ御示現ニ任《まかせ》テ云々。

『相州兵乱記』二・浅草沙汰ノ条には、小田原の後北条氏の紋章に関して、

弁才天ハ、観音ノ御分身、北条家ノ守護神、御紋ハ大蛇ノ鱗トカヤ

とある。右の文章から推定すれば、弁才天の紋章のほうが北条氏のそれよりも古い、ということになる。それに、古代オリエントやインドにおいて「三角紋」は、龍神系の大地

母神のシンボルとされた。ヒンズー教のターントリズムでは、三角形を二つ重ねた形（日本でいう籠目紋《かごめもん》）のヤントラ（仏教の曼陀羅《まんだら》）を崇拝した。また、これはイスラエルのダビデ王の紋章ともなっている。マレーシア、フィリピン、台湾、沖縄などの海人《あま》系原住民の多くは、三角紋を入墨《いれずみ》している。紋章学の常識からすれば、衣川氏が喜ぶにはまだ早いのである。

お茶を入れにきて、話を聞いていた妻の千代が、口をはさんだ。

「弁天さんが調伏の神だなんて、驚きだわ。私は芸能、弁舌、財宝にご利益がある神さんだと思っていた。ヤキモチ焼きだから、カップルでお参りしてはいけない、とは聞いていたけど……。ほら、あなたと結婚する前に上野の不忍池《しのばずのいけ》の弁天さんへ行ったことがあったでしょう。あのとき、おみくじを引いたら凶だった。

でも、文覚上人がからんでいるとすると、何か恐ろしげな気もする。彼は袈裟《けさ》御前を斬った人だったたわね」

衣川氏が千代の言葉を受けて、

「文覚上人は、カリスマ性の強い人物だったようです。平安末期から鎌倉初期にかけての真言宗の僧で、はじめ上西門院の北面《ほくめん》の武士でした。俗名を遠藤盛遠《もりとお》といいます。十八歳のとき、同僚だった源左衛門尉渡《みなもとのさえもんのじょうわたる》の妻・袈裟御前に横恋慕《れんぼ》、夜中に渡と間違えて彼女を斬ってしまう」「袈裟御前は斬られるのを覚悟で、夫の寝所に入っていたのでしょう。浄瑠璃などでは、いちばん泣かせる場面ですわね」

「ええ、彼女は諸行無常を感じたのかもしれません。一方、盛遠は掻《か》き切った首が袈裟御前のものであることを知り、翌朝、渡の前に手をついて、自らの首をさし出します。渡は夫を救うために、進んで犠牲になった妻の心に免じて、盛遠を許すのです」

「そして、発心《ほっしん》出家した盛遠は、文覚と名乗るわけですね」

衣川氏が続ける。

「彼は熊野などで苦行の後、京都にもどり、弘法大師空海が最初に住持し、その後荒れはてていた高雄山神護寺の再興を志して、勧進《かんじん》（寺院の建築・修理のため、信者たちに金品を寄付するようにすすめること）につとめます。しかし、治承三年（一一七九年）、後白河法皇に勧進を強要、不敬の罪で伊豆へ流されるのです」

「そこで会ったのが、やはり流刑中の源頼朝――」

「彼はニセの首を見せて、これはあなたの亡き父・義朝のドクロである。親の仇《かたき》を討つ意志はないのか。見たところ、あなたには天下を取る相がある、といって煽《あお》ります。頼朝に挙兵を説得した文覚は、ひそかに京都にもどり、後白河法皇の院宣《いんぜん》を頼朝に伝えるのです。

鎌倉幕府が成立すると重用され、念願だった神護寺の再興も果たしますが、言動が横暴なため、後鳥羽院や北条氏には嫌われ、頼朝の没後は佐渡に、さらに対馬へと流され、かの地で他界するのです」

『吾妻鏡』に出ていた調伏の事実

江島神社のいわゆる裸弁天は、白肉色の豊満で艶《つや》っぽい姿をしており、男性の拝観者を魅惑する。弁才天と若い男性との恋物語なども残っていて、とても恐ろしい女神とは考えられない。しかし、衣川氏の話は私の心を深くとらえた。その場で受話器をとると、早大時代の同窓生で、浜松市大厳《だいごん》寺の大和尚・木全《きまた》富雄君と、私の資料収集係を買って出てくれている水沢達郎君にダイヤルした。水沢君は国学院大学の国文科を卒業後、他の大学にも学士入学した学究の徒で、歴史、民俗、宗教関係の資料収集にかけてはトップクラスではないかと思っている。

「弁才天とサラスヴァティー（インドにおける弁才天の原像）に関する資料を集めたいんだが、協力してもらえないだろうか」

こう言う私に返ってきた二人の応《こた》えは、芳しいものではなかった。

「弁才天に関する文献なんて、ないんじゃないかな。経典のなかにも、わずかしか登場し

江島神社にある妙音弁才天

ないしね」

　と木全君はそっけない。水沢君のほうも、

「できるだけ探してみますが、直感としてはかなり難しいように思えます」

　とにもかくにも、軍記物などにあたって、少しずつでも調べるよりほかはない。衣川氏が帰ると、私は机の上に『吾妻鏡』『源平盛衰記』『平家物語』『太平記』などを積みあげて読み始めた。と、衣川氏の言われたようなことが、『吾妻鏡』に出ていたのである。寿永元年（一一八二年）四月五日の条に、北条政子ではないが、源頼朝が奥州藤原氏調伏のため、江の島の弁才天に祈願した、と記されている。

武衛（頼朝）は腰越を出て、江嶋に行かれた。足利冠者、北条殿、新田冠者、畠山次郎等がお供をした。これは高雄の文学《もんがく》（一般には文覚）上人が、武衛の御願を祈るため、大弁才天をこの嶋に勧請《かんじょう》したものである。初めて供養の法を行なったが、密議によれば、このことは鎮守府将軍藤原秀衡《ひでひら》を調伏するためのものである。

さらに、同年四月二十六日の条に、

文覚上人は営中の請により、去る五日より江嶋に参籠《さんろう》。それは三七日（二十一日間）にわたり、昨日退出した。その間、断食を続け、肝胆《かんたん》を砕いて懇祈《こんき》した。

密教系の真言、天台両宗は、ある意味では加持祈禱が専門であり、呪詛《じゅそ》も行なってきた。『吾妻鏡』の記事もうなずけなくはない。しかし、よく検討してみると、おかしな点が出てくる。頼朝の当面の敵は平家であり、木曾義仲であった。奥州藤原氏にまで目を向ける余裕はない、と考えるのが常識である。簡単な年表を記載すると、次のようになる。

寿永元年（一一八二年）頼朝、江の島に参籠し、奥州藤原氏の調伏を祈願する。平宗盛、内大臣となる。

寿永二年（一一八三年）平家西国に逃れ、木曾義仲入京す。

寿永三年（一一八四年）木曾義仲、征夷大将軍となり、のち敗北。

文治元年（一一八五年）安徳天皇入水《じゅすい》、平家滅亡。

文治三年（一一八七年）源義経、藤原秀衡《ひでひら》を頼る。秀衡他界。

文治五年（一一八九年）源義経殺され、頼朝、奥州を平定。

頼朝が江の島に参籠したとされるころ、平家は宗盛が内大臣となり、木曾義仲も着々と勢力を伸ばしていた。義仲は翌々年の一月に、征夷大将軍となっている。へたをすれば、頼朝の天下はなかったのだ。奥州藤原氏と完全に敵対したのは、義経が逃げ込んでからのこと。

それまで秀衡は、頼朝に馬や金銀を献じ、和平を保っていた（文治二年五月十日、馬三頭、中持《なかもち》三棹《さお》など。同年十月一日に、金四百五拾両）。寿永元年九月二十八日に、頼朝は秀衡追討令を出したと伝えているが、平家や義仲をさしおいてまで、調伏すべき相手ではなかったのである。

違う見方もある。読売新聞社に勤めておられたころ、何回かお会いした沢史生氏は、「頼朝とその一族は、北条氏の策略と陰謀に弄《もてあそ》ばれた、哀れな偶像にすぎない。元兇の北条時政は、実に巧妙に頼朝を持駒として利用した」といい、著書の『ゆのくに伊豆物語』(国書刊行会)のなかで、こう述べている。

頼朝像を画く人々は、蛙ヵ小島での二十年を雌伏《しふく》の年月にたとえているが、それにしては女房(北条政子)争奪戦というしまりのない争いで、山木判官平兼隆を討ち取るくだりが、余りにお粗末であった。山木館《やまき》の襲撃はお世辞にも合戦とはいいがたい。いわば暴力団の殴り込みのようなもので、「源氏嫡流二十年にして遂に起つ」と関東武士を身震いさせるほどの魅力にはまったく欠けていたのである。

頼朝という人物は元来、平氏討伐といった大望は、あまり持っていなかったのではなかろうか。たとえば彼が鎌倉の盟主におさまってからの出来事だが、養和二年(一一八二年)四月五日から二十一日間、文覚上人を江島の岩窟に参籠させ、調伏祈願をやったことを見ても歴然としている。調伏の相手は決して平氏一門ではない。みちのく平泉の藤原秀衡だったのである。頼朝の奥州討伐は柄のないところに無理に柄をつけるような、まことにあくどい強盗行為であった。

頼朝の行動は雌伏などといえるものではなく、もっと安直な発想に根差していたらしい。

彼が伊東祐親の娘に近付いたのも、伊豆の大豪族である祐親の庇護を受け、八重姫の亭主におさまって、のほほんと暮せればいいと考えていたのではなかったか。（中略）

わたしは大姫はともかく、頼家以降の三子は政子の腹ではないのではないかと疑ってみた。頼朝が他の女に生ませたこどもを、政子が生んだように擬装するということである。頼家や実朝を整然と死出の旅に送り出し、それを冷ややかに見ていられる女に、母を感じることは無理であろう。政子の〝母〟を是《ぜ》とするならば、いったいどのような大義に殉じて二子を惨殺せしめたのか。その大義があるとすれば、実家・北条氏による天下掌握以外に考えられない。

（註・『吾妻鏡』には、文覚が何の目的で祈願したのか明記していない）

文覚は弁才天を祀ったのか

しかし、疑問はまだあるのだ。弁才天信仰は、室町時代に入り、福神の一つに加えられてから盛んになった、というのが定説だからだ。この件に関しては、資料を持ってきた水沢君と話し合ったことがある。

「東大寺三月堂の弁才天像は、天平勝宝年間（七四九～七五七年）の作ですね。その後も幾体か描かれたり、造られたりしたという記録が残っていますから、弁才天信仰が新しい――室町時代から、とは言い切れないんじゃないですか」

「三月堂の塑像《そぞう》が古いことは、仏教美術のカメラマンで、『大和の原像』（大和書房）を書いた親戚の小川光三さんから聞いている。傷みも相当にひどいとか。しかし、当時の弁才天像は、いずれも吉祥《きつしよう》天女像〈註1〉などとともに造られており、単独神ではないよ。また、弁才天像と称したものが、実は吉祥天であったりしている」

水沢君が食いさがる。

「奈良時代から平安時代にかけて、もっとも信仰を集めた女神が、吉祥天であることは、私も知っています。でも、真言宗では調伏の女神として、荼吉尼《だきに》天〈註2〉をひそかに祀っていました。弁才天もそうした型になっていた、とは考えられませんか。現在でも、三十三年、あるいは六十年に一度しか開帳しない秘仏が、かなりありますから」

「喜田貞吉氏も宝文館出版から出した『福神』のなかで、弁才天は平安中期以後、だんだん近江の竹生島《ちくぶじま》の神として世に現われ云々、と書いている。その根拠の一つは、大江匡房《まさふさ》（一〇四一〜一一一一年）の『江談抄』に、竹生島の島主・弁才天、とあるからなんだが、匡房という人物はオカルトに興味をもち、呪文まで作っているからね、勝手に付会したとも考えられる。竹生島と天河《てんかわ》弁財天には近々、取材に行くつもりだから、ここでは江の島と厳島《いつくしま》に限って話をしよう。

　鶴岡八幡宮の裸形弁才天には『文永三年（一二六六年）九月二十九日、初めてこれを造立する。中原朝臣《あそみ》光氏』の銘がある。江の島の裸弁天も同形だから、ほぼ同時代のものだろう。となると、政子や頼朝とは結びつかない」

「火災がありますからね。それに、幾体かの弁才天像があったとすれば、政子たちが祈願したのは別のものとも考えられます」

「もっともな意見だが、文覚が信奉したのは観音なんだ。『源平盛衰記』に、我（文覚）昔より千手経の持者として、深く観音の悲願をたのみ云々、と出ている。そのうえ、厳島を深く信じた清盛だが、『平家物語』巻第二・徳大寺の沙汰《さた》、巻第四・厳嶋御幸、還御の条など、清盛と厳島に関して書かれたところを読んでも、弁才天は出てこない。ようやく弁才天の文字にぶつかるのが、巻第七・竹生島詣の条なんだ。

ある夜、副将軍の平経正《つねまさ》が琵琶湖の竹生島明神に詣で、戦勝を祈願して琵琶をひいたところ、大弁功徳天が納受されたのだろう、経正の袖の上に〝白龍〟が現われた、とね」

「おかしいな。ちょっと、その本を見せてください」

私は龍谷大学図書館蔵の写本を底本とした、岩波書店の日本古典文学大系『平家物語』を手渡した。水沢君はページをめくりながら、盛んに首をひねっている。

彼が何か言いかけようとしたとき、玄関のチャイムが鳴った。私が主宰する古代史研究会の常連、望月千鶴君だった。水沢君とは知己の間柄である。彼女は母親が従軍看護婦としてインドネシアにいたことから、東京外語大学でインドネシア語を専攻、その間に東南アジアの宗教音楽や舞踊に興味をもち、卒業後に国学院大学で神職の資格まで取っている。現在はアルバイトをしながら、雅楽や巫女《みこ》舞いなどを習っているという変わりダネだ。彼女にざっとこれまでの経緯を説明すると、

「おもしろそうですわね。ぜひ、手伝わせてください」

と言う。私に異論のあるはずがなかった。人手は多ければ多いほどいい。それだけ、いろいろな面から検討できるからだ。水沢君は、まだ『平家物語』から目を離さない。

鶴岡八幡宮の弁才天女

「ついでだから『源平盛衰記』も、読んでおいてもらいたい。当時、厳島大明神をどのように考えていたのかわかるから」

『源平盛衰記』上・巻十三・入道厳島を信する事、ならびに垂迹《すいじゃく》の事の条には、次のような記事がある。

入道の厳島を崇《たっと》び給ひける事は、鳥羽院の御宇、清盛安芸守たりし時、（中略）高野に参りて、大塔拝し奉りて休給ひける夜の夢に、七十有余の老僧（中略）入道に申しけるは、（中略）厳島は荒廃して候。此事《このこと》大に歎《なげ》き思ふ。相構《あいかま》へて崇み修理し給へ。さらば我身の栄華も開き、子孫の繁昌疑ひなしと云ひかけて出で給ふ。是《これ》は何《いか》なる人にて御座するやあらん。あれ見て参《まい》れとて、貞能《さだよし》を付けて遣《つかは》しけるに、三町計《ばか》り御座しまして彼の老僧御堂の中へ入り給ひぬと語り申すを見て、夢覚めおわんぬ。清盛、此事《このこと》は弘法大師の御託宣《たくせん》にやとぞ思はれける。（中略）

そもそも厳島の明神と申すは、推古天皇の御宇、内舎人《うどねり》佐伯鞍職《さいきくらもと》と云《いう》者、網鈎《もうこう》の為に恩賀《おんが》の島の辺に経回《けいかい》しけるに、西方より紅《くれない》の帆挙《あ》げたる船見え来《きた》る。船中に瓶《へい》あり。瓶の中に鉾《ほこ》を立てて赤き幣《へい》を付《つけ》たり。瓶の内に三人の貴女あり、其《その》形端厳《たんごん》にして、人類に同じからず。託宣して云《いわ》く、吾《われ》百王守護の為に、本所を離れて王城に近《ちか》づく。御宝殿ならびに廻廊百八十間造立して、我を厳島大明神と崇ぶべし（中略）

御垂迹は天照皇太神の孫娑竭羅《しゃかつら》龍王の娘也。本地を申せば、大宮は是れ大日、弥陀《みだ》、普賢《ふげん》、弥勒《みろく》。中宮は十一面観音。客人《まろうど》の宮仏法護持多聞天、眷属《けんぞく》神等、釈迦、薬師、不動、地蔵也。総じて八幡別宮とぞ申しける。

「確かに弁才天は出てきませんね。でも、私が研究書で読んだ『平家物語』の一節には、清盛と弁才天とのかかわりが書いてあったと記憶してます。近日中に探してきますよ。話は変わりますが、平経正の竹生島詣の項でも〝白龍〟を〝白狐《びゃっこ》〟としている異本があります」

これには千鶴君が答えた。

「『源平盛衰記』にも同じような記事があって、やはり白狐としていますわ。キツネが登場してくるところをみると、この時代には弁才天と荼吉尼天、稲荷神とが、すでに習合しているんですね」

水沢君がうなずきながら、

「さらに気になるのは、『源平盛衰記』に弘法大師や天照皇太神が出てくることです。アマテラスは、本来、龍神系の神々と敵対関係にあったのでしょう。それから、瓶の内に三人の貴女あり云々は、宗像《むなかた》三女神（福岡の宗像神社祭神。タギリ姫命、イチキシマ姫命、タギツ姫命。この中のイチキシマ姫が、一般に弁才天とされる）を念頭において書いたものと考えられますが――」

「インド最古の宗教文献『リグ・ヴェーダ』（バラモン教の根本教典）に、弁才天は日神スーリヤの子の妃（インド、東南アジアの建国説話では、龍女ソーマ）とあり、日本製の偽経『大弁才天女秘密陀羅尼《だらに》経』なども、弁才天の正身は日輪の中にあって、四州の闇を照らし云々と書いている。アマテラスが出やすい素地はあったわけだ。

『竹生嶋縁起略』にも、人皇三十代・欽明天皇六年（五四五年）四月初巳《み》日に〈弁才天大内に示現して曰《いわ》く、我は竹生島の弁才天、天照大神の分魂《わけみたま》也。天にあっては日の御魂、地にあっては富貴の御魂、此《この》国にあっては五椿の御魂也。妙弁才天女と名づく。天皇は我《わが》皇孫《そんえい》胤也〉とある。

竹生島は、ごく近年まで天台宗だった。天台は体制側の宗教だから、こうした物語が作られたとも言える」

「弁才天の格を上げるための作為も感じられますわ。役《えん》の行者や空海をもち出すのも、同様でしょう」

「修験道や密教、主に真言宗が裏で動いたのは、間違いないんじゃないかな。江の島の弁才天は、島の形が似ているので、文覚が竹生島から勧請した、というのが通説になっている。しかし、そうした記事を載せた文献はないし、神紋が違うから同系列とは思われない。竹生島は天龍、厳島は三盛亀甲《きっこう》に剣花菱《はなびし》。後者は宗像神社の神紋で、現在の祭神とも一致する。江の島が三鱗、天河は三巴。いずれも龍神の紋章なんだが、ここまで違うと、横のつながりはなかった、としか言いようがない」

「紋章の説明を、もう少ししていただけませんか」

出雲で舞われるヤマタノ大蛇退治の神楽

荒脛（あらはぎ）神社

と千鶴君。

「鱗は龍神系の大地母神の紋章。女陰をかたどったという説がある。僕は象形文字などから神々が鎮《しず》まる山、ご神水の源流がある山が原型だと思うんだがね。亀甲はシュメールの龍神・マルドゥクの神紋で、日本ではやはり龍神系とされる出雲神の神紋となっている。三巴は中国で水神、海神とされるマソ神（天上聖母、天后ともいう）のシンボル。

　これは、はからずもテレビが立証してくれた。ヒマラヤ山脈のカンチエンジュンガ山を中心として、龍の国を意味するブータンがある。一度、ここにテレビカメラが入ったんだが、寺院の天井を映し出したときは驚いたね。あざやかな三巴が描かれていた。この紋章は間違いなく、龍神のものだったんだ。日本では、龍神系の八幡《やはた》大神の神紋となっている。竹生島のものは、後世に日本で作ったんだろう」

千鶴君がけげんな顔をした。

「八幡《はちまん》さまの祭神は、神功《じんぐう》皇后と応神天皇でしょう。龍神系なんですか」

「天孫系が乗っ取ってから、祭神を変えたんだよ。本宮も宇佐八幡ではなく、鹿児島の隼《はや》人《と》町にある大隅《おおすみ》八幡（現在の鹿児島神宮）なんだ。両社の由緒を調べると、龍神以外のなにものでもないことになる。元来は、インドネシア、台湾、九州へと渡ってきた隼人族の神だったらしいね。ほら、有名な隼人の楯も巴を描いてあるだろう」

「龍神系の紋章は、そのほかにもありますか」

「代表的なのが三引両《みつひきりょう》（三文字）紋。これはシュメールの月神シン、インドの龍蛇神シ

丸に三引両

龍の丸

陰右三つ巴

持ち合い三つ盛亀甲に花角

ヴァの神紋で、日本では瀬戸内海の大三島《おおみしま》に鎮座する大山祇《おおやまつみ》神社の神紋となっている。月神はイコール龍神で、シヴァ神も別名をソームナート、月の主《あるじ》という。大山祇神の娘のコノハナサクヤ姫は龍神とされているから、これまたピッタリ合うんだ」

話が脱線しそうになるのを、水沢君がとどめた。

「文覚は本当に弁才天を祀ったのか。頼朝や政子は弁才天に祈願したのか。疑問点は多々ある、ということになりますね。ところで、頼朝は何を信仰していたのでしょうか」

「源家再興の祈願をしたのは、伊豆の三島大明神なんだ。それから考えても、江島弁才天の話は唐突な感じがする。一度、関東の頼朝ゆかりの神社を洗ってみないといけないね」

「お手伝いしますから、いますぐ始めましょうよ」

千鶴君にせっつかれて、三人は『全国神社名鑑』などをめくり、頼朝、政子と関係の深い神社をピックアップし始めた。

〈註1〉　吉祥天は、梵《サンスクリット》語でシリ＝マハーデヴィーといい、吉祥天女、吉祥功徳天、功徳天などと漢訳する。インド神話のヴィシュヌ（那羅延天《ならえん》）の妃であるラクシミーのことで、早い時代に仏教に取り入れられた。中部インドのマカダ城下に、父徳叉迦《とくさか》、母鬼子母神《きしぼじん》の娘に生まれたということになっている。『金光明経』によると、過去の世に、金山照明如来《こんざんしょうみょう》のもとにあって、さまざまの善根を植え、釈尊の教導によって、第一威徳成就衆事大功徳天という立派な天女になった。毘沙門《びしゃもん》天の妹という説と、妃という説があるが、はっきりしない。ともあれ、衆生に大功徳、福徳を与えてくれる女神である。

わが国の吉祥天信仰は、『金光明経』が伝わった飛鳥時代に始まるとされる。浄瑠璃寺の吉祥天女像が、もっともよく知られている。

〈註2〉　荼吉尼天は仏教における鬼神で、梵語ダーキニーの音写。インド人の間で古くから知られた人食い鬼の名で、また、一種の妖女として崇拝されている。

荼吉尼天は、人の心肝を食らう夜叉《やしゃ》の類だったが、毘盧遮那《びるしゃな》仏に降伏されてからは善神となり、人を殺して食うことができないため、仏からあらかじめ人の死を六か月前に知る術を授かり、命の終わるのを待って食すことを許された。

この天を信仰し、その意を迎えればかならず福徳を与え、これに反しその意に背《そむ》けば害を与える。また、初めより触《ふ》れなければ、福も害も与えないという。「さわらぬ神に祟《たた》りなし」の典型である。平安時代には、すでに荼吉尼天を信仰していたことが『古今著聞集《ここんちょもんじゅう》』にみえ、その修法は狐精《こせい》を使うものであったようだ。

頼朝が信奉した神とは？

頼朝、政子ゆかりの神社の一覧表ができあがると、水沢君はじっと眺めていたが、しばらくして口を開いた。

「弁才天関係は、銭洗《ぜにあらい》弁天と横浜弁天しかありませんね。前者は神社名（宇賀福神社）にもあるように、もとは人頭蛇神の宇賀神《うがじん》が祭神だったのでしょう」

彼はこう言いながら受話器を取ると、横浜弁天に電話を入れた。寺側の返事は、芳しいものではなかった。「弁才天はお祀りしているが、ご本尊はない」とのこと。

「頼朝と弁才天とは、なかなか結びつきませんわね。ところで、宇賀神はどういう神様なんですの」

と千鶴君。

「宇賀神の素姓は、よくわからない。織田得能著の『仏教大辞典』では、弁才天の尊号であるとして〈宇賀耶、梵語、即《すなわち》天女号也〉といい、『塩尻』でも〈宇賀耶は梵語にして白蛇と訳す〉と書いている。

こうなると、インドの神ということになるんだが、天理図書館蔵『吉田文庫』（吉田神

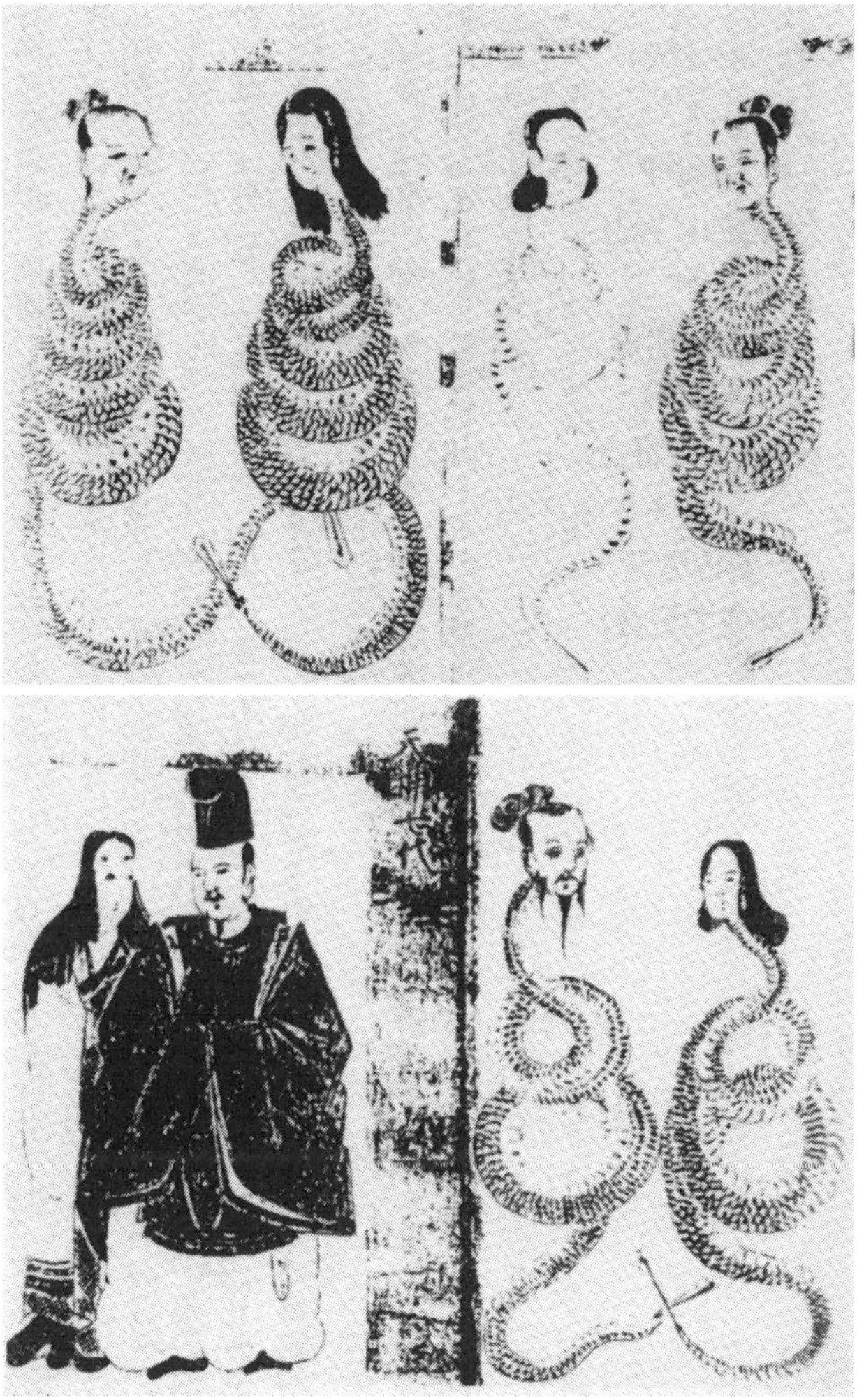

鎌倉や江の島では、蛇がとぐろを巻いている姿や、龍頭蛇身のものを、弁才天とも宇賀神とも呼んでいる

祇管領家の神道書類）のなかにある円智筆の神代絵図を見ると、イザナギ、イザナミ以前の天神六代はすべて人頭蛇身なんだ。さらに、弘法大師筆と伝える絵図では、アマテラスを白蛇、春日神も蛇神、八幡神はクリカラモンモン型の龍神として描いている。宇賀神を日本産とする人がいるのもうなずける。

ともかく、人頭蛇身という形態から弁才天と習合し、また宇賀は宇迦之御霊《うかのみたま》のことだとして、稲荷とも同体とされた。鎌倉、江の島では、蛇がとぐろを巻いている姿（海蔵寺）や、龍頭蛇身のもの（岩本楼）を、弁才天とも宇賀神とも呼んでいる。東京では、井の頭公園の人頭蛇身の宇賀神が有名だ。両者とも、水の神、豊作の神だから、共通点はあるんだけどね。本来は別系統だろう」

「稲荷には、宇迦之御魂《うかのみたま》の伏見系と、荼吉尼天の豊川系がありますわね」

千鶴君もよく勉強している。伏見系は、秦《しん》始皇帝の末裔《まつえい》とされる秦《はた》氏の氏神で、その血脈をひく薩摩（鹿児島）の島津氏は、領内のあちこちにこれを祀った。秦氏はその財力にものをいわせて、たちまちのうちに稲荷神を正一位にまで押し上げるのだが、一般には二つの系統のあることが知られていない。私が説明を加える。

「稲荷は豊作の神だから、食事を司《つかさど》る御食津《みけつ》神とされるんだが、平安時代に、このミケツに三狐《みけつ》の字をあてた。そこで狐精《こせい》とされる恐ろしい荼吉尼天が出てきて、これまた弁才天と同体だとされてしまう。

弁才天
＝
宇賀神
（形態的に習合）
＝
宇賀之御魂
稲荷神
（神名から習合）
＝キツネ
荼吉尼天
（神使で習合）

伊勢外宮の豊受《とようけ》大神もミケツ神（宮中賢所《かしこどころ》八神殿ではミケツ神として祀っている）なのに、こちらはどういうわけか弁才天とはいわない。伊勢は龍神信仰の一拠点で、社家だった荒木田家の伝承によると斎宮《いつきのみや》（伊勢神宮に奉仕した未婚の皇女）が伊勢大神と同衾《どうきん》した翌朝は、社の床の下にかならず龍のウロコが落ちているという」

水沢君が話題を変えた。

「不思議なのは、鶴岡八幡宮を除くと、八幡神社が一社しかないことです。しかも、祭神が一般の誉田別尊《ほむたわけ》（応神天皇）や息長帯姫尊《おきながたらし》（神功皇后）ではなく、八幡《やはた》大神です。東京には八幡様がたくさんあるんですが、ほとんどが源頼信、頼義、義家ゆかりの神社です。

頼朝は鎌倉に幕府を開いてから、鶴岡八幡宮を産土《うぶすな》神として信奉したが、それまでは八幡信仰をもっていなかった、と言えるのじゃないでしょうか」

「同感です。この表によれば、頼朝がもっとも信奉していたのは、出雲系と大山祇《おおやまつみ》系になりますわね」

「出雲神族と大山祇族とは婚姻関係で結ばれている（事代主命《ことしろぬし》が大山祇一族の三島溝咋《みぞくい》の娘を妃としている）から、両者は同族視してもいいのじゃないかな。三島神社の主祭神は大山祇神なんだが、いつのころからか事代主命が上位になってしまった。

大山祇神は木花咲耶《このはなさくや》姫の父として知られているぐらいで、あまり有名じゃない。神社側も出雲の神を前面に出したほうが、信者を集めやすかったのだろう。また、東国の国《くにの》造《みやっこ》は出雲系が圧倒的に多かったので、その影響とも考えられる。

いずれにせよ、頼朝が信奉したのは、出雲系の神々だ。大山祇系を加えるなら、木花咲耶姫を祭神とする浅間《せんげん》神社がかなり出てくるはずだ。それなのに、これまた一社しかない」

私はノートに万年筆を走らせながら、（頼朝や政子が、弁才天に奥州藤原氏の調伏を祈願したというのは本当だろうか）などと、思いをめぐらせていた。

荼吉尼天（御室版両部曼荼羅）

高山稲荷本来の神が龍神であったことを示す絵馬

大山祇神―木花咲耶姫…三島溝咋の娘
＝
大国主命―事代主命…菅原道真
　　　　　建御名方命《たてみなかたのみこと》
　　　　　宗像三女神（タキリ姫は大国主命妃）

疑問は疑問を呼び、何が何だかわからない。疲れはてた三人は、五日後に集まることにして、その日の作業を終えた。

頼朝と弁才天とは関連がない

五日後、水沢君は弁才天に関する論文類のコピーを多数持参した。千鶴君も「もう一度じっくり読み直してみます」と、拙宅から持ち帰った戦記物などを抱えている。二人の顔は、何かを摑《つか》んだようであった。千鶴君が口火を切った。

「このあいだ、頼朝が寿永元年に奥州藤原氏の調伏祈願をしたのかどうか、はなはだ疑問だと言われましたわね。『吾妻鏡』を読んでみると、そのとおりだと思われるんです。頼朝は二度と江の島へは行っていませんし、奥州藤原氏の調伏祈願が盛んになるのは、文治五年（一一八九年）に入ってからなんです。簡単なメモを作ってきましたので、水沢さんもご検討ください」

彼女が差し出したレポート用紙には、次のような事項が書かれていた。

文治三年二月　義経、藤原秀衡をたよる。十月、秀衡死す
文治五年六月六日　北条時政、奥州征伐のため願成就院（伊豆韮山町《にらやま》）を建立
文治五年六月二十九日　頼朝、藤原泰衡《やすひら》征伐祈禱のため、愛染《あいぜん》王像を武蔵国の慈光山に納む
文治五年七月十八日　頼朝、奥州征伐の祈禱を伊豆山の僧・専光坊に命ず
文治五年九月　頼朝、奥州を平定

千鶴君が続ける。

「頼朝以降の記事を見ても〈江嶋の龍穴で祈願、江嶋明神託宣、江嶋明神へ参詣〉などとは書いてありますが、弁才天の字は見えません」

「僕も、おもしろいことを発見したんです。桑田忠親著『日本合戦全集』（秋田書店）を読んでいたら、こんなことが出ていました。

塩竈《しおがま》神社末社の荒脛神社の奉納品（男根）

治承四年（一一八〇年）六月十九日、京都の三善《みよし》康信が伊豆の頼朝のもとへ、弟の康清を派遣した。康信は頼朝の乳母の妹の子であったので、時々、京の情報を頼朝に伝えていたのである。この時、弟を使いとして差し向けたのは、内容が重大なものだったからだ。

すなわち、前月の二十六日、以仁《もちひと》王と源頼政が敗死、令旨を受けた源氏は、みな追討されることに決定していた。頼朝は源氏の嫡《ちゃくりゅう》流だから非常に危険である。早く奥州（藤原氏のもと）へ脱《のが》れたほうがよい、とすすめた。

この一文は、奥州藤原氏が源氏の庇護《ひご》者であり、源氏の大きな拠《よ》りどころであったことを示しています。奥州藤原氏は、義経をかくまい育てましたし、平治の乱で源為義とともに戦って敗れた、近江源氏の佐々木秀義一門も、かの地へ逃れようとしています。秀衡に対して、頼朝追討令は出されたようですが、彼は動かなかった。これを調伏するというのは解せません。場合によれば、頼朝自身、奥州へ逃げねばならなかったのですから」

「私の推理に、間違いはなさそうだね。しかし、なぜ『吾妻鏡』が頼朝の江の島参籠をデッチ上げねばならなかったのか、これが問題になってくる。第一に考えられるのは、北条氏が自らの立場を有利にしておこうとしたこと。義経殺害、奥州藤原氏の滅亡、――巷《ちまた》では判官《ほうがん》びいきが起こり、やがて『義経記』となって世に現われる。悪者の張本人は頼朝にしておけ、ということじゃないのかな。『吾妻鏡』が完成したのは、頼朝の死後、百年以上もたってからだからね。どんな操作でもできる」

千鶴君がうなずく。

「もし、頼朝の時代に、弁才天と荼吉尼天《だきにてん》とが習合していたとすれば、頼朝は弁才天を信仰していなかったのじゃないかと思います。『吾妻鏡』文治五年十一月十七日の項に、頼朝、渋谷庄で狐を射る、という記事があるんです。弁才天＝荼吉尼天を信仰していれば、神使たるキツネを殺すわけがありませんもの」

「鎌倉に頼朝、文覚ゆかりの浄光明寺があり、文覚が鎌倉へ持参したと伝えられる仏像を安置しているんだが、これも弁才天ではなく、不動明王なんだ。頼朝、文覚は弁才天と関係がなかった、としていいんじゃないかな」

「わたくしも、鎌倉の寺は調べてみました。浄光明寺は真言宗なんですが、北条氏勝利の記念碑といわれる建長寺、政子が栄西《えいさい》禅師を招いた寿福寺、義時が建てた薬師堂が前身だとされる覚園《かくおん》寺など、北条ゆかりの寺は臨済《りんざい》宗です。頼朝、文覚系、つまり真言宗ではありません。それから、鎌倉の寺院に所蔵されている、鎌倉時代作、重要文化財指定の仏像のなかで、いちばん多いのは地蔵菩薩で十体を数えます。弁才天は鶴岡八幡のただ一つです」

「神道美術宣揚会を組織した、堀口蘇山氏は著書『江島・鶴岡弁才天女像』(芸苑巡礼社)のなかで、平政子(北条政子)は地蔵信仰の典型的婦人だとして、こんなふうに書いている」

〈政子と地蔵〉

延命寺は、延命地蔵菩薩を本尊にしている。政子はこの延命地蔵尊に帰依していた。ある年、政子は正月の遊び行事をした。それはスゴロクであって、負けた人が上着を一枚ずつ脱《ぬ》ぐ競い行事であった。即ち、衣脱ぎスゴロク合戦である。政子が一番運悪く負けた。尼《あま》将軍でも負ける時は負けるものだ。

いよいよ腰巻まではずす敗将軍だ。いざ腰巻をはずさんとする瞬間に、平日信仰するところの地蔵菩薩がスゴロク盤の上に忽然《こつぜん》として現われ給うた。この現世利益によりて、平政子の肉身のまま、生身のまま、裸体姿のままを写実的に造顕したのが、いま延命寺に蔵する等身大の胡粉《ごふん》彩色玉眼入りの地蔵菩薩立像である。

北条氏は弁才天と縁が深い

「千鶴さんのデータや、堀口さんの一文からすれば、北条氏は臨済宗で地蔵信仰をもっていた、ということになりますすね。弁才天はどうなるのでしょうか」

と、水沢君。これには私が答えた。

「北条氏と弁才天とは、関係が深かったらしい。江の島には別当《べっとう》の岩本院（現在の岩本楼）と上之宮、下之宮の三院があったんだが、下之宮を司る下之坊の住職は北条氏で、下之宮の本殿内には時政の念持仏と伝えられる立身弁天が特に安置されていたという。

また、『新編武蔵国風土記稿』豊島郡諏訪村の条に、諏訪社の別当・玄国寺の寺宝に、〈玉一顆、安産与薬の玉と称す。相伝ふ。此の玉始め北条遠江守時政、その子相模守義時の妻難産の時、江島弁才天へ参籠して感得し、その加護によりて平産ありしとなり〉と。

さらに『新編相模国風土記稿』鎌倉郡大船村粟船山・常薬寺の弁天社の条には、

〈客殿ノ後背ニ池アリ、ソノ中島ニ勧請ス。コレ江島弁才天社ニ安ズル十五童子ノ一《ひとつ》、乙《おと》護《ご》童子（善財童子のこと）ヲ祀レリト伝フ。ソノ本体ハ建長寺ニ安ジ、ココニハソノ模像ヲ置ト云〉

とあり、南品川宿の海晏寺《かいあんじ》にある弁才天は北条時頼の寄進。貞時は江の島から弘法大師・空海が彫刻した、石像蛇形の弁才天を円覚寺に勧請したと伝えている。いつのころから弁才天と称し始めたのかはっきりしないが、十五童子が出てくるところをみると、弁才天の偽経が現われた中世以降ということになる。北条氏は、極楽往生を地蔵菩薩に、調伏や立身は弁才天に祈ったのかもしれないね」

「永井路子さんは『鎌倉の寺』（保育社カラーブックス）のなかで、政子が栄西を京から招いたことに関し、鎌倉では彼を十分に理解したとは言えない。政子などは彼を天台、真言をきわめた効験ある祈禱の師としてあがめたようだ、と述べています。仏教に帰依《きえ》したのではなく、呪術者としての栄西に期待したわけです」

「それに関しては十年ほど前、『苗字と祖先』（弘済出版社）のなかに、陰謀の都鎌倉、と題して書いたことがある」

「ちょっと貸してください。わたくしがここで読みますから」

と、千鶴君は本棚から拙著を取り出した。

〈埼玉県（武蔵国の半国）熊谷直実剃髪《ていはつ》す〉

当県の武士団は大豪族になったものはなく、そのうえ、北条氏の謀略のため、次々とほろぼされていった。

第一の犠牲者《ぎせい》は、河越重頼《しげより》。元暦元年（一一八四年）頼朝の仲介で、娘を義経の正妻に送ったが、義経追討となるや、義父ということで殺された。

二番手が熊谷直実《なおざね》。建久三年（一一九二年）久下《くげ》直光と領地争いを起こしたとき、頼朝から詰問《きつもん》され、生来の口下手から弁解できず、その場で剃髪して京都に逃れた。法然《ほうねん》上人の弟子・蓮生《れんしょう》は、この直実である。

三番手は比企《ひき》一族。能員《よしかず》の妹丹後局《つぼね》は、頼朝の側室。妻は頼家の乳母で、娘の若狭局はその側室となり、一幡《いちまん》を生んだ。また、義母の比企禅尼は頼朝の乳母。その次女は、河越重頼の妻でもある。いわゆる将軍家外戚で、勢力は大であった。

しかし、建仁三年（一二〇三年）北条時政は頼家の病弱を理由に、弟千幡（実朝《さねとも》）に関西を、一幡に関東を治めさせることにした。能員はこれを不満とし、頼家に訴えようとしたが、北条政子に知られた一族は各所で殺された。頼家も修禅寺に幽閉されたのちにほうむられている。

四番手が畠山重忠《しげただ》。文治三年（一一八七年）梶原景時のざん言にあって危なかったが、このときは結城朝光《ともみつ》らのとりなしで、ことなきをえた。しかし、頼朝没後の元久二年（一二〇五年）、北条時政は後妻お牧の方の女婿・平賀朝雅《ともまさ》と、重忠の子重保《しげやす》との争いを口実に、反逆の心ありとして重忠親子を討った。重忠の妻は時政の娘で、のち新田郡の岩松氏に再嫁し、畠山の名跡をつたえた。畠山氏に桓武平氏と清和源氏系があるのは、このため。

続いて翌日、重忠は無罪であるのにざん言したといいがかりをつけ、榛谷重朝《しげとも》、稲毛重《しげ》成《なり》を処刑している。五番目の犠牲者である。


〈神奈川県（相模国）陰謀の都鎌倉〉


相模国は、上総《かずさ》、下総《しもうさ》の両国と同じく、桓武平氏の地盤であった。三浦半島の豪族・三浦氏一門のほか、鎌倉氏、北条氏、土肥氏などの一族が、ぐるりと周囲をとりかこんでいた。

頼朝がこうした平氏のなかで、鎌倉幕府を創立できた理由は何であろうか。第一に、北条氏が頼朝によって次期政権を握ろうとしたこと。第二に、平氏正系の清盛《きよもり》に対する、諸平氏の反発（コンプレックス）をあげることができる。

それぞれ思惑をもっての連合政権的な幕府だから、埼玉県の項でも述べたように、鎌倉は陰謀の都と化していった。建久三年（一一九二年）頼朝が征夷大将軍となってから、三代目の実朝《さねとも》が暗殺されるまで、わずか二十七年しかたっていない。

北条時政、娘の政子、長男義時《よしとき》、曽孫の時頼《ときより》は、頼朝以上の謀略家であった。頼家が二代目の将軍になると、そろそろ黒い触手を伸ばし、頼朝側近の有力御家人のとりつぶしを始める。

おもしろいのは、ざん言得意の梶原景時が、第一に追放されたこと。次いで頼家の忠臣・藤原南家天野氏一族の仁田忠常《ただつね》が殺された。

時政の後妻お牧の方も、なかなかの強者《したたかもの》。時政にすすめて畠山重忠を討たせ、さらに実朝を暗殺、娘婿《むこ》の平賀朝雅《ともまさ》を将軍に立てようとした。驚いた政子は、尼将軍の指揮権を発動、実父を追放してしまう。二代目の義時は、和田義盛を、その孫の時頼は三浦泰村を討った。

読み終わった千鶴君は、フーッとため息をついた。

「ここまでくると、すさまじさを通り越していますわ。利用するだけ利用して、じゃまになったら消すという暴力団の世界みたい」

「甲斐源氏の武田一族も、ひどい目にあっている。討ち首になったり、追放されたりね。頼朝は落馬して死んだことになっているんだが、これも暗殺説がかなり強い。

とにかく、頼朝と北条とは信仰がまるで違っていた。文覚上人の影響だろうが、頼朝は仏教では真言宗だった。熱海市の伊豆山権現（走湯《はしりゆ》神社）は真言宗醍醐三宝院派、その先の走湯山般若院も高野山の末寺。修禅寺は弘法大師・空海が大同二年（八〇七年）に創建したと伝えられ、真言密教の道場だった。

北条氏は、この修禅寺で頼朝の弟の範頼《のりより》、長男の頼家を殺した。神仏を恐れぬ輩《やから》、ということができる。それだけに、夜叉《やしゃ》とか外道の類に、呪詛《じゅそ》や調伏祈願をしたとも推測できるのじゃないかな」

「呪詛に対し、呪詛《すそ》返しの法があると聞きました。北条氏はそれが怖くて、地蔵信仰に走ったのかもしれませんわ」

「当時の地蔵信仰は、公家と武士の一部に限られていた。目下、調べているところなんだが、これまた大変なシロモノらしい。北条氏は、地蔵菩薩を救いの主《ぬし》ではなく、呪詛の対象仏とした可能性もある。もっとも、政子は長女の大姫の冥福を祈って、熱海市伊豆山に逢初《あいぞめ》地蔵を建てているけど」

「いずれにしても、北条氏は頼朝とは宗教面において異質なものをもっていた、と言えそうですわ。水沢さんのほうは、何かありまして」

「先日お話しした、『平家物語』が見つかったんです。残念ながら、竹生島や厳島ではなく、清水寺との関連で書かれたものですが」

異本にみる弁才天

水沢君が差し出した『平家物語』は、明治三十九年に国書刊行会が出版した、長門《ながと》本（非売品）であった。〈清盛、吒天《だてん》を行し、清水寺に詣る事〉の条に、大略こう書かれている。

あるとき、清盛が蓮台野なる所で大きな狐を追い出し、弓でこれを射ようとした。そのとき、狐は光を放ち、ほどなくして女に変じてにっこり笑い、「命を助けてください。そうすればあなたの望みを叶えてあげましょう」と言った。（清盛は）矢をはずして、「いったいどなた様でしょうか」と問うと、「七十七道の中の王です」と答えた。さては貴狐《きこ》天皇（荼吉尼天のこと）であったかと、敬いひざまずくと、もとの狐の姿になって消えた。

清盛は（私に財宝がないのは、荒神の所為に違いない。荒神をしずめて財宝を得るには、弁財妙音以外にはない。いまの貴狐天皇は妙音の一つである。したがって、吒《だ》天ノ法を成就することこそ重要である）と、妙音、弁財両天を本尊として、彼の修法

を行なった。（中略）
その後、清盛は利生にあずかるよう清水寺に参詣、夢想を得た。これはある人の夢占いに、吉夢と出た。果報を待つこと七日、内裏宿直の番にあった清盛は、一匹の毛朱（老いたネズミ）を捕まえた。内裏に召された博士は、先例に照してこれを吉相と卜《ぼく》した。さっそく毛朱は南面の大竹の節中に入れられ、清水寺の岡に埋められた。これを毛朱一竹塚という。清盛はこの功によって、安芸守に昇任した。（中略）
これは清水寺の夢想のご利益であり、ネズミというのは大黒の使者である。この人が栄華を得たのは、これが初めてであった。希代の不思議ともいうべきものである。

厳島ではないが、なるほど弁才天が出てきた。しかし、ひょいと〝才〟の字が〝財〟になっていることに気づいたのである。弁才天が福神の中に組み入れられ、才が財の字に変えられたのは、室町時代とされる。
『平家物語』は、『徒然草《つれづれぐさ》』第二二六段によると、後鳥羽院の時代（一一八三〜一一九八年）に、行長入道が作り、生仏と名乗る東国生まれの盲人に語らせたもの、という。寛元二年（一二四四年）完成説もあるが、長門本は後世の写本としてよいだろう。しかし、千鶴君が反発してきた。「長門本と同じ内容の記事が、『源平盛衰記』上・巻第一にもありますが、こちらはちゃんと弁才の字を使っています。盛衰記の成立は建長七年（一二五五年）ごろとされていますから、鎌倉初期には弁才天信仰がかなり広まっていたのではないでしょうか」

一本取られた感じだった。私は清盛と厳島弁才天との関係についてのみ調べていたので、見落としていたのである。考え込んでいる私に、水沢君が助け船を出してくれた。

「長門本にしろ、盛衰記にしろ、貴狐天皇＝荼吉尼天＝弁才天という考え方で、弁才天本来の姿がないように思えます。それから長門本には、平経正の竹生島詣《ちくぶじまもうで》の項がありません。他の記事もまるで違います。『平家物語』を歴史書と見てはいけませんね」

「でも」と千鶴君。「学習院大学の安田元久教授などは歴史書としており、『吾妻鏡』のほうが作為的であると。永井路子さんも『吾妻鏡』は逆から読んでいけば、そのカラクリがわかる。確かに編纂のときにいろんな作為があり、かなり計画的に、しかも緻密《ちみつ》にできていると思う、と述べています」

「『吾妻鏡』は北条氏の執権時代に完成したものだから、多くの歴史書がそうであるように、作為があるのは当然だろう。八切止夫さんは、北条氏は源頼朝を落馬即死の恰好《かっこう》で始末してから、次々と源氏を討ち滅ぼした。北条時宗はそのため、政子によって皆殺しにされた梶原、和田、三浦らの問注所の記録文書や歴史書を、用心して焚書《ふんしょ》した、と書いている。彼はサンカの出身で、頼家暗殺など裏情報にくわしいから、これは本当のこととしてよいと思う。

しかし、『平家物語』が歴史書というのはどうだろうか。念仏が数多く出てくるし、仏教文学としての性格のほうが強い。いわゆる語り物であり、その時々の宗教サイドが、琵琶法師をフルに活用したとも考えられる。内容がまるで違う異本が出てくるのは、そのためだろう」

水沢君が引きとって、

「鎌倉初期には、まだ仏教の教理がととのっていません。どろどろした、密教的なものがあるわけです。そうした時代ですから、『平家物語』は仏教の教科書、宣伝文として利用されたようです。

伏見院貞成親王の日記〈註1〉によると、彼の御所にも琵琶法師がしばしば出入りし、仏事の席で『平家物語』を語っています」

私はうなずきながら、

「平家勧進はこのあとも、猿楽とともに、あちこちの寺院の地蔵堂などで行なわれたことが記録に残っている。長門本や盛衰記の清盛吒天行の条も、清水寺の福神の宣伝が第一目的だろう。境内に弁才天を祀っているのが、証拠の一つでもある」

「大黒天堂《だいこくてん》も建ってますわね」

「清水寺は一時、天台宗の支配下にあったらしい。ここは藤原氏の氏寺・興福寺（法相宗）の末寺でね、その興福寺の弁才天は天河弁財天から勧請されたものなんだ。したがって、清水寺の弁才天も天河系と見ていいだろう。天河弁財天は、役《えん》の行者―空海とつながる真言系だが、南朝と結びついたためか、天台の臭いがする」

　水沢君が話を受けつぐ。

「比叡《ひえい》山には三面大黒天《だいこくてん》像があり、三千の衆徒の食糧を与えてくれると伝えています。三面六臂《び》（六本腕）の像で、大黒〈註2〉天を中央に、毘沙〈註3〉門天と弁才天を左右に配した三福神像です。清水寺の大黒天堂は、その影響かもしれません。長門本には、大黒天の神使とされるネズミも出てきます。

　ついでですが、真言宗の荼吉尼天曼陀羅《まんだら》〈註4〉では、中央に弁才天、左右に聖天〈註5〉と荼吉尼天をあしらったものが数多く見られます」

「呪詛の神々の合体ですわね」

　と、千鶴君が首をすくめた。

　水沢君は〝天〟に関する説明を始める。

「弁才天などの天は、そのほとんどがバラモン教の神々とされ、仏教に取り入れられて、仏法を守護する護法神となりました。これらの神々は天上界に住んでいると考えられたことから、〝天〟の名称がつけられたといわれています。

天部の諸尊は、以前に外道の神々であったことから、一段と低い階位におかれていますが、逆に人々とじかに接する立場にあり、庶民の悩みや願望をいちばんよく知っているとも言えます。

善神もいれば悪神もいますが、悪神でも神である以上、常に災いを及ぼすのではなく、自分に帰依する者に対しては福徳を授け、災害から護ってくれるのです。悪神のなかの典型の一つが、豊川稲荷として信仰されている荼吉尼天です。何も知らずに、豊川系の稲荷社に参詣している人を見ると、怖くなりますね。

先ほど先生が福神信仰にふれましたが、これに関し花見恭さんが『思想』第六〇七号のなかで、痛烈なことを書いているんです。そのなかで弁才天にかかわるところだけを書き抜いてきましたから、ご一読ください」

と、ノートを開いた。

〈民間信仰と神仏習合〉花見恭

福神信仰は古くは長寿を願ったのであるが、室町時代に貨幣経済が広く一般庶民に浸透し、冥途《めいど》の旅も金次第の拝金思想が起ると、財に富まんことを願い、加えて長寿と官位の高からんことを望み、更に美女を妻とし子宝に恵まれるを以て理想とするようになった。それも刻苦して得るのではなく、棚から牡丹餅《ぼたもち》式に労なくして得るを最上とした。（中略）弁才天（Sarasvati《サラスヴァティ》）は妙音天等とも訳され、略して弁天という。弁財天と財の字を書くのは、財宝の守護神とする俗信を利用した寺社側の作為であり、金比羅《こんぴら》と殊更に金字をもってするのと同類である。（中略）

福徳施与《せよ》の点から、弁才天信仰は吉祥天信仰とともに古く、弁才天曼荼羅《まんだら》も図され、その修法も行なわれたが、我が国では稲荷信仰と習合せられ、数種の偽経も作られ、室町末期頃から七福神信仰が起ると、その一神として全国各地に祀られるようになった。（中略）

七福神の一神としての弁才天は、観世音菩薩や愛染《あいぜん》明王の権化《ごんげ》とか、龍女や如意輪観音の示現とか言う。観音の化仏《けぶつ》として豊財《ぶざい》観音がある。豊財の財を財産の意に解して、豊財にあやかるためであろう。愛染明王は災息、敬愛、得福の明王とされ、恋愛成就の本尊にもされる。さらに愛染の音を藍《あい》染にかけて、染物屋の守護神にまでされている。龍女は河神、水神であり、蛇体でも示され、豊産、殖産の神であり、弁天の上に白蛇を冠する像もある。宇賀神の化身とされる。如意輪観音は観音の化仏の一つであるが、特に別出したのは、如意輪の如意を如意珠にかけたのだろう。富貴に関する名なら何一つ取り残すまいとの執念に感じ入るばかりである。

〈註1〉『看聞御記』のこと。応永二十九年（一四二二年）十一月、大光明寺での亡父の七回忌に際し、城竹検校《けんぎょう》を特に招き、仏事の途中で衆僧や親王、女中以下の関係者の前で『平家物語』を語らせた、とある。これは『平家物語』を聞くことが、人々にとって経典のそれと同じ意味をもつ〝聴聞《ちょうもん》〟であり、〝鎮魂《ちんこん》〟の意味も込められていたことを示している。

また、嘉吉三年（一四四三年）五月七日の条に、浄蓮華院に修理勧進の猿楽《さるがく》を今日、土御門河原において観世が行なった。この間、平家（物語）の勧進を、ある小庵（妙楽堂曼陀羅堂）で宗一検校が語った、と書かれている。『平家物語』は、仏教と密接に結びついていたわけだ。

〈註2〉大黒天は梵語マハーカーラの訳で、大黒神、大黒天神、暗夜などとも称する。インドにおける大黒天は、ヒンズー教のシヴァ神、またはその后のドゥルガー女神の化身、あるいは侍者として破壊、戦闘を司る神だったが、仏教に取り入れられても、シヴァ神と同体である大自在天《だいじざい》（摩醯首《まけいしゅ》羅天《ら》）の化身として戦闘を司る神とされている。

一方、万物育成の神ヴィシュヌの化身ともいわれ、仏教においても財福神としての性格を引き継いでいる。わが国では大黒主命《おおくにぬし》と結びつき、『大黒天神式』などさまざまな偽経も作られて、中世以降はまったくの財宝神として多様な展開をみせる。

〈註3〉　毘沙門天は梵語ベイシラヴァナを訛伝《かでん》して毘沙門と書き、多聞、普聞、種々聞などと漢訳する。インドの古代神話のなかでは、闇黒界に住む悪霊の首長とされたが、ヒンズー教の叙事詩『マハーバーラタ』ではクベーラと称され、財宝福徳を司り、夜叉を従えて雪山中のカイラスに住み、北方守護の善神として崇拝される。
　仏教に取り入れられてからは、須弥山《しゅみせん》の四洲を守護する四天王のトップ、多聞天として大乗、小乗の諸経典に説かれるところとなる。

〈註4〉　曼陀羅は梵語マンダラの音写。輪円具足、道場、檀、本質などと訳すが、一般には、諸尊の悟りの世界（宇宙）を表現したものや、諸仏・菩薩および神々を網羅して描いた図を指す。また、結界《けっかい》的な意味に用いることもある。金剛界と胎蔵界があるが、前者は仏界、後者は凡天界としてとらえている。

〈註5〉　聖天（歓喜天《かんぎてん》）は梵語でナンディケシヴァラといい、大聖歓喜自在天、歓喜自在天、大聖歓喜天と訳され、略して歓喜天、聖天、天尊などと称する。インドの古代神話におけるガナパティのことで、シヴァ神とパールヴァティ女神（またはウマー）との子で、父・大自在天の眷属《けんぞく》を統轄《とうかつ》しているといわれる。同じ神話中のガネイシャと同尊でもある。
　ガナパティはまた、ビナーヤカと同一視される。ビナーヤカは障害・困難を意味し、常に人のすきをねらって障害をなす人身象頭の鬼神であるため、障礙《しょうげ》神とも言われる。しかし、この神は荼吉尼天と同じく、自分に帰依し、供養してくれる者には、利益を与え障害を除いてくれる。

仏教に取り入れられた歓喜天は、仏法を擁護し、衆生に利益をほどこし、諸事の願いを成就させる善神となる。特に密教においては重要な役割が与えられ、造像が行なわれている。

弁才天と蟬丸神社

私たちが読み終わったころを見計らって、水沢君が声をかけた。

「わが国へ仏教が伝来した当初は、ご利益信仰そのものでした。僧侶も、悟《さと》りを開いてくれる人としてではなく、呪術者として重用され、加持祈禱を盛んに行ないました。福神信仰が起こったのも、出発点から考えればうなずけるでしょう。そして、これら福神の宣伝役として琵琶法師が使われたのです」

「彼らは逢坂《おうさか》関の蟬丸神社を信奉していましたわね。このあたりに、弁才天の謎を解く鍵はないかしら。神社の由緒書によると、最初は坂神を祀っており、その後、関明神と改称、さらに蟬丸を合祀《ごうし》した、となっています。坂神は龍蛇神とされているでしょう。だから、彼らの語る物語のなかには、龍神の化身ともいえる弁才天が登場すると……」

「坂神イコール龍神とは断定できないんだが、琵琶法師たちがそうした信仰をもっていたことは間違いない。藪田喜一郎氏も『能楽風土記』（檜書店）の中で、『申楽談儀《さるがくだんぎ》』に出てくる山科《やましな》明神は、諸羽《もろは》山（柳山《りゅうさん》）の麓の諸羽明神であり、柳山の〝柳〟は、龍蛇の〝龍〟の書き換えだと思われる。こうしたことから、琵琶法師たちが祀った諸羽神は、妙音天、すなわち大弁財天女の翻案《ほんあん》だと考えられる、と述べている。

近くの三井寺は、巳《み》（蛇）の寺だし、長等《ながら》神社もナーガ（龍蛇）の神社だ。蟬丸、長等両社ともに神紋は巴だから、竹生島も含めてあのあたりは龍神信仰のメッカだった、といえる」

水沢君がうなずきながら、

「坂神に関しては、国立劇場芸能調査室専門員の服部幸雄氏が『文学』46年4、5、6月号に、『逆髪の宮』――放浪芸能民の芸能神信仰について――と題して、相当つっ込んだ論文を発表しています。彼によると、蟬丸伝説の基本型は、大和国添上郡奈良坂村の奈良豆比古神社に伝わる春日王（施貴《しき》皇子）の話だそうです」

千鶴君が首をかしげながら、

「それ、どのような内容なんですの」

「天智天皇の第七皇子の春日王は、白癩《らい》、逆髪《さかがみ》の病におかされたために宮中を退出し、平城山中の奈良坂に隠棲《いんせい》した。皇子には浄人王、安貴王の二人の子があり、父を養うために猿楽芸を始め、また市中に出て草花を売り歩いたり、弓矢を削ったりして暮らした。それが、奈良豆比古神社の縁起の製作された時代における、現実の夙人《しゅく》の生業の由来だ、と説いています。そして、服部氏は彼ら共同体の祖・施貴親王は、すなわちシュクの神であり、同時にセキの神、サカの神でもあった、と述べています」

「藪田氏も同じようなことを書いてたな。蟬丸伝説は、大和奈良坂の夙猿楽のもつ春日王の物語で、それを換骨奪胎したものと推察する。すなわち奈良坂の一派が山城の山科四宮の夙に移り、山科座を作ったが、その故郷からもってきた春日王物語を、ここに住んだ地神盲僧の奉じる蟬丸の宮の物語と合わせて作ったので、その表現に『平家物語』などの古典の蟬丸を借りたものと考える。春日王を逆髪の宮という女性にした（近松門左衛門の浄瑠璃『蟬丸』に、髪の逆立つ女性が三人登場し、世阿弥の謡曲『蟬丸』では、蟬丸の姉が逆髪の宮になっている）のは、ここの宗教的風土に合わせたものだろう、とね」

「坂神から逆髪という人物が作られたわけですわね。園城寺の基本史料の『専門伝記補録』によると、関明神は当初、道祖神を祀っており、朱雀《すざく》天皇の天慶《てんぎょう》九年（九四六年）九月二十四日に、延喜帝（醍醐天皇）の第四皇子の蟬丸と姉の逆髪宮を祀る、となっています。水沢さん、奈良豆比古神社の祭神は何ですか」

「それがね、ひそかに逆髪を祀っているんですよ。したがって、服部氏や藪田氏が言うように奈良坂と山科四宮はつながっていることになります。四宮河原の芸人として、もっとも知られているのは地神盲僧です。地神盲僧というのは、琵琶の伴奏によって『地神経』なる経文を読誦して、土公神を祀り、地鎮祭を行なうことを業とした盲目の法師ですが、こうした人たちが生まれたのも、奈良坂の夙猿楽の素地があったからだといえるでしょう」

「逢坂の関には、ささらや羯鼓《かっこ》（能、狂言、歌舞伎などで用いる打楽器）を持って、おもしろく芸能を演じ、旅行く人々を慰める男盲者がいたそうだから、サンカ系のササラ族やエラギ族も住みついていたことになる。

彼らは出雲神族の諜報役（忍者）をつとめており、出雲の信仰をもっていた。蟬丸神社に当初、祀られていた道祖神は、出雲神族の大祖神・久那斗《くなと》大神のことであり、その奥には龍神信仰がある。

エラギ族とされるクグツや白拍子などは、通称えびすさんとして知られる西宮神社の末社の百大夫社を信奉した。ここの祭神が男根型の道祖神で、オシラ神巫女などを生んでいく。クグツは人形使いとして知られているが、彼らは呪術を用い、深夜に百大夫を祀る宗教儀礼も行なっていた。エビス信仰から後には『エビスまわし』が生まれ、さらに文楽の人形浄瑠璃の発祥ともなっている。

大安楽寺・弁天堂。北条政子が奥州藤原氏を調伏したとの立札がある

出雲の裏信仰は、龍神の化身とされる弁才天信仰だった。その天が芸能・音曲の神とされているから、彼らが弁才天をもち出したのもうなずける」

「服部氏も謡曲『鉄輪《かなわ》』の一節を引いて、鳴神―嫉妬―逆立つ髪―龍蛇神というイメージ関連は、かなり古くからあった心意伝承と考えていいように思う。また、『太平記』が繰り返す延喜帝堕獄説話は、菅原道真《みちざね》にかかる怨霊伝説、その御霊《ごりょう》信仰を説こうとする意図に基づいて創られ、語り伝えられた一説話だった、と述べています。『北野天神絵巻』を見ると、道真の御霊は青龍ですし、仏教者は御霊の字に五龍をあてています。やはり、弁才天の奥には龍神があったとしてよいでしょう」

「村山修一氏は、貞観五年（八六三年）五月二十日に神泉苑で行なわれた大御霊会をつとめたのが僧侶たちであったこと、西寺御霊堂・上出雲寺御霊堂などが御霊社の先駆として登場してきたことをあげ、延喜帝の説話が天台密教と不可分の関係にあると言う。つまり、『平家物語』や『源平盛衰記』に出てくる弁才天は、天台密教の作為によるものと考えられる。龍神信仰をもっていた地神盲僧、瞽女《ごぜ》（三味線を弾き、唄を歌うなどして銭を乞う盲目の女性）、クグツ、白拍子なども、龍神の裏信仰として、むしろ弁才天を歓迎したのだろう」

水沢君が言う。

「瞽女は嵯峨天皇の第四の宮サガミの姫宮を祖神に擬定し、実は弁才天を守護神としていたことは、よく知られています。近世の盲僧集団である当道では、仁明天皇の第四皇子・人康親王の御霊を天夜尊と称して崇め、山科四宮村柳谷山に祖神として祀りました。蟬丸も含めて、いずれも祖神を天皇の第四の宮としているところから、服部氏は四宮《しくう》＝宿＝夙であり、根源神はシャクジ、シュグジ、スクウ神、宿神であった、としています。彼らが蟬丸を避けたのは、後世、乞食の祖、鉢叩きの祖（空也念仏をして歩く半俗の僧で、サンカ族とされる）とされたからでしょう」

「なるほど、シャクジにたどりつくのか。シャクジは守宮神、守久神、守君神、左宮神、左久神、石神、四宮神、三狐神《さこじん》など、いろんな表記のしかたがあるが、諏訪神社上社《かみしゃ》のもっとも重要な神事といわれる『御室《みむろ》』を見ると、完全な龍蛇神だね。

言い換えれば、道祖神であり、久那斗大神であり、近年話題になっている荒吐神《あらばきしん》にもなる。荒吐はアラハハキとも表記するが、ハハは古語で蛇の意味だ。この神は出雲系の氷川神社に多く祀られていたが、いま完全な形で残っているのは、塩竈《しおがま》神社の末社の荒脛《あらはぎ》神社だけだろう。ここの供え物は男根でね。中に大国主命の顔を彫り込んだものもあった。倶知安《くっちゃん》のアイヌの酋長・菊池俊一夫妻によると、アイヌの古語でクナトは男根、アラハバキは女陰の意味で、本来一対のものだったという。出雲神族の富當雄氏も、私への遺言のなかで、アラハバキはクナトとともに出雲の大祖神の一つであったと語り残している。男根型の作り物は、こけし、オシラ様へとも発展するんだが、本場の津軽は岩木山、十和田様をはじめとして龍神信仰のメッカだし、弁才天も少なくない」

「シャクジを三狐神《さこじん》と書いたことから、シャクジ＝三狐神《みけつ》＝ダキニ天＝弁才天という考えも出たのでしょうね。それから、清盛が捕まえたネズミの件を占った博士は、清水坂の坂の者だという説がありますが……」

「十分に考えられるね。昔、清水は死体処理場で、サンカ系とされる犬神人《いぬがみひと》が仕事にたずさわっていた。清水坂もまた、坂の者の一拠点だったわけだ」

千鶴君が、別な問題を提起した。

「アメノウズメノ命の神楽舞をもち出すまでもなく、上古の芸能は神事と深くかかわっていました。平安末期から鎌倉前期にかけても、古代巫女《みこ》の末裔《まつえい》という白拍子群、各地に移動し呪人形を使った巫女の変身であるクグツ女たち、さらに古代のまま神社に居着き、または信奉する神々を奉じ巡歴するアルキ巫女（出雲の阿国《おくに》が有名）らの活発な動き、琵琶法師、田楽法師、猿楽の徒など雑芸《ぞうげい》の隆盛は、巫系《ふけい》芸能とでも名づけたいほどです。しかし、範囲が広すぎるので、芸能面は天河大弁財天社と特に関係が深い〝能〟に限ったらどうでしょう」

「賛成ですね。それから能といえば、サンカ、忍者、弘法大師空海、役《えん》の行者へとつながります。山伏、海賊も含めて調べてみる必要があるでしょう。こちらは戦いに直結していますから、弁才天の新しい面が出てくるかもしれません」

「僕は近日中に竹生島と天川へ行ってくる。帰京するまでの宿題だが、水沢君は呪術面の資料も集めてもらいたい。頼んだよ」

第二章

仏典が説く弁才天

唯一の経典は最勝王経

同窓生の木全《きまた》君が「弁才天に関する資料など、まずないだろう」と言ったのには、理由があった。弁才天の古い経典は、『金光明最勝王経《こんこうみょうさいしょうおうきょう》』（以下、最勝王経とする）ぐらいしかないのだ。しかも、そのなかの「大弁才天女品《ほん》」の部分だけで、本書のページ数に直しても二十ページあまり（巻末に、参考文献としてあげておいた）。弁才天の素姓が謎だらけなのも、いたしかたのないことかもしれない。ともかく、『最勝王経』が説く弁才天像を見てみよう。

大弁才天女、大衆の中に於《おい》て即《すなわ》ち座より起《た》ちて、仏足を頂礼《ちょうらい》し、仏に白《まお》して言《まお》さく。「世尊、もし法師あり、この金光明最勝王経を説くものは、我まさに其の智慧《ちえ》を益《ま》し、言説《ごんぜつ》の弁を具足荘厳《ぐそくしょうごん》すべし。もし彼の法師この経の中に於て、文字句義を忘失する所あらば、みな憶持《おくじ》して、能《よ》く善《よ》く開悟《かいご》せしめ、また陀羅尼《だらに》総持の無礙《むげ》（障《さわり》のないこと）の気礙を与えん。（中略）

また無量の有情この経典を聞くものをして、みな不可思議の捷利《しょうり》（勝利）の弁才と無尽《むじん》の大慧とを得しめ、善く衆論および諸々《もろもろ》の伎術《ぎじゅつ》を解せしめん。能く生死《しょうじ》を出《いで》て、速《すみやか》に無上正等菩提《しょうとうぼだい》に趣《おもむ》かしめん。現世の中に於ては、寿命を増益《ぞうやく》し、資身《ししん》の具、ことごとく円満ならしめん」（中略）

また頌《じゅ》を説いて曰く、

「もし病苦の諸々の衆生ありて、種々の方薬もて治するに差《い》えずとも、もし是《かく》の如きの洗浴法により、ならびにまた此の経典を読誦《どくじゅ》して、常に日夜に於て念散ぜず、専想《せんそう》（もっぱら想い）慇懃《おんごん》（いんぎん）に信心を生ぜば、所有の患苦《げんく》ことごとく消除し、貧窮《びんぐ》を解脱《げだつ》し、財宝足り、四方の星辰《しょうしん》および日月、威神もて擁護し、延年を得て、吉祥安隠《あんおん》にして福徳増し、災変、厄難、みな除遣《じょけん》せん（中略）

この妙経王を受持し、読誦し、書写し、流布《るふ》し、如説《にょせつ》に行せんものは、もし城邑《じょうおう》、聚落《じゅらく》、曠野、山林、僧尼の住処に在らんに、我この人の為に諸々の眷属《けんぞく》を将《ひき》いて、天の伎楽をなし、その所《みもと》に来詣《らいけい》して擁護し、諸々の病苦、流星《るしょう》、変怪《へんげ》、疾疫《しつえき》、闘諍《とうじょう》、王法のとらうる所、悪夢、悪神、障礙をなすもの、蠱道《こどう》、厭術《えんじゅつ》ことごとくみな除《のぞ》きつくし云々（中略）

もし人、最上智を得んと欲《ほっ》せば、まさに一心にこの法を持すべし、福智と諸々の功《く》徳《どく》とを増長し、必定して成就す、疑を生ずるなかれ

弁才天〔其一〕(上)、〔其二〕(『別尊雑記』より)

もし財を求めんものは多財を得、名称《みょうしょう》を求むるものは名称を獲《え》、出離を求むるものは解脱を得ん、必定成就す、疑を生ずるなかれ」（中略。以下は弁才天の説話を聞いて歓喜したバラモンが、大衆に語った弁才天への讃辞）

（弁才天女は）母となりて能《よ》く世間を生じ、勇猛にして常に大精進を行ず

軍陣の処に於て戦いて恒《つね》に勝ち、長養し、調伏して心慈忍《じにん》なり（中略）

あるいは山巌《せんがん》の深険《じんけん》なる処に在《あ》り、あるいは坎窟《かんくつ》および河辺に居り、あるいは大樹、諸々の叢林《そうりん》に在り、天女多くはこの中に依《よ》りて住す（中略）

常に八臂《はっぴ》をもって自らを荘厳し、おのおの弓と箭《せん》と刀と矟《ほう》と斧《ふ》と、長杵《ちょうしょ》と鉄輪とならびに羂索《けんさく》（縄）とを持す

『最勝王経』が説く弁才天の功徳は、弁舌、智恵の神としての性格が主であり、これに医療、財宝、除厄、出世などがプラスされる。音曲の神としては、「五音楽声を絶えざらしむ」「天の伎楽をなし」と記すだけだ。どうも日本へ渡来する前に、変身をとげたらしい。平安時代に空海や円珍（八一四～九一年の天台僧）が中国から持ち帰った、胎蔵《たいぞう》界曼荼羅《まんだら》などにある琵琶を弾く二臂像は、いずれも唐の弁才天を写したものだし、『別尊《べっそん》雑記』のなかにみえる八臂像には「唐本」の註記がついている。インドでも、琵琶を弾く弁天の画

像が見られたが、これは中国から逆輸入されたものではないだろうか。

それよりもここでは、バラモンの弁才天への讃辞にある「勇猛にして、戦い常に勝つ、調伏して心云々」と、弁才天の〝武器〟に注意を払いたい。戦いの神、調伏の神としての性格が出ているからである。バラモンの讃辞は、後でとってつけた感がないではないが、これはいったいどこから来たものだろうか。

弁才天の原型

水沢君から電話がかかってきた。

「先生、弁才天の原型であるサラスヴァティーは、ペルシアのアナーヒターー、バビロンのイシュタル、シュメールのイナンナ、アッシリアのアスタトル、ギリシアのアルテミスに続く、古代オリエントの大地母神の系列に属するそうです」

「本当かい。イシュタルは豊饒《ほうじょう》の女神であるとともに、戦いの女神だからね。もし、そうだとしたら、調伏の線が出てくるな」

「東海大学の岡田明憲氏が、そのように言っています。なんでしたら、資料をお持ちしましょうか」

水沢君は隣の練馬区豊玉南に住んでおり、距離的に近い。私は彼の言葉に甘え、すぐ来てもらうことにした。岡田君とは面識があった。私が主宰する古代史研究会で、一度、講演をしてもらったことがあるからだ。ゾロアスター（拝火教）の権威で、彼の言うことなら間違いなさそうである。

ほどなく、水沢君が二冊の本を抱えてやってきた。岡田明憲著『ゾロアスター教』（平河出版）と、吉田敦彦著『アマテラスの原像』（青土社）である。水沢君は座るなり、本を開いて話し始めた。

「吉田氏はこう述べています。アナーヒターの呼名の完全な形は、アレドヴィー・スーラー・アナーヒターである。アレドヴィーとは〈湿《しめ》ったもの〉を意味し、世界のすべての水の源であると考えられたこの女神を、大地を湿らせ土壌《どじょう》を肥沃《ひよく》にする神格として言い表わした呼称である。

スーラーは〈強きもの〉を意味し、女神の武勇を讃えた呼名であり、最後にアナーヒターは語源的には〈汚れなきもの〉を意味し、女神の宗教的清浄さを指摘する名と考えられる。このようにこの女神は、三種の機能のそれぞれとの関係において彼女の神徳を称揚した、三重の呼名を所有していた。

このように三種の機能すべての領域に関与し、三種の機能神のそれぞれと密接な関係を

弁才天の変化図

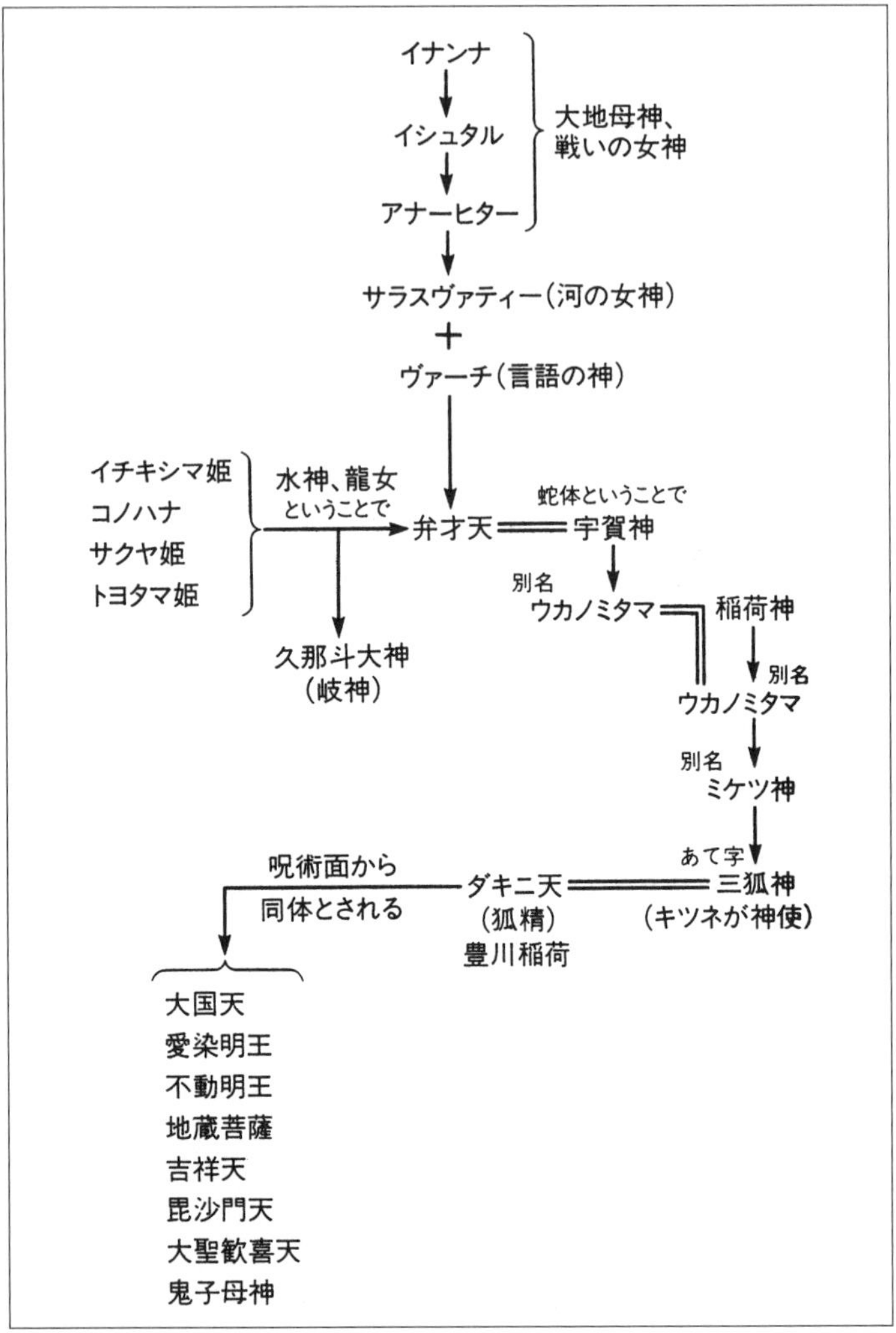
イナンナ
イシュタル
アナーヒター
大地母神、
戦いの女神
サラスヴァティー（河の女神）
＋
ヴァーチ（言語の神）
イチキシマ姫
コノハナ
サクヤ姫
トヨタマ姫
水神、龍女
ということで
弁才天
蛇体ということで
宇賀神
別名
ウカノミタマ
稲荷神
久那斗大神
（岐神）
別名
ウカノミタマ
別名
ミケツ神
あて字
呪術面から
同体とされる
ダキニ天
（狐精）
豊川稲荷
三狐神
（キツネが神使）
大国天
愛染明王
不動明王
地蔵菩薩
吉祥天
毘沙門天
大聖歓喜天
鬼子母神

有する総合的神格は、アナーヒターと多くの点で酷似したインドの女神サラスヴァティーにも認められる、と」

「三種の機能神というのは、デュメジルの理論だね。しかし、サラスヴァティーは〈豊かなる水を有する〉の意味だから、神名としては一つしか一致しないね。岡田君のほうは、どう言っているの」

「アナーヒター女神は、河をその本体とする水神と考えられるが、その起源については定説がない。現在のところ有力な見解は、アナーヒターをインドのサラスヴァティー（弁才天）と同一視する説である。これは、単に両女神が共に河に関係づけられているといったことにとどまらず、デュメジル理論に基づく三機能神を総合する神格として、両女神が特徴づけられるとする点からも、近年、積極的に主張されている。

すなわち、サラスヴァティーは、弁才天の名称にも知られるように言葉・学問の神であり、これは第一機能の祭司的性格を示し、次に、戦神マルトとともに戦う者として、第二機能の戦士的性格を備え、最後に水神として、農作物を豊富にもたらす第三機能である生産者的性格をもつ。

これと同様の性格をアナーヒターも有しているが、より重要なことは、このアナーヒターがメソポタミアの女神であるイシュタルに著しい類似を示している点である。

アナーヒターを豊饒の女神として表わしたササン朝ペルシアの壺

さらに、調伏に関連して、アナーヒターに戦勝を祈る者は、しばしば犠牲《いけにえ》の動物を献じたことが記録されており、人身御供《ひとみごくう》さえも行なわれた形跡がある。最後に、この女神を仏教の観音の起源に関係づける見解があることを附しておく、と書いてます」

「なるほど、ここまでくると、弁才天が調伏の神であってもおかしくないことになる。しかし、弁才天の才の字に財をあて、言葉・学問の神であるとしているのは気にくわないな。僕も調べてみたんだが、弁才天はサラスヴァティーと、言葉の神ヴァーチ（Vac）との合体によってできたらしい。このヴァーチが英語のヴォイス（Voice）になったんじゃないかと思って、同級生だった早稲田の福井君（福井文雅文学博士）に聞いたんだが、間違いないだろう、ということだった。

ところで、第二機能の戦士的機能が共通するという根拠はどこにあるの」

水沢君は、一枚のコピーと岡田明憲著『ゾロアスター教』の五二ページを示しながら、

「インドの古典『リグ・ヴェーダ』にあるサラスヴァティー河の歌と、ペルシアの『アヴェスタ』のなかのアナーヒター讃歌を読むと、実によく似ているんです。調伏面はあまり強く出ていませんが、岡田氏が指摘するように三機能ともに共通してます」

サラスヴァティー河は、シンドゥ河（月の河の意味。後のインダス河）と並び称される聖河で、リグ・ヴェーダ神界においては、シンドゥ河よりもはるかに重要な位置をしめて

いる。その名を継承している現在のサルスーティー河は、砂漠の中に消えてしまう小さな河だが、古代のサラスヴァティー河は海に達する大河であったらしい。その讃歌はどうなっているのか。

サラスヴァティー河の歌

一　慈養の大水をたたえて、このサラスヴァティーは流れ進む、（敵に対する）要害として、金属《かね》の城として。車を走らす者のごとく、大河はその威力により、他のあらゆる水流を駆《か》りたてて進む。

二　諸川のうちにただ独り、サラスヴァティーはきわだち勝《まさ》る、山々より海へ清く流れつつ。広大なる世界の富を知りて、ナフスの族《うから》にグリタ（バターの溶液）と乳とを授けたり。

三　彼（男性の河神サラスヴァット）は、若き女性のあいだの男子として、崇拝すべき女神のあいだの若き牡牛として成長せり。彼は寛容なる人々に駿馬を授く。彼が勝利のために身を浄《きよ》めんことを。

四　この恵み深きサラスヴァティーもまた、この祭儀において、快《こころよ》く享《う》けてわれらに耳傾けんことを。強き膝《ひざ》もつ頂礼者により祈願せらるる女神は、富を伴い、あらゆる友に勝《まさ》る。

五　これらの供物を捧げ、汝の前に頂礼して、――サラスヴァティーよ、（この）讃歌を嘉《よみ》せよ――もっとも好ましき汝の庇護の下に身を置き、われらは汝に近づかんと願う、あたかも木蔭に宿るごとくに。

六　ヴァシシュタ（詩人の名）はここに汝のため、サラスヴァティーよ、天則の扉を開けり、恵み深き神よ。うるわしき神よ、讃美者に報酬を増し与えよ。――汝ら神々は常に祝福もてわれらを守れ。

（世界古典文学全集『ヴェーダ、アヴェスタ』筑摩書房より）

アナーヒター讃歌（ヤシュト）

第一節

一　アフラ・マズダーはスピターマ・ザラスシュトラに仰せられた。

スピターマ・ザラスシュトラよ、我がために汝は彼のアルドウィー・スーラー・アナーヒターを祭るべし

彼女は遍《あまね》く流布し、治癒力あり、ダエーワに敵する者、アフラの教を奉じ、具象世界に

て祭らるべきもの
具象世界にて讃えらるべきもの
灌漑《かんがい》を増大する神聖なるもの
家畜を増大する神聖なるもの
耕地を増大する神聖なるもの
富を増大する神聖なるもの
領土を増大する神聖なるもの

二　彼女は総ての男たちの精子を調《ととの》え、
総ての女たちの子宮を、子を産むべく調える。
総ての女たちに安産を与え
総ての女たちに、まさしく必要なる時にあたり、乳を生ぜしむる。（中略）

六　我、アフラ・マズダーは、彼女を産み出せり、
村を、郡を、国を繁栄させんがために、
保護せんがために、配慮せんがために、監視せんがために、守護せんがために、見守ら

んがために。（中略）

十一　彼女は戦車の手綱をとり、車を駆り進める。（中略）

三十四　かくて、彼女に彼は祈れり。
かかる恵みを我に与え給え、
良き、最強の、アルドウィー・スーラー・アナーヒターよ、
　すなわち、私が、三口あり三頭を有し六眼にして千術なる、最強にして魔性の邪悪なるダハーカ龍を征伐せん事を。（中略）

サラスヴァティー像

一二八　アルドウィー・スーラー・アナーヒターは、（自らの頭に）王冠を被《かぶ》れり、（その王冠は）百の星にて荘厳され、黄金製のものにし

て、八光を有し、騎車の型をなすもの、

飾り帯にて装われ、美しく、高浮彫りの、美事に作られたるものなり。

一二九　アルドウィー・スーラー・アナーヒターは、四頭の子を産む三百頭分の海狸の毛皮（にて製る）服を着たる、

河に住む雌の海狸は最も美しく、また同じく、最も濃密なる毛を有する故に。

定められし時に、適切なる仕方で製られし毛皮は、銀や金の如く、きらきらと輝いて見える。

（後略）

（岡田明憲著『ゾロアスター教』より）

水沢君が口を開いた。

「吉田氏はヤシュトに関し、これはおそらく多神教時代にさかのぼるアナーヒター讃歌が、ゾロアスター教の教典のなかに取り入れられ、保存されたのだ、と考えています」

「アーリア系インド・イラン人の神としてとらえているわけだね。アナーヒター讃歌には、牛、馬、羊が出てくるし、ダハーカ龍、つまり龍神信仰をもった原住民を敵対視している。そうしたところはアーリア的なんだが、水神信仰は本来、シュメールやモヘンジョダロあ

たりのものだろう。

細石器文化圏にいた騎馬・遊牧民族系は、太陽信仰をもち、牛、馬、羊、鳥などをトーテムとした。これに対し、彩文土器文化圏に居住した農耕・海洋民族系は、龍神＝水神＝月神信仰で、ヘビ、サメ、ワニ、カメなどをトーテムとしている。

いわゆる龍蛇族は戦いに弱く、騎馬民族系に駆逐されて、世界の四大文明も亡びるわけだが、いつの世でも、征服者より被征服者のほうが人口が多い。そこで征服者は被征服者の王女を娶《めと》り、一方では彼らの信仰を別なかたちに変えさせて認めてやる。たとえば、ナーガとナーギ（龍蛇神）をシヴァ神に置き換えるとかね。だから、アナーヒターやサラスヴァティーにしても、原住民の水神＝龍神信仰が残っているような気がするんだ」

水沢君はうなずきながら、

「『密教神話の源流』（大阪書籍）を書いた松長有慶氏や、高木訷元氏は、サラスヴァティー→弁才天をアーリア系、つまりバラモン系の神とみていますが、岡田氏はアナーヒターは、戦神、豊饒神としての性格に比し、第一機能たる祭司的性格がいちじるしく薄弱である。また、イシュタルもセム系と速断してはならない、と言っています」

「身近な例をとれば、釈尊を出したサーキヤ族だ。彼らは太陽信仰をもち、ヒマラヤの中腹に住んでいた。ところが、温暖な地のほうがよかったんだろう、ガンジス河流域に進攻し、ナーガ信仰をもっていたモンゴール・ドラヴィダ族を征服する。次いで、彼らを手なずけるために王女マカマヤを王妃とし、龍神信仰のほうは、これは釈尊後だが、大自在天、倶利迦羅《くりから》明王、金比羅大将などというかたちで認めた。弁才天もそのなかの一つだと思うんだ」

「ウガヤフキアエズ尊がトヨタマ姫、神武天皇がコトシロヌシの命の娘ヒメタタライスズ媛と結婚した、というパターンと同じですわね」

「日本も彩文土器文化圏で、龍神信仰のメッカだった。出雲神族を筆頭に、大山祇《おおやまつみ》族、大《おお》海祇《わだつみ》族、八幡族、隼人族なども、みな龍蛇族だ。神社のなかで、龍神系でないものを探すほうが難しい」

水沢君があとをつぐ。

「そして、被征服民族は自分たちの神に祈って、征服者を呪った」

「サーキヤ族（釈迦族）にやられたモンゴール・ドラヴィダ族は、聖火を燃やして彼らを呪詛する。これが護摩《ごま》の起源とされているんだが、密教に取り入れられて、煩悩浄化的な意味をもたせるようになった。釈尊は、火を神秘化する迷信は捨て去れ、と言っているのにね」

「確かにそうなんですが、密教僧が護摩をたいているところなど、呪詛の感が強くて、いい気持ちのものじゃありません」

「インドの女神の代表は、下層階級が特に信奉するシヴァ神の妃のカーリーとドゥルガーで、これがあらゆる女神に影響を与えている。鬼子母神も吉祥天もそうだから、弁才天だけが違うとは考えられないね」

恐ろしいシヴァの妃たち

「カーリーですか。ヒンズー教のシヴァ神の妃の一人ですね。カーリーは〈黒いもの〉の意味で、彼女は蛇にとりまかれ、頭蓋骨《ずがいこつ》の首飾をつけ、二つの手には剣と短剣を、他の二つの手には血のしたたる首を持っています。もっともグロテスクな像のなかには、自分の首をはねて手に持ち、その噴き出す血をすすっている。鬼女中の鬼女という感じです」

「僕がカルカッタへ行ったとき、ちょうどカーリーの祭りだった。カーリーガートの寺院で見物したんだが、すさまじいんだ。山羊《やぎ》の首を斬って捧げ、流れ出る血を手のひらにすくって、シヴァのシンボルに塗りたくる。生臭い臭いが充満し、とても正気のさたとは思えない。

祭りの日が、日本でいう特別ご開帳で、一般の庶民、といっても最下層の人たちが主体なんだが、ひと目カーリーを見ようと、祭壇の前で押し合いへし合いしている。あんなにすごい宗教的なエネルギーは、日本ではとても想像ができない」

「カーリーは暗黒の女神であり、戦いの女神でもあるわけでしょう」

「ドゥルガーも同じだね。〈近づきがたいもの〉の意味で、十臂《ぴ》（十本の腕）のほとんどに武器を持っている。八臂の弁才天像はこれを写したものとも考えられる。

　彼女は、水牛の悪魔マヒシャーを殺すために、神々がその力を結集して産み出したものだとも、また〈ドゥルグ〉という巨人を倒したので、ドゥルガーの名を得たとも言われている」

「ドゥルガーは、艱難《かんなん》から信者を守り、広野で迷っている者、大海で難破した者を救ってくれる女神とされていますね。鬼女が一方では守護神となる。このへんのところが、よくわからないんですが」

「両女神とも、元来は非アーリア系の原住民の神だったんだよ。蛇にとりまかれていたり、水牛の悪魔を倒すという伝承にもそれが表われている。あとでヒンズー教に取り入れられたんだが、いまでも信者の大半は、最下層のシュードラ（隷民）なんだ。彼らは、鬼女であろうと、暗黒の女神であろうと、自分たちに富や活力を与えてくれるものなら、何でもいいいんだ。

君も知ってのとおり、インドのカースト制はいまなお厳しい。一般にはバラモン（僧侶）、クシャトリア（武士）、ヴァイシャ（町民）、シュードラ（奴隷《どれい》）の四つに分けられるが、このなかはさらに細分化されている。召使いでも、床を掃除する者と、テーブルの上をふく者とでは位が違う。また、いちばん上の召使いでなければマッチを持てない。」

「そうした人たちは、盗みをしても罪悪感がないそうですね。我々が悪事を働くのは、富める者が神の言いつけ（施《ほどこ》し）を守らないからだ。盗られるほうが悪い、と」

「被征服民となってからの怨念が、いまなおお続いているといってもいい。弁才天に呪詛や調伏の性格を与えたのは、こうした人々ではないだろうか」

二人はため息をつきながら、顔を見合わせた。頭のなかには、妖艶《ようえん》な江の島の裸弁天の姿がありながら、次第に闇の世界へひきずり込まれていくのを感じていたからだ。

ヤキモチ焼きの弁才天

後日、水沢君からまた資料が届いた。

「明治、大正期の仏教学を甘く見すぎていたようです。まとまった弁才天論は、この時代のものが質的に高いことがわかりました」と、添え書きがあった。

そのなかの一つに、大村西崖の論文『弁才天』（『密教』１の１、明治四十四年二月）がある。前に妻の千代が「弁才天はヤキモチ焼き」と言ったが、この論文の一節がはからずもそれを証明した。同書に掲載されている、インド教（バラモン教→ヒンズー教）の聖典『スカンダ・プラーナ』より、概略をご紹介しよう。ここでは、弁才天を太陽女天、讃歌女天を梵天《ぼんてん》（ヒンズー教における天地創造の神）の第二妃として描いている。

神主（シヴァ）は言った。

弁才天が何故に梵天を捨て、梵天が何故に讃歌女天を娶《めと》ったかを（語ろう）。そもそも『ヴェーダ』は、供養によって至大なる幸せと、利益を与えることを教えている。我《われ》がこの供養を行なうので、諸神および人間もこれに倣《なら》って、無量の供養を行なうのである。

梵天とその妃の弁才天、ならびに諸神、諸仏はこれと同じ志で供養の式典をあげようとし、その仕度はまったくととのった。今や聖典を行なおうとするとき、弁才天はやむにやまれぬ家事に妨げられて、式壇に奉侍することができなかった。

梵天は一僧に弁才天を迎えに行かせたが、

「私は服飾も整えていないし、いろいろな要務の準備もできていない。まして吉祥女天、帝釈天妃、火神妃、諸神、諸仙の妃らは、なおさらできていない。私一人で、どうして衆会に入れるだろうか」と答えた。

僧は帰って梵天に申し上げた。

「弁才天は当分の間いらっしゃいません。しかし、一夫人がいなくて、どうして供養を全うし、幸せや利益が得られるでしょう」

梵天は大いに弁才天の行動を怒り、帝釈天に「すぐに出かけて、すみやかに一人の女人を求めてこい」と命じた。

帝釈天が急いで行く途中、妙齢の笑顔が美しい牧牛女が牛乳をカメに満たして担っているのに出会い、これを伴って帰った。

ここに梵天は供儀の会を催すことにした。牧牛女はすなわち讃歌女天である。梵天は諸衆に向かって言った。

「諸神、諸仙よ。汝らがもし彼女を可とするなら、我はただちに讃歌女天と婚するであろう。彼女は『ヴェーダ』の母であり、諸世界を清浄にするであろう」

やがて儀式を整えて、梵天は婚約をかわした。女天は新婦の館に導かれ、きれいに装い、珠玉で飾られた。

時に弁才天はようやく家事を終え、衣装を整えて、諸神の妃および無数の眷属に囲まれ、さまざまな花、果物、香、菓子等の供物を携えて供養の式場にやってきた。梵天はこれを見て大いに驚き恐れた。諸神や会衆も憂い、恐怖しないものはなかった。

弁才天が湯に入ってこようと新婦の館に入ると、牧牛女が美衣盛飾して太陽のように輝いているばかりでなく、諸僧はすでに聖式の執行に従事していた。

弁才天はこれを見て、たちまち嫉妬心を起こし、激情を抑えることができず、梵天に向かって言った。

「梵天よ、私はかつて結婚し、あなたの妃となった。私を捨てることのいかに罪深いことを考えなかったのか。あなたは仮の愛に惑わされ、このような恥ずべき非行をするのか。あなたは諸神、諸仙の父と敬われながら、三界の嘲笑、恥辱を受けることをあえてなした。妻と呼ぶ夫に、なぜ捨てられなければならないのか。私はどのようにして、人々に体面を保てばよいのか」

梵天はこれまでのいきさつを話すとともに許しを乞い、「我は決して再びあなたに背かない」と言った。

弁才天の嫉妬はいよいよ解けず、梵天と帝釈天を呪詛して叫んだ。

「私は苦行によって会得した威力により、今後、梵天は毎年カルチカ月（インド暦、第八、十、十一月）の交の一日を除くほかは、祠堂、神壇において拝礼を受けることはない。帝釈天は牧牛女を梵天に連れて行ったことにより、お前の敵によって鎖で縛られ、他国に流されるだろう。また、お前の城街、住居は占領される」

また、毘紐天《ヴイシユヌ》に告げてこう言った。

「お前は婚儀を行ない、牧牛女を梵天に嫁与《かよ》したことにより、マンダラ山のビリグ山の呪詛のなかに落ち、人間に下生し、お前の妻は敵に奪われて煩悶し、永く畜生の守者として流浪するだろう」

弁才天の呪詛はこれにとどまらず、ルドラ天、火天、衆僧、バラモンにも向けられた。弁才天が座を立って去ろうとしたが、吉祥女天や他の女神たちは行をともにしなかった。弁才天はここにおいて再び怒り、吉祥女天と帝釈天妃にこう告げた。

「お前たちは私を捨て去ったがため、一か所にとどまって住することはできない。私の呪詛により下生し、辺地、害毒、罪悪、野蛮の境に住するだろう」

さらに他の諸神妃に向かって、

「お前たちはみな石女《うまずめ》となり、子をもつ喜びを得ることはできない」と、呪詛した。

大自在天妃はこの呪詛のために、石女となることを恐れ、憂《うれ》い悩んだ。しかし、弁才天はなおもここを去らず、梵天のそばに立って慟哭《どうこく》した。毘紐天はしきりにその悲嘆と忿怒《ふんぬ》とを和らげようと努めたが、その甲斐なく、弁才天はついに去って、光明の野の海辺の霊場へ行ってしまった。

すさまじいばかりの嫉妬と、呪いである。弁才天が呪詛の神となる素地は、十分にあったわけだ。

大村はまた「サラスヴァティーに弁才の意味はないから、弁舌の神ヴァーチこそ、最古本源の弁才天である」と、述べている。弁才天をアーリア系とする学者が多いのは、こうしたことによるのだろう。

確かに古いバラモンの神話では、サラスヴァティーは、二本あるいは四本の腕で、ヴァーチ的である。四本腕の場合、片方の右手で一輪の花を夫のブラフマー（梵天）に差し出している。彼女はいつも夫のそばに座っているからである。別の右手で学問的な造詣《ぞうけい》を示すシュロの葉で作った書物を持ち、左手の一本には珠数《じゅず》、もう一本には小太鼓を持っている。

しかし、サラスヴァティーは龍蛇族系の神であり、弁才天の性格もヴァーチ的なものは薄い。大村はまた弁才天の別名として、シヴァ神の妃のドゥルガーとカーリーを挙げたが、シヴァは蛇の首飾り、蛇の聖なる紋章（三文字紋）、三日月と三つ又の鉾を身につけているように、龍蛇神＝月神である。妃だけがアーリア系のはずがない。カルカッタの地名はカーリーから生まれたものだが、この都市が龍蛇族の市府であったことは知られている。不動明王を筆頭とする明王は、シヴァの仏教化だ。それを証明するのが、降三世明王の真言である。

オーン　スンバ　ニスンバ　フーン　ヴァジュラ　フーン　パット

このなかのスンバとニスンバは、ある魔神アスラ（仏教の阿修羅）のことで、ドゥルガーの名前でもある。愛染明王の梵語名は、ラーガ・ラージャ。「愛情深い王」を意味するが、このラーガをシヴァ妃とする説もある。八臂《はっぴ》の弁才天は、カーリーとドゥルガーから生まれたとすべきではないのか。

西園寺家は嫉妬を恐れて妻を娶らず

弁才天のヤキモチについて、日本では西園寺家（西園寺公望公出身の家柄）の話が有名。歌人の柳原白蓮（叔母は明治天皇の寵愛《ちょうあい》を受けた柳原一位局で、大正天皇の生母）は、次のように書いている。

西園寺家の正妻は弁天様だという。殿様の寝所に二つ床を並べて、その一つは奥方弁天様のということになっていた。お妾は隣の部屋で寝る。それならばいいが弁天様は恐ろしくやきもち焼きで、正妻はみな離縁になるか死ぬのだそうな。

西園寺家は琵琶の宗家で、弁才天が夢に琵琶の調子を教えると伝えている。そうしたことからか、邸内の池の後ろに白雲神社を建立し、弁才天を祀っていた。白蓮の一文にはないが、代々正妻を娶《めと》らないのが習わしだったようで、いかに弁才天を敬い、恐れていたかがわかる。

弁才天のヤキモチに関しては、おもしろい話もある。江島弁才天への信仰が、庶民の間に広まったのは元禄のころから。しかし、いつの世でも不埒《ふらち》な男はいるもので、「弁才天はヤキモチ焼きだから、夫婦でお詣りすると不幸が起こる」と、実際には江の島へ行かず、品川の遊廓などで流連《いつづけ》したのだという。

第三章　天河弁天が惹きつけるもの

画家・浅山澄夫君との出会い

竹生島詣での二日前、琵琶湖研究会の理事長・宮部誠一朗さんのご招待で、京都府亀岡市湯の花温泉の五智山憩の家に泊ることになった。当主は杉岡伴太夫政房といい、柳生家の末裔。中曾根康弘氏が総理大臣になることを予言したことで知られ、二人で写した写真もある。

入浴後に鍋料理で酒盛りとなったが、その席に二人の画家が加わった。浅山澄夫君と山本東君である。私の読者とかで、山本君は拙著をダンボール箱にいっぱい買って、外国の友人たちに送ってくれたとか。ありがたい限りであった。

「近江神宮の横井宮司から、あなたの守護神は久那斗大神だ、と言われたんですがね。一般的な知識しかないんで、くわしいことを教えてもらいたいんですが」

と、杉岡さんが話の口火を切った。杉岡氏は、柳生氏―菅原氏―野見宿彌《すくね》とつながる出雲神族の一員である。「守護神が久那斗大神」と言われたのは、占い的には「当たり」だが、歴史と姓氏学をかじっていれば、当然出てくる結果であった。

久那斗大神は出雲神族の大祖神であり、岐《ふなと》神、舟戸神、道祖神、塞《さえの》神、幸神、荒神、金精様、道陸神《どうろく》、冠川明神などと表記する。後世、猿田彦と混同し、またすり替えられたりしたが、熊本や島原を除けば、猿田彦と称するものは、ほとんどが久那斗大神である。この点に関しては、中央大学の名誉教授で、日本神道宗教学会の元会長・中西旭さんが、東北地方の猿田彦を調査し、論証されている。

久那斗大神はご神体がリンガ型であり、村の境などに祀《まつ》られたため、地蔵菩薩とも習合しているが、地蔵信仰が盛んになったのは江戸時代からで、古いと言われる地蔵尊も大半が久那斗大神である。典型的な例が大分県日田山中の願かけ地蔵として知られる愛宕《あたご》地蔵。参道にはしめ縄を張った鳥居が建ち、本殿は千木《ちぎ》のそびえる神社建築。参拝者は、拍手をして祈願する。

出雲神族は龍神信仰のため、人神である久那斗大神も龍神として認識されるが、これは長野県上田市の通称サイの神とか、男石さまと呼ばれる社が〝龍宮社〟であることをみてもわかる。天孫族もこの神を畏敬しており、都を移すごとに四隅に社を建てて祀り、六月、十二月には道饗《みちのあえ》祭を催し、祝詞《のりと》を捧げた。京都では、上京区寺町今出川上ルに幸《さきわい》神社として現存するが、蟬丸神社に当初祀られた道祖神も、その一つではないかと言われている。

話が久那斗大神から弁才天に及んだとき、

「天河弁天には行かれますか」

と、浅山君が言う。うなずく私に、

「あそこの柿坂神酒之祐《みきのすけ》宮司は、私の遠縁なんです。近く能楽作品展を神社で開きますので、四日後に打ち合わせに行きますから、向こうでもお会いできませんか。それから近くの中越《なかごえ》に豕瀬《いのせ》善徳というおじいさんがいます。この人も親戚で、南朝の遺臣ですから、おもしろい話が聞けるかもしれません。ぜひお寄りになってみてください」

さらに本書の表紙まで「描かせてほしい」と、親切な申し出をしてくれた。

翌朝「裏山に磐座《いわくら》がある」というので、杉岡さんに案内してもらう。岩組みの露天風呂の先から急な下り斜面となり、樹々に張られた電線につかまりながら歩く。あまり行く人がいないらしく、雑木の枝が邪魔をする。約十分で目的地へ。

磐座は上下に分かれており、上が男神（男根型）、下が女神（女陰型）で、下の磐座の前には石の祠に入った役《えん》の行者の石像が祀られていた。亀岡には出雲大神宮（通称・元出雲）があり、当地もまた出雲神族の一拠点であった。

「ここで瞑想するとね、とてもいいんですわ」

と、杉岡さん。帰京後にわかったのだが、黒住教の重鎮《じゅうちん》・中島弥光《いやみつ》さん（当年百歳）が、若いころにこの磐座で修行したとか。

温泉にもどると、藤田曜久《あきひさ》と名乗る洋画家が、札幌の風景画を七点ばかり持参していた。

琵琶湖が描きたくて、つい先日、亀岡へ移ってきたという。私の伯父の大渕武夫は国画会の審査員で、そうした関係もあり、林武氏、東郷青児氏ほか多くの画家と親しくしていただいた。こんな話をしていたら、「ぜひ、批評をしてもらいたい」とせがまれた。朝からの御神酒《おみき》が、私に大胆な発言をさせた。

「青《ブルー》の使い方、この一点につきる。そして、それは水神、龍神、弁才天につながる。あなたが琵琶湖に惹かれたのも、潜在意識のなかに水神系の神々への想いがあるからでしょう」

藤田さんは、ギクッとしたような顔をして、私を見つめていたが、しばらくして口を開いた。

「先生は、どの絵がいちばんお気に入りですか」

「タワーと噴水だな。空の濃いブルーから路面の淡いブルーへの変化。三人の女性のコートの色、特にスカーレットとのコントラストがいい」

「それでは、これをもらってください」

と、藤田さんは見事な額に入った絵を差し出した。

数年前、出雲教の北島英孝《ふさのり》氏にお目にかかったとき、「神とは何か」と、問われた。

「真理であり、愛である」

「それに畏《おそ》れだね」

と、英孝氏。私はこれを別な言葉で表現すれば「芸術」だと思っている。浅山、山本両君もそうだが、藤田さんもまた、神々と深いつながりをもっているようだった。

杉岡さんが編集したという『寝具の歴史』の著者は、再従兄弟《はとこ》の同志社大学教授・小川光暢氏だったし、憩の家で出会った人々とは、不可思議な線で結ばれていた。

お忌み荒れに迎えられた竹生島

石山寺の親友宅で一泊後・二十一年ぶりに竹生島を訪れる。浜大津からの同船者は、わずかに十余名。八月末ともなると、観光シーズンは終わるらしい。

琵琶湖大橋を過ぎるころから強風となり、大浪が船首を襲う。あわてて窓を閉めたが、通風孔を通って湖水がしたたり落ちる。サーフボードや一人乗りのヨットが、ばたばた倒れるのが眺められる。

出雲では、神さんがお出ましになるとき、かならず暴風雨状態となり、これを「お忌《い》み荒れ」という。私は（弁天さんが歓迎してくれたな）などと思っていたが、先ほどまでカレーライスを食べながら談笑していた四、五人の女性グループは、一人消え、二人消えして、船室にいなくなってしまった。全員、甲板に出て、お腹をかかえていたのである。

浜大津で切符を求める際、「竹生島経由で彦根まで」と頼んだ。彦根の岩窟に祀られている弁才天を調べてみたかったからだ。しかし、窓口では「彦根へは船が出るのかどうか、はっきりしまへんのや。電話で確かめるよって、お待ちください」と言うのである。船会社では、荒れ模様になることを予測していたらしい。

出発後、二時間余で竹生島。緑の樹々の間に、宝厳寺や都久夫須麻《つくぶすま》神社が見え隠れする。港のお土産屋兼食堂は、以前とまったく変わっていなかった。バラック建築そのままである。旅館かホテルぐらいは建っているだろうと思っていたが、これもない。

私は食欲も湧かず、宝厳寺への階段を登り始めた。折からの暑い日差しと、運動不足で息が切れ、月定院、観音堂と各駅停車。本堂に至ったときは、参詣者が一人もいなかった。

お札売場で『竹生嶋誌』を求め、

「どなたか、弁天さんについて話してくださる方はいませんか」

と尋ねたところ、受付に回るように言われた。ところが、である。

「住職はん、出かけてますよってにな。また来なはれ、わてらは、古いことなど知らへん。それにな、あんたはんが買うた本にみな書いてある」

と、にべもない。

都久夫須麻神社本殿

しかたなく龍神堂（白蛇堂ともいい、弁才天を龍神として祀っている）、雨宝堂、宝物館などを覗《のぞ》き、都久夫須麻神社へ向かう。宮司の生嶋竹雄氏には、かわら投げで知られる、龍神遥拝所でお会いすることができた。ここは風通しがよく、噴き出していた汗をきれいに拭い去ってくれた。

「神さんが古いか、弁天さんが古いか、といいえば、そりゃあ神さんやがな。ここの神さんは、竹生島明神と言うとった。ほかの三弁天も、厳島明神、江島明神や。神さんの名前にしても、あとで付けたものにすぎん」

と、生嶋宮司。

「弁天さんに変身したのは、いつごろのことでしょうか」

「『竹生嶋縁起』は平安末期の作とされているし、『平家物語』にも出てくるから、そのあたりと考えてええんやないか。とにかく、確実な資料はあらへん。おもろいのは、伊勢の荒木田系図に載っていることや」

「ええ、それは知っています。天児屋根命《あめのこやね》の四在世大御食津命《みけつ》で唐崎の大明神、八世の久志宇賀主命が竹生島大明神だ、というんでしょう」

「昔、荒木田の遠祖が、このあたりで勢力を張っていたことを物語っているんやろが、久志宇賀主は宇賀神でも、宇賀御魂神でもない。ありゃ、完全に語呂合わせやな」

「先ほど求めた沢実英著『竹生嶋誌』に、こんな記事があります。どのようにお考えですか」

私はそのなかの「竹生島の誕生と伝承」と「竹生島千三百年のあゆみ」の一節を示した。

役《えん》の小角《おづぬ》（役の行者、神変大菩薩ともいう）が竹生島へはいつ渡られたかはっきりしないが、島の岩窟（行者窟という）において苦行され、ついには弁才天の霊験をえられ、そのとき行者が持っておられた竹杖《つえ》を地に立て、もしこの地三宝住持のところ

都久夫須麻神社の弁才天

たらんには、この竹生長すべしと祈願されたところ、竹杖が表徴として二股に割け枝葉が生じたという。

　行者はこれに感激して島を去るとき、他に類のないいみじき弁才天の霊場として、岩窟にその不思議な竹杖をさしのこして立たれたとある。行者は諸国廻歴の間にもこの島の弁才天の霊験を説かれ、堂宇建立の勧進もされたという。（中略）

　当山は神亀元年（七二四年）三月、第四十五代聖武天皇が天照皇太神から「江州（現在の滋賀県）湖中に小島あり、弁才天女降臨の聖地なり、堂塔伽藍《がらん》を建立して祭供すれば、国家泰平、五穀豊熟《ほうじゅく》、万民利益多からん云々」の御神託を受け、都良香《よしか》（八三四～八七九年の漢学者）を勅使として、僧行基のもとに遣《つか》わし、詔を下してこの島に堂塔を開基せしめられたものである。

　すなわち行基菩薩は勅命を奉じて入島し、その翌年六月に第一宝殿が完成した。

　行基菩薩は自ら大弁才天女を彫刻し、当山の御本尊として遷宮式を行なった。（中

略）

これが当竹生島厳金山実珠宝厳寺の創建であるといわれている。

当山は延暦七年（七八八年）六月の最澄《さいちょう》（伝教大師）の入島以来、「叡山《えいざん》（天台宗）の奥の院」と称されたが、現在は大和の長谷寺（真言宗豊山派）に属している。

また、空海（弘法大師）の練行された古跡も現存している。

弁天さんは呪文の神さんや

生嶋宮司が口を開いた。

「役の行者や空海、行基などは、寺の格をあげるため、開祖とするところが多い。宝厳寺は長い間、天台宗やったから、ほんまの話、真言系の役の行者や空海を持ち出すのはおかしい。人気者は誰でもええ、宣伝役に使ったれ、ということとちゃうか。

『総国風土記』によると、社《やしろ》のできたのが雄略天皇の三年（約千五百年前）で、市杵島姫《いちきしま》を祭神としたのは、天智天皇が志賀の宮をおはじめになったとき、ということになっとる。竹生島弁才天としての信仰は、神社の創建後、約八百年たってからや」

「宝厳寺発行の『竹生嶋誌』は、『竹生嶋縁起』や『近江輿地誌略』などをフルに活用し

竹生島龍神遥拝所

ていますが、前者は竹生島の神を弁才天だとは書いていません。喜田貞吉氏も、前者をいっこうに当てにならぬもの、後者に欽明天皇のとき、我は竹生島の弁才天、天照大神の分魂《わけみたま》也とあるのを、かえって最も新しいデタラメだ、と一刀両断しています。また、前者には天台宗の僧が数多く登場するから、叡山あたりの作為があったと考えられる、ともいっています。

ところで、ここの祭神は、市杵島姫命、竹生島の造り主とされる浅井姫命、それに宇賀御魂命の三柱ですね。市杵島姫命は、宗像神社、厳島神社の祭神ですから、逆に考えれば、厳島弁才天が有名になってから、当社の祭神を市杵島姫としたのではないでしょうか」

「『神社啓蒙《けいもう》』や『和漢三才図会』では、竹生島の祭神を宇賀御魂命としとる。市杵島姫命だと主張したんは、貝原益軒（一六三〇～一七一四年。江戸の朱子学者）の『西北紀行』なんやが、これまた宇賀御魂説を捨ててはいない。まあな、いずれにしても、神さんの名はあとから生まれたもんや」

「役の行者が修行したという洞窟（行者窟）がありますね。テレビで、胸まで水につかりながら中に入り、ローソクを灯《とも》して祈禱する人々を見ましたが、気持ちのいいものじゃありませんでした。どうも、呪詛的な感じがするんです」

「弁天さんは、呪文の神さんやからな」

「となると、弁才天信仰は呪詛に始まると考えられますが」

「役《えん》の行者や空海がからんでいるから、そうした可能性はある。また、弁才天と習合した宇賀御魂神は、『御鎮座伝記』に専女《とうめ》とも三狐神とも名づくと見える。陰陽師《おんみようし》たちは、キツネを使って、呪いをかけたというからな」

「宝厳寺には龍神堂と黒龍堂、ここには龍神遥拝所があり、八月十五日には龍神祭が行なわれます。もともとの神さんは龍神だったのではないでしょうか」

「ここの神さんは、琵琶湖の中に鎮まっていると考えられていた。いうなれば水の神さんで、龍神さんとは同体や。市杵島姫命は海神であり、龍神でもある。弁天さんも河の神で、龍神とも考えられてきた。どちらが竹生島の神になってもおかしくない基盤はあったわけや。宇賀御魂神だけは、後世の付会やけどな」

風はますます強くなり、島から出ていくモーターボートが木の葉のように揺れている。

「早う港へ行ったほうがええかもしれん。いつ、どれだけ船が来るかわからへんから。ああ、そうや。社務所に弁才天のことを書いた、大正時代の本があるさかい、明日にでもコピーとって、東京へ送ってあげるわ」

私は宮司の言葉に従い、一時間半ほどの取材で港に下ることにした。これは正解だった。船待ちの人たちが「今日は帰れんかもしれへんな」などと話している。お土産屋はすでに店を閉め、ジュースを飲むこともできない。

（いざとなったら、社務所にでも泊めてもらおう）

私は腹をすえてベンチに座り、宮司との話をメモ帳に整理し始めた。一時間もたったころだろうか。「船が来たぞーっ」という声がする。顔をあげ、湖上に視線を走らせると、長浜方面から高速船がこちらに向かってくる。

乗客は、数人の島の人たちだけだった。参詣客を迎えるために、無理をして来たらしい。

船員が手を振りながら叫ぶ。

「これが本日の最終便です。早く乗船してください」

ただちに、島中に触れが出た。強風下の船は、停泊中のほうが揺れる。横倒しになる人も出て、女性客が「キャーッ、キャーッ」と悲鳴をあげる。こんなわけで、私の彦根行きはならなかった。

怨念うず巻く天川

天河大弁財天社は、近年、とみに知られるようになった。角川春樹、志穂美悦子、細野晴臣、宮下富美子などの有名人のほか、大学教授、作家、画家、宗教家、霊能者などが、続々とつめかけている。アイヌの酋長を含めて、月参り組もかなりの数にのぼるとか。

逆に、ここを恐れる人たちもいる。津軽のある女性は、私にこう忠告した。

「天川へは近づかないことです。それから、あそこの橘香道（先年、他界）には会わないほうがいいですよ。倒されるかもしれません」

橘香道氏は剣道家だが、霊能者でもあった。故大平元首相の陰の参謀としても知られている。政治家として大成するには、有能な宗教家（霊能者）が必要なのだそうだ。大平家はクリスチャンだったのだが……。

大平首相が急逝した後、私は故鈴木武樹氏らが出資して作ったという、東中野の「ヤポネシア」というバーで、東京女子医大の某教授とグラスを傾けていた。

「大平さんは呪い殺されたんだ、という話を聞いたんですがね」

私がこんな話を向けると、教授は、

「少なくとも、女子医大に入院していたら、死なずにすんだでしょう。女子医大では、枕元のスイッチを押せば、三分以内に七人の医師や看護婦が駆けつけることになっています。より多くの人が症状をみて、もっとも適切な治療を施すわけです。

大平さんは、一国の首相でしょう。T病院では、ベテランの看護婦を二十四時間はりつけておく、などの手を打っていなかったのでしょうかね。私も首をひねっているんです」

それから数週間後、ある霊能者から次のような電話がかかってきた。

「大平さんが入院したとき、橘香道氏が『そこにいたら殺される、他の病院に替わりなさい』と忠告したそうです。しかし、クリスチャンである奥さんも、お嬢さんも耳をかそうとしない。で、あんな結果になったんです」

橘香道氏は拙著を読んだらしく、著書の『幸福へのテキスト』ほかを送ってきてくれた。

著者略歴をみると――、

明治四十年三月一日、因幡国浜村に生る。六十八歳のとき旧宮家、賀陽《かや》恒憲殿下より、橘香道の称号を賜る。

とある。その他の著書を見ると、本名は浜村末造であったらしい。虐げられた生活が苦しい修行にも耐えさせ、霊的な集中力を生ませたのかもしれない。いずれにせよ、一度、会ってみたい人物ではあったのだが……。

天河弁才天へは、京都から近鉄特急を利用、橿原神宮で吉野線に乗り換え、下市口《しもいちぐち》で下車する。そこからバスかタクシーということになるのだが、奈良県の地図はむろんのこと、観光図書にも掲載されていないから、初めて行かれる方は苦労する。天河弁才天が鎮座する坪内《つぼうち》への直行便は、朝夕の二本しかない。その他の時間帯は洞川《どろかわ》行きに乗り、川合から歩くことになる。この洞川行きも、二〜三時間に一本というありさまだ。

バスは吉野川を渡ると、山道に入る。ぐんぐん登っていく。谷あいの細い道路だ。車がすれ違えない個所も多い。三十分もすると、崖の上を走っているという感じである。その峻険《しゅんけん》さは、四国の祖谷谷《いやだに》に劣らない。私のような高所恐怖症患者は、下をのぞくと、足の裏がむずがゆくなる。

吉野は大海人皇子《おおあまのおうじ》（天武天皇）が挙兵し、後醍醐天皇が南朝を興し、源義経が逃げ込んだところだが、地形を眺めていると、うなずけるものがある。これに加えて、当地の反体制派の山民が彼らに味方した。

いや、それればかりではない。吉野は人を動かし、惹きつける土地だった。『古事記』によれば、吉野は離宮であり、応神、雄略、斉明の三帝が訪れ、関係を保っていた。それ以前に神武天皇は、丹生《にう》の川上で諸神を祀っている。上古から吉野川の上流地域は、呪術上の聖地、再生、永遠の地であったらしい。それは雄略天皇が、吉野へ行って詠《よ》んだ歌でもわかる。

呉床座《あぐらい》の　神の御手もち　弾《ひ》く琴に
舞する女《おみな》　常世《とこよ》にもがも

頂上から下りに入り、長いトンネルを抜けると、山の〝気〟がガラリと変わる。清浄さのなかに厳しさがあるのだ。

下市口から川合までバスで約一時間。そこから徒歩で、天ノ川《てんのかわ》ぞいに坪内《つぼうち》へ向かう。残暑が厳しい。二つ目の吊り橋のところに弁財天社の案内板が出ており、もう近いらしいが、足が次第に重くなり、妙に胸苦しい。

（とにかく、このあたりで民宿を頼もう）

橋を渡り、いちばん手前の家、次いでその裏手の民宿を訪れたが、「すんまへん。今年は終わりやさかい、坪内へ行ってくれなはれ」と、いずれでも断わられた。

そこを出たとたんである。激痛が胸を襲った。狭心症的な症状である。右手で胸を押さえ、道ばたに座り込む。顔から脂汗がダラダラと流れる。

（津軽の女性が〝危ない！〟と言ったのは、このことだったのか。私を天河弁財天へ行かせないために、バリア〈結界〉を築いているのか）

周りに人影はない。叫ぼうにも、声が出ない。七転八倒の苦しみだ。（もしも……）と、不吉なものが頭をよぎる。

三十分もたったろうか、痛みがやわらいだところで、とぼとぼ歩き始める。一刻も早く、横になりたかったからだ。私の姿がよほどひどかったのか、通りがかりの中年の女性が声をかけた。

「弁天はんにお参りですか。ほんなら、そこの林を抜けて小さな吊り橋を渡ったほうが早いわ」

不思議なことに、林に入ってから足が軽くなり、吊り橋を過ぎると胸の痛みはまったくなくなった。〈バリアを突破した〉ということなのだろうか。

天河大弁財天社は、四つ目の吊り橋を左に入ったすぐそば。盛り土したような丘の杉木立の中にあった。

神社と前面の能舞台が同じ屋根に覆われていることもあって、昼なお暗い。どうにも陰鬱である。（怨念が渦巻いている）と感じるのは、私だけだろうか。

社務所で、柿坂神酒之祐《みきのすけ》宮司に面会を求める。

「今日はお出かけで、明朝、戻られます」

とのこと。しかたなく、社務所横の休憩室で神社の資料を見せてもらい、民宿の世話を頼む。宿泊先は、神社裏手の弁財天社総代・名迫久記さん宅の別棟《むね》。「遊びに来た人は泊めない」ということだが、それだけに手入れがゆきとどいていて気持ちがいい。同宿は「橘香道さんの墓参に来た」横浜市のOさん夫妻だけだった。

ここの料理は美味《うま》い。奥さんが毎回、変わった献立を考えてくれるし、昼食の弁当なども、おかずの色合いにバラエティを持たせ、なかなかしゃれている。夕食では、二、三本と思っていた酒が、ついつい七、八本になってしまった。

天河弁財天はなぜ日本一なのか

天河弁財天社の起源については、いろいろな説があり、確かなことはわからない。修験道と弁財天社のかかわりにおいて、さまざまな脚色や、説話が生まれてきたのだろう。そのいくつかをご紹介しよう。

＊大和葛城山で修行し、大峰山の開山といわれる役《えん》の行者が、山上ヶ岳において、鎮護国家の神を祈誓したとき、最初に弁財天が、次いで蔵王権現が出現された。山上ヶ岳は女人禁制のため、弁財天を天川に祀り、蔵王権現を山上ヶ岳の本尊として祀った。（弁財天社パンフレット）

＊神武天皇の頃に創始されたとも、天武天皇が吉野山で狩をしていたとき、天女が神威を示されたとも伝えられる。天河弁財天女神は、太古は白飯山（弥山《みせん》）の上に立たせられたが、嶮岨《けんそ》で登拝が難しいため、衆生の便利の地に移ろうとの霊夢により、現在地に遷座された。（天川村観光協会編『大和の天の川』）

＊天川地方は弥山に坐す弥山大神の神域であり、その鎮座は悠久の昔にさかのぼり、神祠の創設は、大峯山の中興の開山・理源大師（八三二〜九〇九年）によるものだろう。その後、弥山山麓の行場にも、弥山大神の影向《ようごう》を願って、この辺りに祠が設けられ、清流を抱くので山水の神の神性も発揚し、ここに弁財天信仰がまつわってきた。（天川村史）

＊天文二十三年（一五五四年）に天川詣でをした興福寺の学僧・多聞院英俊の『英俊御聞書』には、天河弁財天の縁起や霊験について、次のように記している。

「天川開山ハ役行者。山号ハ琵琶山。寺号ハ白飯寺。マエ立ノ天女ハ高野大清僧都（弘法大師空海）ノ令作也。仏士ハ弘法大師入定以後、仮ニ化シテ之ヲ作り給フ。十五童子ハ、彼ノ所ノ竜王ノ作ト申シ伝フト云々。

七種ノ利生、一ニハ舎利《しゃり》感得、二ニハ御殿ノ内ノ鈴ノ音、三ニハヒワ（琵琶）ノ音、四ニハ異香ヲキク、五ニハ御殿前御塩指《みしおさす》（功名朱柱コトゴトク濡《ぬ》レテ汗ノゴトシ）、六ニハ白狐ヲ見、七ニハ白蛇ヲ見、以上」

天河弁財天は、修験道において、わが国の弁才天のなかで第一位に位した、本源のものと考えられた時期があったようである。私も何回か、数人の方から「あそこの弁天さんは日本一です」と、聞かされてきた。一般に日本の五弁天は、『和漢三才図会《ずえ》』が記す竹生島、江島、厳島、金華山、富士山とされる。なぜ天川が日本一なのか。この疑問には、水沢君が収集した資料の一つ、『渓嵐拾葉集』弁財天縁起（文保二年＝一三一八年、光宗編）が答えてくれた。大略は次のとおりである。

一、紀州天川縁起の事　伝えて云う。紀州天川は、昔、大海のような湖水であった。この地に善悪の二龍がおり、悪龍は万民を害し悩ませていた。ここに大汝《おおなむち》、小汝の二神は慈悲を発し、悪龍を降伏させようとした。そのとき悪龍は出現して毒気を吐いた。このため大汝は迷乱し、絶入した。

菩薩小汝は八目矢で悪龍の口中を射た。悪龍は降伏し、湖を破って大海に入り、その身体に湖水を巻きつけ、虚空に昇った。湖は干あがり、大岡となった。今の天川がこれである。その時の善龍が、すなわち大弁財天女である。それは徳善大王でもある。また、箕面《みのお》の弁才天と同体である。所生の王子は十五人。これはまた十五童子のことである。

また云う。大汝は弁財天の第一王子、小汝は第二王子である。すなわちこの二神は兄弟なのである。また云う。大汝は日吉大宮権現（大国主命）、すなわち釈迦の垂迹《すいじゃく》である。小汝は春日大明神（建御雷神《たけみかずちのかみ》か）で、薬師如来の垂迹である。第三王子は能野権現、阿弥陀如来の垂迹である。云々。

また紀州天川は地蔵弁天で、日本第一の弁財天である。第二は厳島の妙音弁財天、第三は竹生島の観音弁財天である。また云う。いま天川、厳島、竹生島の三ヶ所は（地下の）穴でお互いに通じ、三弁宝珠は一体となって互いに融合している。はなはだ深し、はなはだ深し。

伝えて云う。役の行者は紀州天川においてこの法（弁財天法）を成就《じょうじゅ》した。弘法大師はすなわち役の行者の再誕《さいたん》であり、大師も同じく天川においてこの法を成就した。

一、六所弁財天の事　天川（紀州）、厳島（安芸）、竹生島（江州）、江島（相州）、箕面（摂州）、背振山（肥州）以上。

一、江島縁起の事（前略）ここに常に道祖神現前し給う。

天川日本一説は、右の一文から生まれたものだった。理由は地蔵弁天ということで、明らかではないが、あえて推測すれば、出雲神族の最高神の道祖神（岐神）＝地蔵菩薩と考えたことによるのだろう。地蔵は道祖神信仰を基盤として、広まっていったものである。

おもしろいのは、『渓嵐拾葉集』が、龍神―道祖神―大国主命―役の行者―弘法大師（真言宗）と、出雲系の神や人物をとりあげていることだ。光宗は天台宗の沙門《しゃもん》（僧侶）だから、本来なら最澄《さいちょう》と弁才天を結びつけるべきなのだが、出雲の信仰↓弁才天という流れは、消すに消せなかったのに違いない。出雲大社前の伊那佐《いなさ》の浜には弁天島があり、両者の関係を明示している。『渓嵐拾葉集』が天川日本一説を打ち出したもう一つの理由は、これまたおかしなことなのだが、体制側（藤原氏や天皇家）が天川と密着し、天台系修験者の多くも、ここを訪れるようになったからだと考えられる。

ご朝拝式にこめられる念

翌朝、柿坂宮司にお会いしたが、「今日は参拝者が多く、午後三時ごろにならないと身体があきません」ということなので、浅山君のおじいさんの豕瀬《いのせ》善徳さんを訪ねることにした。宮司のお嬢さんが「車でお送りします」と言う。土地不案内の私には渡りに舟で、好意に甘えることにした。

豕瀬家は、川合から東の山側に入った中越《なかごえ》にある。通された和室には大きな本棚が並び、日本文学全集、歴史書などがぎっしりつまっている。

「読書がご趣味ですか」

という問いに、善徳さんは、

「これは高校の校長をしている長男のものです。私もときどき手にとりますが」

豕瀬家の人は、なかなかのインテリらしい。善徳さんも私の質問に、標準語で的確に答えていく。その話によると――。

現在、当地区に残る南朝の遺臣は、杉浦、寺井、堀内、豕瀬などの姓を名乗る二十四、五軒。これを位衆伝御《いしゅうおとな》と称する。位衆とはユイ（結）の衆、伝御は乙名で村を代表するものの称。彼らは住む地域が定められており、そこから出ると資格（権利）を失う。

「昔は、男系の男子これを継ぐ、と決められていたんですが、次第に数が減ってきましてね。最近は養子でもよいことになりました」

と、善徳さんは淋しそう。

南朝の遺臣たちの祭りは、いまも続けられている。旧暦三月十八日が後醍醐天皇の守り本尊だった十一面観音の観音会式、旧暦八月三十日には天皇会式が行なわれる。しかし、もっとも重要なのは、旧暦一月十一日の『ご朝拝式』だ、この儀式は、丹生《にう》川上《かみ》社《しや》が鎮座する川上村のものが、テレビなどで放映されて有名だが、「昨年は当家でとり行ないました」と善徳さんが言うように、天川にも残されているのである。

長禄元年（一四五七年）十二月二日、大雪の夜に吉野の奥地で、二人のうら若い皇子が惨殺された。その遺品を祀るのが『ご朝拝式』である。位衆伝御の代表が怨念をこめた『御宝物由来』を読みあげる間、十六弁菊花紋のカミシモを着けた一同は、柏の葉をくわえて、皇子の遺品の前にぬかずく。それはお祭りというようなものではなく、復讐と悲憤の厳しさがみなぎる儀式である。

善徳さんが回顧する。

「正平三年（一三四八年）、吉野山が高師直《こうのもろなお》軍によって焼き打ちされたとき、後村上天皇をはじめ南朝の臣は、ここ天川へ落ち、天河弁財天に立て籠ったのです。当時の社殿は、本社のほか、境内に社堂八か所、境外の末社十二か所、社家十八家、社僧四か寺、供僧九か寺の繁栄ぶりだったと伝えています。

五十七年間の吉野朝廷が、吉野山に都されたのはわずかに十三年間。残りの四十四年間の南朝は、天川を本拠地としたのです。弁財天社の裏山に行在所《あんぐうしょ》跡があり、宝物殿には、南朝四代各天皇の御綸旨《りんじ》・親王の御令旨など十三通が保管されています。吉野山や十津川、賀名生にも、こうした貴重な資料はありません」

そういえば、長慶天皇の御歌に次のようなものがあった。

浅からぬ　契《ちぎり》もしるし　天の川
　はしは紅葉《もみじ》の　枝を交はして

不勉強というのか、読解力がないのか、私はこの「天の川」を夜空の天の川と思い込んでいたのだ。弁財天社の神前に立ったとき、暗雲が渦巻き、強烈な怨念が立ちのぼるのを感じたのもうなずける。南朝の遺臣は、夜ごと弁才天に北朝打倒を祈願していたのに違いない。その念が、いまなお残っているのである。

後醍醐天皇に始まる南朝の呪詛

後醍醐天皇は、関東調伏の祈願を、小野文観僧正弘正、法勝寺の円観上人慧鎮、興福寺の知教と知円、浄土寺の忠円僧正などに行なわしめていた。その代表的な存在が、後世、呪殺僧として有名になった文観である。

彼はもと天台宗の僧侶で、播磨国の法華寺などの住職だったが、やがて南都の律宗を学び、京都山科の醍醐寺に入って、真言宗をも勉学した努力家だった。文観をもっとも特徴づけるのは、真言立川流の秘法である。これは平安末期に、伊豆の仁覚や真慶から始まった宗教で、男女の交合を法悦《ほうえつ》とみなすような密教であった。

この秘法による法験で、名声天下にとどろき、後醍醐天皇に接近すると、たちまちのうちにその信頼と寵愛を得て、醍醐の座主に補せられ、四種三密の棟梁《とうりよう》にまで昇りつめる。

嘉暦元年（一三二六年）、彼は権僧正を与えられたが、その翌年の春から、後醍醐天皇の中宮・藤原禧子の懐妊の祈禱が、諸寺、諸山の貴僧、高僧により、さまざまな大法、秘法をもって始められていた。

このとき文観は、法勝寺の円観上人とともに、「別勅ヲ承《うけたまわっ》テ、金闕《きんけつ》ニ壇ヲ構《かまえ》、玉体ニ近キ奉テ、肝胆《かんたん》ヲ砕テゾ祈」った。(『太平記』)

ところが、この中宮懐妊の祈禱というのはみせかけで、実は関東調伏を祈ったものであった。ことはやがて幕府に露顕し、元弘元年(一三三一年)五月、円観、忠円らとともに捕えられて鎌倉に送られ、はげしい尋問ののちに、硫黄ヶ島に流されたのである。

建武中興がなると、京都に呼びもどされ、かつての地位を回復するが、その後、後醍醐天皇に従って吉野へ退き、さらに後村上天皇と河内金剛寺の天野行宮に移り住んで、その生涯を終えている。

文観と円観が用いた秘法について、『太平記』では、五壇の法、孔雀経、虚空蔵、訶利帝母ほかを羅列している。しかし、これには首をひねらざるをえない。もともと醍醐方の曼陀羅《まんだら》は、下方に不動、大威徳明王と呪詛神を配している。恵什によると、五大明王や大威徳明王をもって六字法本尊とし、降伏怨敵、消除呪詛に用いる場合もあるという。こうした明王による調伏の面を極度に強調したのが、鳥羽殿や法勝寺の六字明王である。

また、『宝鏡鈔』(永和元年＝一三七五年刊)の著者・宥快は「文観は吒枳尼《だきに》の法を行じ、呪術を以て効験を立つ」と述べている。文観は、明王法かダキニ天法を行した、とすべきではないだろうか。彼が広めた立川流は、ヒンズー教の秘儀の影響を受けているようにも思える。シャクティ派(シヴァ神の妃、特にドゥルガー女神をシャクティ＝大性力、大活力と呼ぶのでこの称がある）では、『タントラ聖典』に基づき、五つのM、すなわち酒（マッディヤ）を飲み、肉（マーンス）、魚（マツヤ）を食べ、印契（ムドゥラ）を結び、女性をシャクティの生きたシンボルにみたてて、性交（マイトゥン）するのである。シヴァ神（明王の原型）の妃のドゥルガー↓八臂弁才天＝ダキニ天とすると、右の推理は成り立つのだ。

かつて天河弁財天社には、板画の御影があった。ご覧のとおり、ドゥルガーやカーリー、ダキニ天の特性を加えた宇賀神である。これが秘仏のご本尊だとすると、とても学問や弁舌、芸能の上達などを願う神とは思われない。まさに呪詛の神である。

（確たるものを、なんとか宮司から引き出したい。どう勝負すればよいのか）

冢瀬家を辞した私は、そんなことばかり考えながら、天ノ川ぞいに弁財天社へ向かった。

やはりあった弁才天の秘宝

午後になっても、参拝客が絶えない。バスでやってくる団体もある。宮司と落ち着いて話もできず、人が切れるまで待とうと境内を歩いていたら、浅山君がやってきた。

「どうですか、話は聞けましたか」

首を横に振ると、浅山君は、

「今晩、宮司の家で展覧会の最終打ち合わせをします。ご一緒しませんか。そのほうがゆっくりできていいですよ」

と、勧めてくれた。私が取材したいことは、秘儀、秘法に入る。人混みのなかで、聞き出せるようなものではない。私は浅山君の言に従って、彼が展覧会の会場にするという集会場へ行き、二人でレイアウトや照明などについて考えることにした。

難しい取材の場合、相手の趣味の話から始めて、徐々に切り崩していくやり方が無難である。しかし、柿坂宮司の場合は、朝から数回、顔を合わせており、そうした心配はなかった。援軍の浅山君もいる。

「天河弁財天社は、役の行者が国家鎮護を祈ったとき、弁才天の正身《しょうじん》を拝し、これを祀ったのが始まり、とされていますね。また、弘法大師とのつながりも伝えられている。

これは、竹生島、江の島も同じです。役《えん》の行者の時代には、弁才天信仰はなかったと思われますし、修験道では弁才天を龍神の現われとしていますから、もとは龍神、水神信仰であったと考えられませんか」

と言う私に、宮司は、

「神霊というものは、五官で感得するものです。弁才天信仰がなかったとしても、正身を

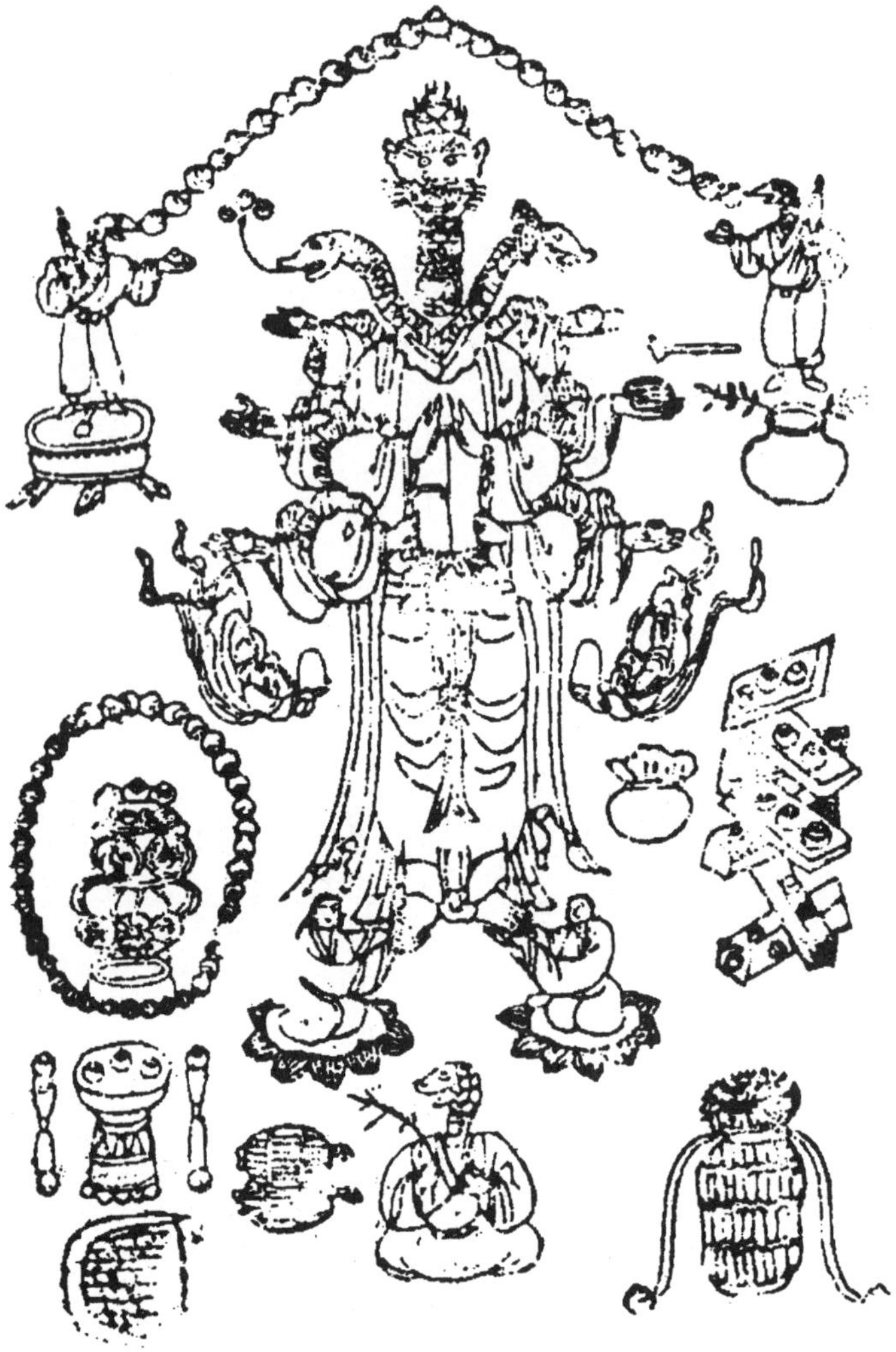

天河弁財天御影（田村吉永氏蔵）

拝することは可能でしょう。もっとも、弥山《みせん》を中心とする大峰山は、吉野川、熊野川、北山川（瀞《とろ》八丁）などの分水嶺で、水分《みくまり》信仰の聖地でしたから、弁才天信仰と習合しやすかったとは言えますね」

「光宗が編纂した『渓嵐拾葉集』に、天川は地蔵弁天で日本一である、という記事がありますね。彼は天台宗、つまり体制側の僧です。天川が藤原氏や天皇家とつながりをもったことから、あのような記事を載せたのでしょうか。弁才天信仰は真言色が強いのに、どうも解せません」

「数年前、インドから大勢の僧侶や宗教学者が当地に来られました。彼らは方位、地形などからみて、ここはまさにサラスヴァティーの聖地である、と断言しました。神社前の天ノ川には、七夕の夜になると、きっちり天《てん》の天《あま》の川《がわ》が映るんですよ。

それから地場ですね。この地で瞑想すると、他の場所とは違って、倍以上の効果が現われるんです。日本一としたのは、そうしたことからではないでしょうか。神ごとは、宗派を超えたものがありますから」

私はふと「日本一の霊能集団を主宰している」というS・T女史の話を思い出した。

「天川の地は地溝線が二本交叉しているので、地の気が強烈である。そうしたところでは、図のように地気がラセン状に上昇する。

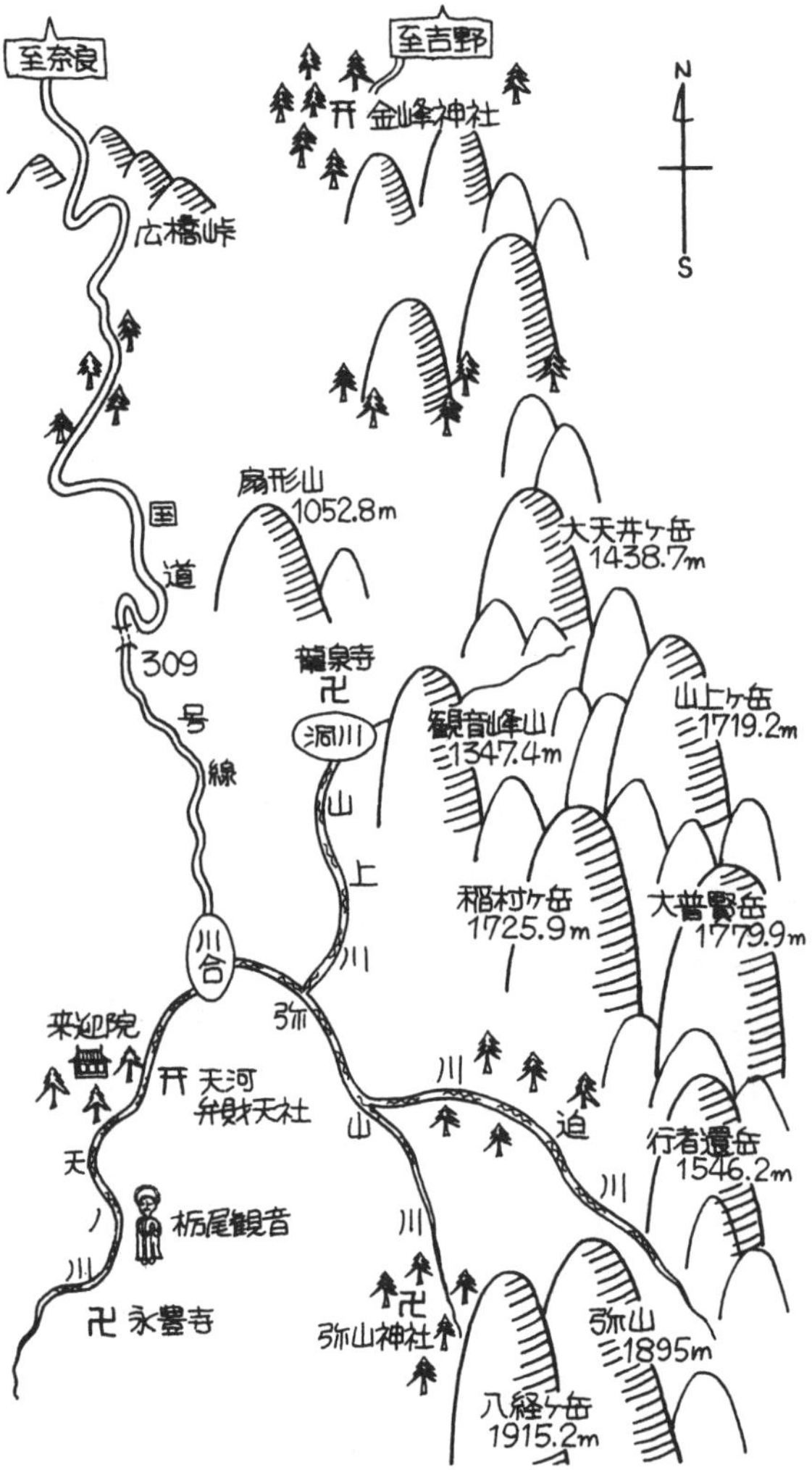
至奈良
至吉野
金峰神社
N
S
広橋峠
扇形山
1052.8m
国道309号線
大天井ヶ岳
1438.7m
龍泉寺
洞川
観音峰山
1347.4m
山上ヶ岳
1719.2m
山上川
稲村ヶ岳
1725.9m
大普賢岳
1779.9m
川合
来迎院
弥山川
天河
弁財天社
川迫川
行者還岳
1546.2m
天ノ川
栃尾観音
永豊寺
弥山神社
弥山
1895m
八経ヶ岳
1915.2m

天川村周辺

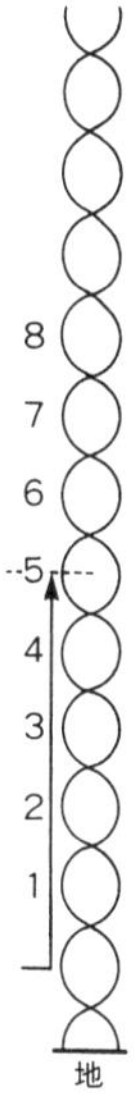

瞑想する場合、気を上げていくのだが、天川では場所そのものによって、何もしなくても5の段階まで到達してしまう。心の奥のものが表に出るし、神示も受けやすい。

それから、神社の真下にあるご神体の磐座《いわくら》（平成元年、磐座を前面に出した神社が完成した）は六角形で、中央に穴があり、井戸になっている。祭神は弁才天ということになっているが、実際は月神と日神である」

月神はイコール龍神である。天理教は「月日の神」、金光教では「日天四、月天四」が天に坐《ま》す至上神であり、大本教の出口ナオのお筆先（明治三十年五月三十日）にも「何事も月日様の御指示で此世の世話を到さすぞよ」とある。

六角形の井戸というのも気になる。天理教本部の神殿の中央に、六角形の甘露台が置かれている。

そこは人類生誕の地で、中山みきをはじめとする幹部が中山家の庭を歩き、足が地面に吸いついて動かなくなった場所であるという。天川と天理は、一本の線で結ばれているのかもしれない。

六角形は龍神のシンボルであり、天理教の神（クニトコタチノ命）は龍体であったという。両者の間に位置する三輪の神は龍王で、頭が三輪山、胴体が龍王山、尻尾《しっぽ》のところが桃の尾の滝だと伝える。となると、天理→三輪→天川へと龍神の道が通じていたことになる。

それはさておき、往古から現代に至るまで、天川が霊的に敏感な人々を吸い寄せるのは、S・T女史が言うように、あるいは甘露台の場所を選定したときのように、地気によるのかもしれない。

日中、浅山君と境内を歩いているとき、彼も「ここで瞑想すると、最高なんですよ」と、手水《ちょうず》の左前方にある要石《かなめいし》のような丸石を指さした。

もう一つ、ひっかかることがあった。S・T女史のグループの一女性が、「天川の磐座の井戸には蓋《ふた》がしてあり、タツノオトシゴ型の神さんが涙を流している」と言うのだ。直感では、龍神を封じ込めたことになる。しかし、宮司の答えは違っていた。

「確かに磐座の井戸は、梵字を書いた板で覆ってあります。これは神さんを封じ込めるのではなく、守るためのものです。当社に来られるのは、清らかな人々だけではありません。邪悪な心をもつ者も訪れます。

彼らは弁才天の力だけが欲しいのです。私たちは、そうした邪気から神さんを守らねばならないのです」

「なるほど、わかるような気がしますね。でも、八臂《はっぴ》の弁才天になると、鬼女といわれるカーリーやドゥルガーの臭いがしますが……」

「昔の人は、弁才天に宇賀神やダキニ天、カーリーなどの要素を加えて、より力のあるものにしようとしたのですよ」

こんな会話を交わしていると、一人の信者がやってきた。神さんとは何か、どんなかたちで現われるのか、などについて聞きたいのだという。

宮司が答える。

「神さんはね、いつでも、どこにでもおられる。別な言葉で表現すれば、自然を見切れば神さんがわかる」

私がこれに補足した。

「古代の人は、山や岩、草木、小鳥のさえずりのなかにも神の姿を見、その言葉を聞いたんですよ。

例えば、エチオピアですが、あそこは世界一の農業国でした。しかし、乱開発のため、大飢饉に陥っている。雑草が少なくなった、昆虫類の活動がにぶくなった――この段階で、神さんは赤信号を出しているのです。エチオピアの人々は、それに気づかなかった。

神さんは自然現象のなかに、いや、毎日のテレビニュースや新聞記事などを介しても、警告を発しています。問題は、人間がそれをどう受けとめるかなんです」

と、宮司の態度がガラリと変わった。私に対する呼び方も、吉田さんから吉田先生になった。〈気〉の流れが、こちらから宮司の方へ動き始めたのである。（いまがチャンスだ！）

私はいっきにたたみかけた。

「柿坂さん、弁才天には呪詛の法があると聞いています。天河弁財天社には、そのような秘儀が伝えられていないでしょうか」

宮司はギクッとしたようだが、しばらくして口を開いた。

「ええ、巻き物になって、桐の箱に納められています。還暦になるまで見てはならぬ、とされていますから、私は手にとったことがありませんが」

「呪詛は命がけですし、呪詛返しもあります。六十歳まではやるな、ということなんでしょうね」

「そう思います」

「で、呪詛のときに火は用いませんか」

「火を使うようです」

ここまで聞けば十分である。弁才天はやはり呪詛の神であったのだ。

第四章

陰で動いた役の行者の組織

楠正成《まさしげ》は観阿弥の叔父だった

帰京すると、水沢君と千鶴君がさっそく駆けつけてきた。

「先生、どうでした。収穫はおありになって？」

私は、天川でのあらましを話しながら、

「社務所で、おもしろいものを見たんだよ。楠正成と能の観世とのつながりを示す系図なんだ。天河弁財天社と能とは関係が深い。観世元雅《もとまさ》は神前で能を舞い、能面の『阿古父《あこぶ》尉《じょう》』を奉納しているし、父の世阿弥ともども、天川をたびたび訪れたらしい。あそこは後南朝の本拠地だったから、楠氏と関係ができても不思議はないんだが、どうにも解せないところがある。僕の資料とは違うんだ」

千鶴君が首をかしげた。

「どう違うのかしら。白洲正子さんは『世阿弥を歩く』（駸々堂出版ユニコンカラー新書）のなかに、やはり楠と観世の関係について書いてますわ」

水沢君もこの件に関して知っていた。

「増田正造氏も『能の歴史』（平凡社カラー新書）に、そのような一文を載せています。

天河弁財天の系図は、どんなものだったのですか」
「帰ってからいろいろ調べて、僕は僕なりの系図を作ってみた。神社のものと二つあるから検討してほしい」と、私は二枚の系図を持ち出した。

〈天河弁財天社にある系図〉

楠正遠 ─┬─ 女
　　　　└─ 正成

上島景守（元成の三男）─┬─ 女
　　　　　　　　　　　└─ 観阿弥清次

観阿弥清次 ─┬─ 永富左衛門六郎の女
　　　　　　└─ 世阿弥元清

阿古父尉（天河大弁財天社蔵）

〈私が作成した系図〉

楠正遠─┬─正成──正行
　　　　└─女（姉か）

服部次郎左衛門元成 ═ 女（姉か）
　└─ 観阿弥三郎清次（元成の三男）

観阿弥三郎清次 ═ 竹原大覚法師の娘（伊賀国小馬多領主）
　└─ 観世三郎元清（世阿弥）──元雅

観世三郎元清 ═ 竹田氏信（金春大夫）の女

私が説明を始める。

「まず、神社側の系図で間違っていると思われるのは、上島景守。ただし書きに元成の三男とあるけど、服部元成の三男は、三郎と呼ばれたように観阿弥なんだ。次に永富六郎。三省堂の『人名辞典』などによると、竹原法師となっている。この竹原氏は吉野に進出して豪族となり、娘が元弘年間（一三三一～一三三四年）に大塔宮（護良《もりなが》親王）の子を産んだ。南朝とは縁が深い」

「その永富なんですけど」

と、千鶴君が口をはさんだ。

「百洲さんによると、世阿弥の母は永富家から親類の竹原家へ養女に行ったとか。観阿弥が初めて一座を構えたのは、伊賀の小波多《おばた》（今の名張市の一部）ですが、竹原屋敷はここにありました。その向かい側の福田神社に『観世発祥の地』の石碑も立っています」

「なるほどね。実父と養父の名を別々に書いた系図があったわけだ。で、水沢君、増田氏はなんて書いてるの」

「こんなこともあろうかと、コピーを持参しました。二十五ページの後半から二十六ページの前半までが、ポイントだと思います」

昭和三十二年、「伊賀観世の系図」が、同地の久保文雄によって学界に紹介された。江戸末期の写しであるが、これによると驚くべきことが明らかになる。元雅の死は足利方の手によるものであり、さらに観阿弥の母は楠正成の姉か妹だったというのだ。

連歌師の場合と同じく、諸国をめぐる猿楽者が、一種の諜報機関を兼ねたことは容易に想像できる。特に観世一座の出自の伊賀は、忍びの者の里としても知られる。世阿弥一家は生粋の南朝方であり、観阿弥は父母の血筋を義満の前に秘して能の座をたてたのだとまで註記されている。世阿弥一座の後年の弾圧と没落は、この系図を信ずる限りごく明白となる。(増田正造著『能の歴史』より)

増田氏は、伊賀＝忍者の里＝南朝方という方式をたてた。忍者＝サンカ説もあり、楠氏はサンカの頭目(河内国の散所の長)だったから、同意できなくはない。千鶴君が言う。
「これも白洲さんの意見ですが、世阿弥だけでなく芭蕉も、忍術が発生した伊賀の出身だった。能の幽玄、俳句の風雅、隠秘な忍者の伝統には、別な道とはいえ、何か濃い血のつながりが感じられる。観阿弥も、伊賀の服部一族だ。服部氏は後世の服部半蔵などで知られるように、忍術で有名な家柄である。観阿弥が忍者だったとは言わないが、そういう雰囲気のなかで育ったのは確かだ、と。また、海音寺潮五郎さんも『史談うらからおもてから』で、忍術と音曲《おんぎょく》とは、きわめて密接な関係があると思う。特にクグツと能楽がそうだ、と述べています」

伊賀から北すれば甲賀へ、南すれば大和の桜井から吉野へとたどれる。忍者のふるさとと天河弁財天とは、遠いようで近いのである。神社の系図にあった、上島、永富両氏は、南朝方の菊池氏に従って戦った、肥後の阿蘇氏族と相良《さがら》氏族だ。彼らは逃走の途中この地にもぐり込み、土地の豪族と婚姻関係を結んだのかもしれない。いずれにせよ、そうした彼らを迎え入れた伊賀は、南朝方だったといえる。『名所図会《ずえ》』にも、「(伊賀国山田郡竹原郷) 竹原八郎宅址は谷瀬にあり、大塔宮の寓居ありし所」と見える。

あとで調べてわかったことだが、楠氏と伊賀とは関係が深く、伊賀氏のなかに楠氏流もあった。『伊水温故』に「延文の頃(一三五六〜一三六一年)の兵乱に、伊賀権守橘成忠という者あり(中略)菊水の旗なびかせて云々」と出ている。また、忍術楠流、忍法河内流、正伝楠流などの存在を記載した資料が見つかった。楠氏と、観阿弥、世阿弥とは、結ばれるべくして結ばれたのだった。

世阿弥は天川で足利氏を呪詛したのか

「それにしても、世阿弥父子はなぜ山深い天川へ行ったのかしら。弁才天詣でなら、京の周辺に有名なところがいくらでもありますのに」

と千鶴君。これには水沢君が答えた。

「観世の始祖の観阿弥と子の世阿弥は、文中三年(一三七四年)、将軍・足利義満の前で『翁』を演じて、以後、特別の保護を約束されます。世阿弥は二条良基ら当代一流の文化人との交流を通して、芸道、学問に精進し、急速に名を高め、〈乞食の所行〉とさげすまれてきた猿楽を、室町時代の代表的な芸能に押し上げました。

しかし、義満の死後は、四代将軍・足利義持以下に極端に冷遇され、御所の出入りも差し止められました。また、最愛の子の元雅を失ったうえ、永享六年（一四三四年）には六代将軍義教によって佐渡へ流されるのです。

彼らは京の都では、大手を振って歩けなかったのでしょう。一方、元雅は永享三年、清滝宮の楽頭職をクビになったのを機に、大和国越智へ隠退します。ここは南朝方の越智氏領でした。彼らが天川へ行く必然性はあったのです。元雅は、弁才天に「所願成就」を祈願して能を奉納しますが、それは足利将軍に対する呪いを込めたものであったに違いありません。能の翁面はドクロをかたどったもので、イコール道祖神（岐神《ふなと》）でもあります。当時、天河弁財天は芸能の神ではなく、呪詛の神、怨敵調伏の神としてとらえられていたのではないでしょうか。

元雅が客死したのは、南朝方の北畠氏の領国・伊勢国の安濃津《あのうづ》です。根本的には、世阿弥・元雅（南朝、天河弁天）対足利幕府（北朝）という政治的背景があったと思われます」

水沢君が、翁面＝ドクロ＝道祖神と言ったのは、藪田嘉一郎氏の『能楽風土記』を参考にしたものである。藪田氏は次のように書いている。

翁面が髑髏《どくろ》を根本としたという想像は、金春《こんぱる》禅竹の『明宿集』に、翁の舞のとき、聖徳太子作の翁面と鬼面を併せ安置すると記されていることから確かめられるでしょう。

高林吟二氏の『芸能読本』第十四巻には、この翁面・鬼面安置のことについて「金春家には聖徳太子御作の翁面と鬼面が有ったことを記しておる。此の鬼面の名は書いていないが『恐ろし殿』という面ではないか。恐ろし殿は、守屋連の死相を写した面とも云ひ、守屋の髑髏とも云ふ。金春大夫を継承した者が、一生に唯《ただ》一度だけ見るといふ伝説の面である。余程《よほど》コワイ面らしい」この伝承に、翁の面ではないが、翁面と同体と観じられていた鬼面が髑髏を模したものであると言っているのは、まことに珍重すべきことであります。

この翁面はもとより髑髏であり、これがすなわち宿神（守戸神）であったのでありのます。守戸にして呪術師となったものは、陵墓の扉を開いて髑髏をとり出し、棒の先に着けて舞わせた、これが翁舞の起源ではないでしょうか。猿楽家の宿神信仰については、右の『明宿集』に詳《くわ》しく述べられています。

能は主として怨念の世界を演じる。翁面は神聖なものとされるが、それがドクロとなると、どうにも薄気味悪い。『続日本紀《しょくにほんぎ》』巻二十九、称徳天皇神護景雲三年（七六九年）五月条の、県《あがた》犬養姉女等を配流する宣命に、天皇の毛髪を盗み、佐保川のドクロに入れて、宮中に持ち来たって天皇を呪詛したことが記されている。

角川春樹氏は、天川を訪れて一句したためた。その石碑が宝物殿の前に立っている。

能の地の
血脈くらき　天の川

忍術の起源と服部氏

千鶴君はフッとため息をつきながら、

「弁才天と能とのつながりは、芸能面だけじゃなかったんですね。翁面は祖霊の象徴だと考えられますから、観世や金春はこの面を通して、さまざまな祈願をしたのでしょう。能の幽玄の奥にあるものが、わかってきたような気がします。ところで、南朝は弁天信仰をもっていた、と言えるのかしら」

「いや、南朝を支えた人たち、としたほうがよいでしょう。大化改新によって戸籍が作られますが、徴兵を嫌った人々は山中に逃げ込み、漂泊民的な生活手段をとりました。彼らが南朝を支持した山臥（山伏）修験者の予備軍となるのですが、龍神信仰の出雲神族系が多く、仏教が伝えられると弁天信仰へと転じるのです」

と水沢君。

「楠氏には、修験者的、忍者的家臣がいたようですが、彼らは同類のようなものだったのでしょうか」

「そう考えられますね。修験道は通行自由の特権をもっていましたから、諜報機関や忍者になりやすい体質があったのです」

「忍術は山伏の荒行から発達したのですか」

これについては、私が答えることにした。忍術の起源には、いくつかの説がある。

〈一〉聖徳太子教祖説

忍術の教科書は、現代経営の手本と騒がれた『孫子の兵法・用間《ようかん》（スパイ術）篇』。日本で最初に手にしたのは聖徳太子で、これを家臣の大伴細人という伊賀の人に習得させ、日本の忍術第一号に仕立てた。細人は忍術を使って武勲をたて、聖徳太子から「志能備《しのび》」

の名を与えられた。つまり、忍者の教祖は、聖徳太子ということになる。

〈二〉秦氏教祖説

近畿地方の帰化人、秦《しん》の始皇帝を祖先とする百済の弓月君の子孫・秦氏がもたらした。秦氏は、ハタ織り、酒づくりを職とし、そこから服部《はとり》の地名が起こった。

〈三〉法道仙人→役の行者教祖説

推古帝の十二年（六〇四年）、突如として播磨国加西郡法華山に現われた、インド人の法道仙人が『孔雀 明王経《くじゃくみょうおう》』や『孫子』をもたらした。役《えん》の行者は十二歳のとき、法道仙人の訪問を受け、彼を案内して紀伊熊野へ行き、那智山で約二年間にわたり、仙人からすべての密教修法を授けられたと伝えている。

役の行者は「孔雀明王の法」によって神通力を得たと伝えるが、伊賀、甲賀に多くの修験道の道場を建てており、忍術の教祖とするのにもっともふさわしい。伊賀の赤目滝の入り口に、彼が開いた延寿寺があり、百地三太夫や弟子の石川五右衛門はここを忍術修行の場としている。

「僕はかつて〈一〉説が正しいと思い、そのようなことを書いたことがあった。しかし、よく調べてみると〈三〉説とすべきらしい。法道仙人は大化元年（六四五年）に、孝徳天皇の病気を祈禱によって治している。呪術に長じていたとしてよいだろう。彼が建てた寺院の大半は真言宗になっており、ここからも役《えん》の行者、弘法大師空海との関連が浮かびあがる。河内国の観心寺は楠氏の氏寺だが、役の行者が創立し、弘仁年間（八一〇～八二四年）に空海が再興したものだ。

また、日本へ火薬をもたらしたのは空海だ、とする説もある。換言すれば、忍術は法道仙人↓役の行者↓空海に至って大成したことになる」

「忍者といえば、服部半蔵をすぐ思い起こすんですけど、空海や弁才天との関係はどうなっていますの」

「服部氏にはいろいろな流れがある。国司の北畠（南朝方）の与力で、二千人の大将を出した服部党は、天御中主神《あめのみなかぬし》の十一世・天御桙命《あめのみほこのみこと》の末裔とされている。その他、桓武平氏や藤原氏を名乗るものもあるけど、ほとんどが矢車紋を用いているから、後世は同族化したのじゃないかな」

「秦氏末裔説も強いのでしょう」

「そうなんだ。能、忍者、弁才天という面から考えれば、秦氏説をとりたい。広隆寺を建てた秦河勝は、壺の中から生まれたという。これは厳島神社の伝承と類似するし、天河弁財天の井戸になっている六角形の磐座《いわくら》、〈坪内〉の地名とも関係するように思える。

秦氏の氏神の一つを祀る松尾《まつのお》神社の牛祭りなんだが、『都名所図会』によると、聖徳太子が初めて催し、祭文は空海が作ったものだとされる。この祭文を読みあげる祖師堂の中央には、空海が祀られている。

秦氏は渡来系ということからかコンプレックスをもっていたらしい。そこで、出雲系の神々を自分たちのものにしようとした。近江国（滋賀県）の日吉大社がその代表だが、京の上下賀茂社も秦氏系とされるようになった。秦氏の弁天信仰は、出雲神族の龍神信仰↓弁天信仰に影響されたものじゃないかな。のちに、氏神の稲荷も弁才天とみなされるようになったしね。

『中楽談儀《さるがく》』に、〈大和猿楽は、秦河勝より直《す》ぐに伝わる。伊賀の国服部の云々、宝生太夫、生市、観世、三人此人《この》のながれ也〉とある。河勝の子どものうち、六人は四天王寺の楽人となり、これが後世、宮内省雅楽の、岡、林、薗、東儀系を生む。他の二人は奈良に入って、大和猿楽の基礎を築いた。金春《こんぱる》も同流だ。

能楽は、古くから兵法にたとえられた。富山藩主の前田利保は、宝生流《ほうしょう》の能をたしなみ『武楽見聞抄』を書いた。

能楽は武楽というわけだ。世阿弥の女婿・金春禅竹の孫にあたる金春禅鳳も『禅鳳雑談』に、〈兵法と鞠が能に近く候か〉と述べている」

「芭蕉忍者説が根強いように、能楽者忍者説が出てもおかしくありませんわね」

「スパイ、情報収集者という意味でとらえるなら、その可能性は十分にある。出雲神族は、諜報機関として、出雲の阿国《おくに》らの女歌舞伎を使った。忍者に七化けがあるが、そのなかに猿楽も加えられている。彼ら芸人は通行自由の手形を持っていたから、やりやすかったし、人気が出れば藩主にさえお目通りができた」

「弁才天の謎を解く鍵を、役の行者と空海が握っているように思えます。もう少し、調べてみましょう」

と水沢君が提案し、その日は散会となった。

役の行者の素姓

有名な弁才天社の由緒をみると、そのほとんどに役《えん》の行者と空海（弘法大師）がからんでいる。弁才天の謎を解く鍵が、ここにもありそうである。

修験道の祖とされる役の行者（小角《おづぬ》）については、さまざまな伝説がある。まず第一に、寺院の開基とされることの多い点では、弘法大師、聖徳太子と肩を並べる。南都系や、天台・真言両宗の寺院のほとんどは、この三者のいずれかを開基と仰いでいる。ところで、役の行者とはいったいどういう人物だったのだろうか。『役公伝《えんのきみ》』をのぞいてみることにする。

役小角《えんのおづぬ》は、姓を改めて高賀茂氏という。藤皮の衣をまとい、松の葉を食《くら》い、花汁を吸って、三十余年間にわたり『孔雀王《くじゃく》』の呪を誦《しょう》した。難行苦行の末、自在の法験を得て、鬼神を集めては奉仕させた。金峯と葛木《かつらぎ》峯の間に橋をかけようとして、諸国の神を呼び寄せたが、一言主神《ひとことぬし》は容貌が醜いからと、夜間に作業をした。

小角は一言主神に昼も仕事をするように迫ったので、神は怒って天皇に「小角は帝位を狙っている」と、ざん言した。天皇は小角を捕えて、伊豆島へ流した。小角は昼は母に孝行し、夜になると富士山へ飛んで修行した。しかし、一言主神はなおも託宣して、小角を殺すよう公卿に要求した。

朝廷は勅使をやって小角を斬罪にしようとしたところ、刀に富士明神の表文が現われた。勅使は驚いてその表文を天皇に報告した。天皇が博士を召して、これを研究させたところ「小角は大賢聖であるから殺すべからず。都に迎えるべし」と解読された。

朝廷は小角を許した。ここに小角は大いに怒って一言主神を呪力でしばりあげ、大宝元年（七〇一）正月一日に、母とともに大唐へ飛び去った。それで一言主神は、いまだに縛られて苦しんでいるのである。（後略）

『続日本紀』文武天皇の条では、ざん言の主を韓国連《むらじ》広足《ひろたり》とする。こちらのほうが、史実に近いと思われる。小角の出身は賀茂役君《えんのきみ》で、後に高賀茂朝臣《あそみ》を名乗った大和国葛木上郡茅原村の豪族だった。〝役《えだち》〟の字がつくのは賀茂の本家に対し、呪術と医療をもって奉仕する家であったことを示す。

高賀茂氏の中には、葛城地方を出て山城国へ移住した賀茂氏があり、後年、渡来氏族の秦《はた》氏と婚姻関係を結び、上賀茂、下鴨、松尾《まつのお》、伏見稲荷の名神大社を擁する大豪族に発展していく者もあった。

賀茂氏は『日本書紀』に、「此の大国主神、胸形の奥津宮に坐《ま》す神、多紀理毘売命《たぎりひめ》を娶《めと》して生める子は、阿遅鉏高日子根神。此の命は、今、迦毛《かも》大御神と謂ふぞ」とあるように、龍神信仰を持った出雲神族（記紀では大国主神や阿遅鉏高日子根、事代主神などは、龍神として描いている）であった。

役《えん》の行者が龍蛇族であることは、龍蛇の象徴の一つとされる藤（葛《くず》ともある）の衣を着

ていたことでもわかるが、『為憲記』にも、

「葛木山の渓谷では、常に（役の行者によって呪縛《じゅばく》された一言主神の）なげき悲しむ声がする。ある人がその声をたずねて行くと、大岩に藤がまつわりついていて、泣き声はその大岩から出るらしい。そこで藤を切りとってみたが、また元のとおりにからみついてしまった」

と見え、行者の呪力が龍神系であったことを示している。また、出雲神族富《とみ》家には、行者について次のような伝承がある。

「渡来系の人々が、天下を握ろうと仏教を国教化した。その後には儒教が広まった。日本古来の神道は圧迫され続けた。存続さえ危うくなったとき、三輪賀茂氏の出である役の行者は、出雲神道を仏教と習合したように見せかけ、これを守ろうとした。一族の中には強硬に反対する者もいたが、行者は神武天皇の東征以降、各地の山中にひそんでいた出雲族を従え、修験道を確立した。彼は天孫族に侵略され、怒りに燃えた大国主命を不動明王や蔵王権現にみたてて、これを守り本尊とした」

不動明王や行者の手になる三宝荒神は、いずれも忿怒《ふんぬ》の形相をしているが、これは天孫族や渡来系の人々に向けられたものなのだ。修験道系の寺院には、注連縄《しめなわ》を張り、拍手（仏教側では柏掌と言ったりする）をして礼拝するところが多い。行者の勢力圏だった吉

野や宇陀には、龍神信仰と習合した龍門寺や室生寺などがみられる。彼の修験道は仏教を表に掲げながら、実は龍神信仰そのものであったのだ。

古神道の神通法は神感術ともいわれ、鎮魂《ちんこん》法、神憑《かみがかり》法、離魂《りこん》分身法、起死回生の呪禁法、禁厭《きんえん》法、薬物法などだが、大半は出雲神族から出たもので、その中心をなすのが鎮魂《たましずめ》と神憑の法である。

大国主命は、特に分身術と起死回生の術に優れており、その修法を伝承する者が彼の一族末孫から多く出て、出雲はむろんのこと、丹波、但馬、伯耆《ほうき》、因幡《いなば》、熊野、播磨、大和、紀伊、近江、信濃、伊豆といった国々に移り住んでいた。

役の行者はこうした者のなかの一人だが、彼の場合、さらに呪殺の法も会得していたらしい。『続日本紀』に「呪術をもって称せらる」とあり、『日本霊異記』は「孔雀の呪法を修得し、奇異の験術を証し得たり」と、彼が『孔雀明王経』によって体得したことを明らかにしている。

しかし、これに関しては疑問が出されそうだ。『孔雀明王経』は、空海が唐から帰朝する際に持ち帰ったとされ、年代的にずれがあるからである。『木《こ》の葉《は》ころ裳《も》』にも「孔雀明王経ハ不空三蔵ノ訳ニシテ、唐玄宗ノ期ニアレバ、役君ヨリハ後ニアリ、伝教弘法ニ大師及ビ宗睿慧運ノ将来、共ニ後年ニアレバ、役君ノ修持シタマヘル咒法ハ此等ノ所伝ニハアラズ」と記されている。はたして、役の行者は『孔雀明王経』を手にしたのだろうか。

雑密の伝来は早かった

その謎を水沢君のリポートが解いてくれた。彼はめったに顔を見せない。資料やリポートを、そっと玄関先に置いていくのが常である。執筆中の私を気づかってのことだ。今回のリポートは、栗田勇著『熊野高野・冥府の旅』(新潮社)の抜粋に自分の註がそえてあった。

水沢君のリポート・役小角への新視座(1)

▼南インド系の仏教と小角――

『元亨釈書《げんこうしゃくしょ》』では、終わりに「小角嘗《かつ》て摂州箕面《みのお》山に在りしき。山に滝あり、小角、夢殿口に入り、龍樹大士に謁《えっ》し、覚《さ》めて後、伽藍《がらん》を構え、此《これ》より箕面寺と号し、龍樹浄殺と為す」とあり、『役行者本紀』その他も、ことごとく記している。これを註して、あるいは、夢のなかでの観想を重んじた挿話《そうわ》とみるむきもあるが、私には、「龍樹菩薩は極大甚深の印明を授与す」という、師弟相伝の記述をそのまま受けとって、経路はともかく、当時、主として、中国、朝鮮を経て、いわば北方の中国化した官制の仏教が、わが国で支配的であったのにたいして、むしろ、南インドから、バラモン的な要素を含んだまま、南支那を経て直接的に、わが国に伝来していたとも思われる。いわば、南インド系の仏教に小角が帰依《きえ》していたことを暗示しているとみたい。（同書十九頁）

〈水沢註〉龍樹は南インド、バラモン出身の僧で、小乗仏教から発して、大乗仏教にうつり、大乗仏教の大成者、空観仏教をひろめた人物（一五〇～二五〇年ごろ）である。

▼共同体の力――（一言主神を呪縛した一件は）役小角を祖とする修験者や行者、また、葛城、吉野の交流には、政治的といっていいほどの、多くの部族の生活や権力の志向が背景にあったということを示している。かならずしも、部族間の政治や経済力に、信仰や文化の動機を位置づけるのはあやまりだが、しかし、ある傑出した、信仰なり、芸術なりの一典型を創出するには、それなりの共同体の力が予想されるのもまた事実である。（二十頁）

▼吉野――吉野には、神武天皇の時代に、すでに地元に豪族があった。その分布の地理については、また後にみるとしても、井光《いひかり》を祖とする吉野首《おびと》、磐排別《いわさくわけ》命を祖とする吉野の

国栖《くず》は見逃せない。役小角のひとつの意図は、この吉野と葛城の連合にあったことも推測できる。その動機は、必ずしも政治権力を意味しない、もっと宗教的なものであったろう。しかし、すでに、大和王朝の支配に服している葛城の古い部族は、表だって、吉野と連繫することを喜ばなかったであろう。しかし、最大の予言者である一言主命を圧伏しなくては、役行者の呪力は実証されない。そこに対立がおこらざるをえない。小角は勝つ。しかし一言主は、大和朝廷の力をかりて、小角を伊豆に流すことになる。（二十一頁）

▼吉野と葛城の連合——吉野は古来から、後の南朝にいたるまで、いつも中央政治権力に対立する、政治的ばかりでなく、文化的、宗教的な領域であって、役小角はそこで中央集権にしたがった。いわゆる律令仏教とは、はじめから異った経路の宗教を深めていった、ひとつの組織体を代表していたとみることができる。その特徴はやはり、なんといっても、龍樹に代表される南インド、バラモンに比較的近い、雑密《ぞうみつ》と呼ばれる民間信仰を孕《はら》んだ、行動的な仏教で、そこには、十一面観音についてもみられるが、バラモンの水の修法「みそぎ」や、ゾロアスター教（拝火教）の火の修法「護摩」、弥勒《みろく》信仰にみられる転生の修行が強い影響を与えていた。（二十二頁）

▼忍者的組織——修験道というものは、たとえば、通行自由の特権を持ち、風俗習慣も、江戸時代に勢力をそがれるまでは、妻帯を許されるために血族集団をつくり、全国には

「霞《かすみ》」と称する支持の組織をつくりあげ、また南朝が亡んだのちも、いわゆる南朝暦といわれる年号を諸国で用いつづけるなど、今日では、一寸、想像できないような、強力でかつ組織的な力をもっていたことはじつに驚くばかりである。しかも、その拠点は全国の主だった名山、山岳地帯であって、その思想史的な影響もきわめて大きい。ただなによりも、不立文字で、書いたものは、あとで焼きすてる習慣があるため記録は残りにくいのである。（二十二頁）

役小角への新視座【2】

▼南伝系雑密――ガンジス河流域や南インドの民俗の臭いをもったまま、南海・東南アジアは、ラオス、カンボジアあたりを経由し、南支那を一部かすめ、新羅《しらぎ》を中心とする、東支那海海上コミュニケーションによってもたらされた「南伝仏教」、いわゆる、南伝系雑密として特徴づけることができるのではなかろうか。とうぜん、この集団の寺僧は、国家の安泰よりも、民衆の救済、農業の豊作祈願に力を注ぎ、また個人の救済に重点をおいたことであろう。（三十七頁）

〈水沢註〉　鋭い見解であると思う。一般仏教史や教理史からは出にくい視座である。日本密教、ないし日本文化にかなりインド民俗信仰的なものがみえ、これが雑密的なものであることはいわれてきた。しかし、栗田氏のようにきちっとルート的なものを想定した見方は、説得力を持つといえる。なお、こう考えてくると〝弁天の呪法〟も南伝系雑密ルートで伝来したとも考えられるのではないか。とまれ、わが国上代の宗教文化は、よほどわれわれの発想を転じた眼で見ねばよくわからぬといえそうである。平安期の仏教への眼からは、のがれてしまうものが多い。神道についても同様であろう。延喜式「神道」では、上代神道はつかみきれない。

吉野については〝井光の国〟といった、歴史的把握が根本的に必要であると思える。その辺を研究した人はいないが、歌人・前登志夫氏などにその暗示は見られる。（『吉野紀行・新版』角川選書など）

このリポートが縁で、私は元亨二年（一三二二年）に東福寺海蔵院の虎関師錬《こかんしれん》が書いた『元亨釈書』を手にすることとなった。同書の第十八巻神仙五に「法道は印度の人なり。法を修めて神通力を得、紫雲に乗りて中国に渡り、百済《くだら》を経て本朝に飛来し、播磨《はりま》国加西郡法華山に天降った。常に鉄鉢を持ちて布施を請《こ》う」という記事がある。

法道上人は、大化二年（六四六年）ごろ、摂津と播磨の国境にある丹生《たんじょう》山明要寺に居住し、東播磨を中心に約百カ寺を開山したと伝える。庶民救済を旨とし、悪魔を退治、貧者を助け、医薬としての草根木皮の用い方まで教えた。

法道上人に従った者は、インド人の僧二人と中国人の僧四人で、彼らは多くの経典とともに、『孔雀明王経』や『孫子《そんし》』、あるいは医薬に関する書物などを持ち来たった。

欽明天皇の十三年（五三八年）、百済の聖明王が仏像、経典を献上した。これが日本の仏教伝来の始まりだとされる。同十六年二月には聖明王の皇子・恵《けい》が来朝、翌年にいったん帰国したが、約三年後に兄の余昌（威徳王）と別れ、日本に亡命した。恵に従った者の中には、衛士をはじめ、修法道士、医薬師、冶金、彫刻、織工などの技術者がいた。

それより先、仁徳天皇（三四〇～三九三年）のころ、紀伊熊野の那智の海岸に、インドの修行僧七人が乗っていた船が漂着した。彼らは故国の風習で半裸体であったため、代表僧は裸行《らぎょう》（裸形）上人と呼ばれた。この裸行上人こそ龍樹菩薩だ、という伝説もある。補《ふ》陀洛《だらく》山寺の縁起には、次のように述べられている。


上人コノ地ニ草庵ヲ結ビテ、仏教ノ種ヲ植エツケ地民ニ教化ヲ施《ほどこ》サレシ事、実ニ公式ニ謂《い》フ仏教伝来ノ欽明帝十三年ヨリ二百二十余年以前ナリ。上人コノ浜ヨリ那智川ヲ遡り、ツヒニ那智大滝ヲ発見シテ、ソノ雄大無比ナル霊感ニ打タレ、コノ地一帯ヲ観音信仰ノ一大霊地トシテ〝観音浄土〟スナハチ「ポータラカ」ト申シ伝ヘタノガ、補陀洛ト宛字《あてじ》サレ当補陀洛山寺ノ起源トナル。

裸行上人は、後に那智の海岸から船に乗り、はるかなインドのポータラカへ向かうのだが、法道上人もまた同じコースをたどっている。

『孔雀明王経』は、唐不空訳の『仏母大孔雀明王経』のほかに、梁の僧・伽婆羅訳の『孔雀王咒《じゅ》経』や、唐の僧・義浄訳の『仏説大孔雀咒王経』など、いくつかの訳本があった。役の行者がこれらを手にする機会は、十分にあったのである。

以上のことから、法道上人↓役行者↓空海というラインが浮かび上がってくる。

役の行者と空海と忍者

私が子供のころは、猿飛佐助や霧隠才蔵などが活躍する、忍者映画が全盛であった。九字を切って呪文をとなえると、大きなガマや蛇が出たりする。そんなシーンに、拍手を送ったものだ。

忍法は、法道上人がもたらした『孫子』第十三篇「用間《ようかん》」が基になっているという。間とはスパイのことで、わが国では諜者、遊偵などと呼ばれていたが、後に間者となる。

法道上人は「悪魔を退治している」から、呪術面でも相当な力を持っていたのだろう。そのうえ、「敵を知り、己を知る者は、百戦百勝も可能である」という。孫子の兵法を熟知していた。彼は単なる仏教公布の僧ではなかったようだ。

役《えん》の行者は、法道上人から宗教面より、呪術、兵法面で強い影響を受けたのではあるまいか。出雲神族の間では、「役の行者は、いざというとき（天孫族が出雲神族、およびその祭祀を完全に亡ぼそうとしたとき）のために、伊勢、熊野、葛城、吉野と、大和をとりかこむように僧兵を配した。山伏の持つ錫 杖《しゃくじょう》は、武器以外のなにものでもない」と、兵法者的な行者像を語り伝えている。

彼はまた、栗田氏が述べるごとく、「霞」という忍者的な集団を擁していた。それらがやがて山臥→山伏、野臥となるのだが、彼らは官僧の手の及ばない山々を選んで行場とした。相模の足柄山、南河内の千早・赤坂の山陵地帯、伊勢の行者山、播磨《はりま》の雪彦《せっぴこ》山、但馬《たじま》の須賀ノ山、丹波の大江山、摂津の箕面《みのお》山、近江の伊吹山、阿波の剣山、常陸の筑波山などである。

大半は役《えん》の行者が開いた行場で、特に近江国甲賀の中央に位置する飯道《はんどう》山は、行者開基の修験道場として知られ、多くの流民的行者を集めたという。

出雲神族の伝承に、出雲の神の子、諏訪の神の子という忍者が登場する。後者の中で有名になったのが、諏訪（望月）三郎兼家である。彼は将門《まさかど》の乱の功（平貞盛、藤原秀郷の先鋒隊長として働いた）により、近江国甲賀郡を与えられ、甲賀近江守三郎兼家と名乗った。甲賀武士の望月氏が世に出たのは、長享元年（一四八七年）、九代将軍足利義尚が近江源氏・佐々木六角氏を攻めたとき、六角輩下の将としてこれを破ったことによる。

このとき軍功をたてたもの五十三人、世にこれを甲賀五十三士と称する。なかで特に感状を受けた殊勲者は二十一人、その一に望月氏があった。『近江輿地志略』は、これら甲賀武士を忍者として、「世上普《あまね》く伊賀甲賀の忍者と称することは、足利将軍の鈎御陣の時、神妙奇異の働ありを、日本国中の眼前に見聞する故に、其《それ》以来名高し。（忍は）下賤の職にして、武士の職にあらず」と説く。

六角氏は足利将軍に追われて、しばしば甲賀山中に隠れ、飯道寺に拠《よ》った。飯道山付近は望月氏の領下だったし、飯道寺の衆徒もまた六角氏を擁護《ようご》して戦った。望月氏は信濃滋《しげ》野《の》氏一族で、真田（幸村）氏は同族。彼らが大坂の陣で忍者を使い、大活躍したことはよく知られている。

いずれにせよ、出雲神族（甲賀望月氏はタテミナカタノ命の裔とも称し、甲賀に多くの諏訪神社を建てた）と役の行者は、忍者と縁が深い。そして、『渓嵐拾葉集』が、役の行者の生まれかわりとする空海が、これにからむ。彼は伊賀国四十九の里に、四十九の真言修験道場を建てた。その中心は甲賀の飯道山だが、これらは宗教的道場というより、伊賀、甲賀の士族たちが、兵法（武術、兵学、忍術）を学ぶ場であった。

役の行者の古式呪術と忍者

弁才天からだいぶ離れたようだが、実はそうではない。忍者はさらに文覚、頼朝と密接な関係をもってくるからである。

役の行者は『孔雀明王経』を誦することにより、呪術を体得したという。この経典は、仏弟子の一人が毒蛇にかまれて、苦しさのあまり釈尊に救いを求めることから始まり、いっさいの災難や四百四病をはらう陀羅尼《だらに》の功徳を説いたものである。

私の高校時代の英語の先生だった岩本裕教授（先年他界）の『密教経典』によれば、孔雀明王は「毒蛇の咬傷に対して、蛇の天敵である孔雀を神格化したもの」であるという。しかし、『孔雀明王経』の冒頭部分に、龍神《ナーガ》、薬叉《ヤクシャ》、阿蘇羅《アスラ》、迦哩《カーリー》、訶利帝《ハーリーティ》など、鬼神、鬼女類を列記しているから、非アーリア系の原住民と深い関係があったものと思われる。

『孔雀明王経』の陀羅尼を誦する目的は、「厄難、一切の憂悩、一切の病疾、一切の饑饉、獄囚繋縛《けいばく》恐怖の処、ことごとくみな解脱し、寿命百歳にして、百秋を見、明力成就し所求の願を満せんこと」にあった。

陀羅尼とは梵語《サンスクリット》で、総持、または能持と訳される。意味は「よく善法を持して散失せず、悪法をさえぎる力」である。梵文の長句を翻訳しないで、そのまま読誦することになっている。一字一句に無辺の義趣を蔵し、これを誦ずれば、もろもろの障害を除いて、さまざまの功徳が受けられるといわれる。一般に短いものを〝真言〟という。いわゆる「秘密語」で、密呪、明呪文などといい、密教の呪文（陀羅尼呪）のことである。

しかし、『孔雀明王経』にしろ、『大弁才天女品』にしろ、呪詛、調伏の線はほとんど出てこない。そこで、源頼朝、北条時政と深いかかわりを持つ風魔小二郎（小太郎ともいう）に登場してもらおう。

小二郎は百済の行者族の出で、出雲神族やサンカ族とも婚姻関係を結んだ、飯母呂一族だという。風魔と名乗った理由については、いくつかの説がある。伝説や稗史《はいし》などによると、風魔ではなく「当麻《たいま》」だ（頼朝の家人に当麻太郎という忍びがいて、範頼《のりより》が頼朝から嫌疑を受け、修禅寺に幽閉されたときに活躍した）とする説や、「透間《とうま》」（神奈川県足柄山の北の地名）だという説がある。

また、風魔の〝風〟は、密教の神呪秘法にある「風ノ空中ニ於テ一切障碍ナキが如シ」から得た天空十方の相であり、〝魔〟は安楽行品《ぼん》第十四・妙法蓮華経の「三毒ヲ滅シ、三

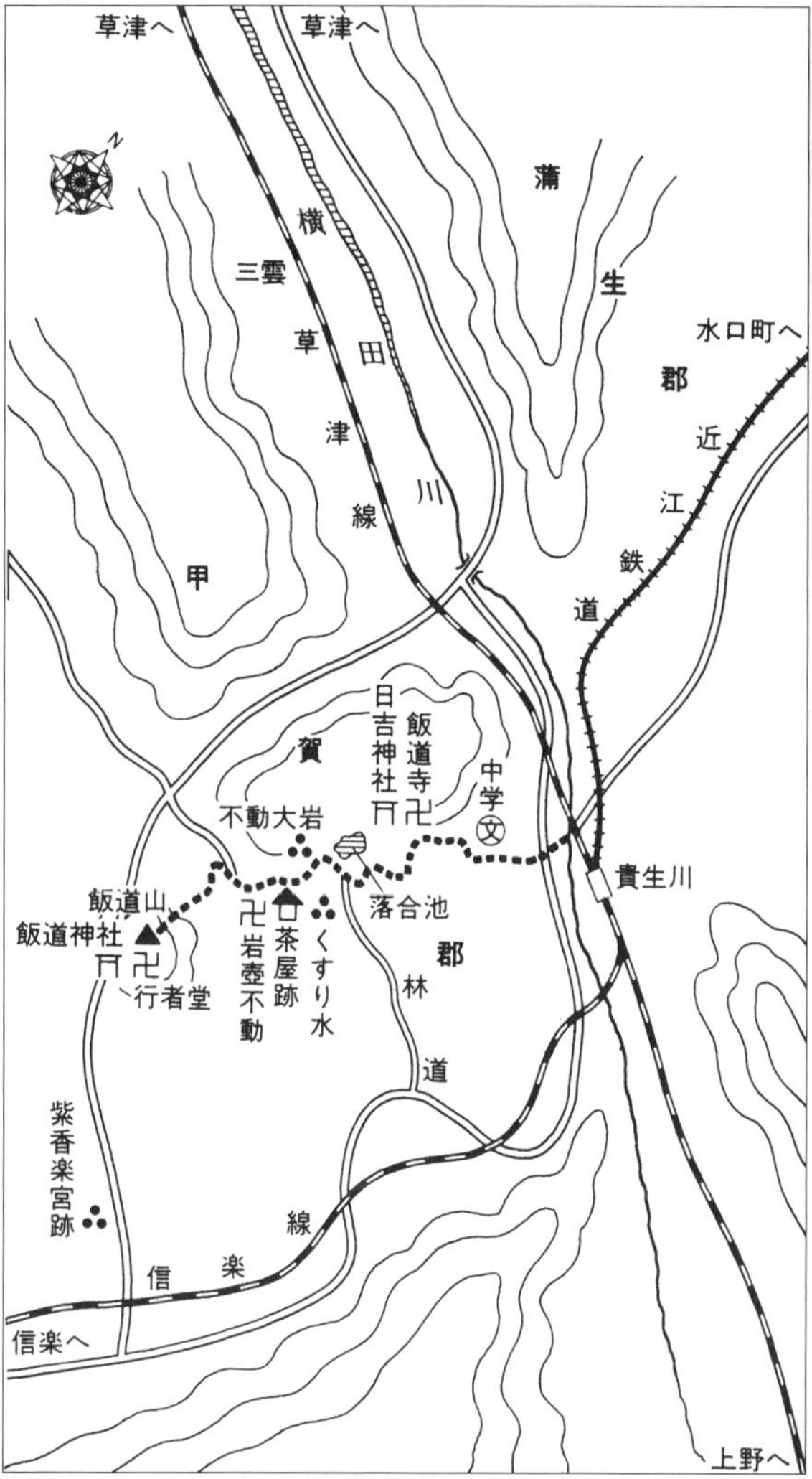
草津へ
草津へ
蒲
生
郡
水口町へ
近
江
鉄
道
横
三雲
草
田
津
線
川
甲
賀
郡
日吉神社
飯道寺
中学
文
不動大岩
落合池
貴生川
飯道山
飯道神社
行者堂
岩壺不動
茶屋跡
くすり水
林
道
紫香楽宮跡
信
楽
線
信楽へ
上野へ

行者の道

界ヲ出テ網魔《もうま》ヲ破スル」の賢聖《けんじょう》ノ軍ノ法である、と説く解釈もある。さらに「風神魔障降伏」の呪文から出た、行者族らしい名称だという人もいる。

私は望月氏の系図を調べていて気づいたのだが、風魔は信濃国水内郡風間《かざま》神社（式内社）あたりに住した風間氏であった。諏訪神家《みわけ》系図に「矢島家直の子忠直、風間神庄司」と見える。彼らのうちの一部は、足柄下郡に移り、風間村を開いた。風魔としたのには、密教的な意味があったのかもしれないが、本来は風間である。

小二郎は筑波山を根拠地として、自らの行者兵法を確立させようとしたが、その修法的基盤は、役の行者が編み出した神仏習合の古式呪術にあった。彼が用いた「九字印契《いんけい》」は、

臨《りん》・普賢《ふげん》三昧耶《まいや》（天照大神・毘沙門天《びしゃもんてん》）
兵《ひょう》・大金剛輪（正八幡大神・十一面観音）
闘《とう》・外獅子（春日大明神・如意輪観音）
者《しゃ》・内獅子（加茂大明神・不動明王）
皆《かい》・外縛《げばく》（稲荷大明神・愛染明王）
陣《じん》・内縛（住吉大明神・正観世音）
裂《れつ》・智券（丹生《にう》大明神・阿弥陀如来）
在《ざい》・日輪（日天子・弥勒菩薩）

前《ぜん》・隠行《おんぎょう》（摩利子天・文殊菩薩）
の九字を臨・兵・闘……の順にとなえ、両手の指で諸印を結び、その後で刀印《とういん》を切る。
この「九字密修法伝」は、大麻利支天《まりしてん》九字の秘法という。古来、霊験あらたかなる一大神法として尊重され、「モシ、ソレ、コレヲ習熟シテ一旦《いったん》ソノ堂奥ニ入ラバ、独リ精神統一モシクハ心魂安泰ノ妙境ニ至リ得ルバカリデナク、水難、火難、病難等、諸難ヲ免レ得ル神伝妙術ナリ」と、その効験を伝えている。

彼ら、修験行者や忍者は、不立文字で、書いたものは焼き捨てる習慣があった。役の行者の呪術を垣間見ることはできるが、秘中の秘はわからないのである。それはさておき、忍者たちはそれぞれ〝秘境〟（山、池、滝、洞穴、川などがあって、滝壺や洞穴の奥は龍宮に通じており、主《ぬし》として龍神がすみ、美女に変化する。他族の者はいっさい寄せつけない。同族にだけ通じる言葉や作法があり、厳しい掟がある。秘境の意はそこにあるという）を持っていた。

鎌倉の隠れ里（秘境）は、佐助谷（佐助稲荷、銭洗弁天などがある）にあった。佐助稲荷の縁起では、頼朝に挙兵をすすめたのが稲荷社の祭神・宇迦御魂命《うがみたまのみこと》で、頼朝の夢枕に翁の姿で現われたという。佐助稲荷と呼ばれるのは、佐殿《すけ》を助けたことによる。

頼朝は土地を寄進し、社殿を建てたが、この宇迦御魂命は食物を司る神で、神籍では須佐之男命の子で、大国主命とは兄弟である。この稲荷社を祀る秘境に居住したのが、出雲系の行者やサンカのトミオジを祖とする津雲源兵衛であった。やがて彼らは、足柄山に根拠を置く風魔一族と同族的な提携を持ち、北条氏に加担することになる。

文覚はなぜ京に潜入できたのか

前に「頼朝が信奉したのは、出雲系の神々ではなかったか」と書いた。頼朝が流された伊豆国は、賀茂郡の名が示すとおり（出雲国にも賀茂郡があった。今は大原郡加茂町）、出雲神族の繁栄した土地であり、特に役《えん》の行者の息がかかった修験行者が多かった。頼朝が身を寄せた伊豆山権現の祭神は走湯《はしりゆ》大神で、神系ははっきりしないが、下野《しもつけ》国（栃木県）の温泉神社が大国主命を祭神としているところをみると、これまた大国主命か出雲系の神だろう。

昔、伊豆国では一村に一社、熊野神社があった。海賊たちによって、紀伊熊野との海路が開かれていたからである。両者は寿司類をはじめとする食物や、風習なども似ていて、深いつながりを感じさせる。頼朝（北条）は、身を立てるために、出雲の神を信奉せざるを得なかったのである。

文覚は伊豆に流されたあと、ひそかに京へもどり、頼朝のために平家追討の院宣《いんぜん》をもらう。流された者が流した者の前にノコノコ現われたら、首をはねられるのがオチである。文覚は、なぜ京へ無事にたどり着けたのだろうか。その謎を追うと、やはり出雲系の修験者、忍者、海賊が浮かび上がってくるのだ。

鎌倉市坂ノ下に、鎌倉権五郎景正（景政）を祀る御霊《ごりょう》神社（権五郎さま）があり、次のような由来を伝えている。

「古くは御霊社と称した。平良兼《よしかね》四世の孫・村岡五郎忠通の子が五家に分かれ、おのおの忠通の霊を祀り、五流の宮と唱え、のち五家の祖を加え、五霊尊と崇めた。

当社もその一つであるが、のち武勇廉恥《れんち》の景政公を配祀し、鎌倉時代より景政公一柱となる。また、頼朝公の崇敬篤《あつ》く、鎌倉御霊の総社として現在に至る」

景正は後三年の役に源義家の配下として出陣し、片目に敵矢を受けた。駆けつけた味方の三浦平太郎為次という武士が、景正の顔に土足をかけ、突き刺さった矢を引き抜こうとしたところ、景正は憤然として起ち上がり、「男子の面態《めんてい》に土足をかけられるのは不本意、無礼であろう」と、為次に斬りかかった。あわてた為次は非礼を詫びたが、これを見ていた関東武士は、みな景正の豪胆さに舌を巻いたという。

景正がどこで他界したのかはっきりしないが、彼の伝説は山梨県や京都府にも散在している。その彼を祀る御霊社の神人が、出雲系の行者や山人、鎌倉彫りを残した杣人《そまびと》、あるいは忍者たちで、「鎌倉党」ともいわれ、勢力範囲は、大船、藤沢、江の島、葛原岡、佐助谷などにも及んでいた。

文覚は熊野や高野山で修行しているうちに、これらの人々の仲間入りをしたのだろう。京都への往復、後白河法皇への面会などは、すべてセットされていたものと思われる。

忍者は、いつの世でも陰の存在であり、哀れな末路をたどる。信長、秀吉、家康も、いったん天下をとると、「秘密を知っている」彼らを抹殺していく。北条氏とて同じであった。津雲一族に、修禅寺に幽閉している頼家の護衛を命じ、これを風魔に襲わせたのである。両者の戦いは凄絶をきわめた。『相州秘軍記』の写しに「津雲源兵衛、風魔小次郎、双方共、其ノ一党ト共ニ潰滅シ生死不詳トイヘリ」とある。

弁才天が一般庶民の前に姿を現わすのは、江戸も元禄時代（一六八八～一七〇四年）から。それまで一部を除き、秘仏として忍者、山伏など陰の人たちによって、秘かに祀られていた。弁才天の素姓がなかなかわからなかったはずである。

岩本楼の弁美と対面

江島神社の八臂弁才天

昭和六十二年の秋、私は妻とともに江の島へ向かった。本来なら最初に訪れるべきところなのだが、なぜかこの日まで足が動かなかったのである。いわゆる〈足止め〉というヤツかもしれない。逆に津軽などへは、行き続けて四年になる。

辺津宮《へつ》から、中津宮、奥津宮へと歩を進める。中学生時代の遠足にはじまり、何回も来ているのだが、今回は見る目が違う。弁才天を安置する奉安殿は辺津宮にある。多くの男性の心をときめかせた妙音弁才天裸像は、鎌倉後期から室町前期ぐらいの作。女性の秘部を彫刻してあることで知られているが、これは大地母神的な意味から、豊作、豊漁、利殖などを祈るためのものであったと思われる。古代オリエントのテラコッタ、わが国の縄文時代の土偶などにも見られる民俗である。

八臂《はっぴ》の弁才天座像は、鎌倉時代後期の寄せ木造りの座像。宋風彫刻の影響をかなり受けており、県指定の文化財である。珍しかったのは、インド人から寄贈されたという、板に彫ったサラスヴァティー像。私はインドを一周し、各地の博物館に入ったが、弁才天は一見だにしなかったからである。そのほか、弘法大師が護摩の灰で作り、手形を押した、瓦のような弁才天（？）があった。空海は唐へ渡ったとき、長安の都などで弁才天像、あるいはその画像を見ているはずなのに、このようなものしか残さなかったのは不思議なことである。弘法大師作という木彫の観音像などが、いくつも伝えられているからだ。ともかく、頼朝時代の弁才天は江島神社になかった。

参道を登りはじめてすぐ右手に、かつて江の島の総別当をつとめた、岩本氏の後裔が経営する岩本楼がある。今回の取材の最大の目的はここにあった。はたして、衣川氏が言う弁才天は現存するのか——。奥津宮からお岩屋（龍窟）まで足を伸ばしての帰り道、私たちは岩本楼の一階のレストランで昼食をとることにした。西側は床までガラス張りになっており、景観がいい。海の向こうには、富士山が眺められる。落ち着いた雰囲気で、皇族の方々や福沢諭吉、芥川龍之介、国木田独歩などの有名人が、たびたび訪れたというのもうなずける。

「こちらに弁天さんが祀られていると聞いて、伺ったのですが」

こう言う私に、ウエイトレスは、

「はい。旧館の一室に安置して、ご信仰なさる方には、無料でご開帳いたしております」

「その弁天さんに関して、社長からお話をお聞きしたいのです。いかがでしょうか」

岩本楼秘仏二点

「それなら、お向かいの売店におられる弟さん（岩本二郎氏）のほうがよろしいと思います。郷土史の研究家ですし、弁才天に関する本も出されていますから。今日は居られるはずです」

と、親切にも呼びに行ってくれるという。私たちは岩本さんとお会いする前に、秘仏の弁才天を拝ませてもらうことにした。フロントから左手に入った八畳の和室に、八臂《はっぴ》の弁才天を中央に、宇賀神、蛇神などが鎮座している。弁才天は護摩の煙のせいか、全身が真っ黒にすすけていた。照明が暗く、弁才天の水晶の目が異様に光る。

「北条政子は、こんな雰囲気のなかで、夜ごと奥州藤原氏の調伏を祈願したのかしら。目が水晶というのは恐ろしいわ。ほら、祇王寺の清盛像と祇王像も水晶の目だったでしょう。拝観したのはいいけど、背筋がゾクゾクして早々に逃げ出したわね。ここで護摩が燃えさかっていたら、もっとすさまじいお姿になるんじゃないかしら」

と言う妻の言葉を合図に、私たちは手を合わせて退出した。岩本二郎さんは、すでにロビーで待っておられた。

「『吾妻鏡』では、頼朝が文覚に命じて、竹生島から江の島へ弁才天を勧請させたことになっていますが、どうも信じられません。頼朝は、はたして弁才天を信仰していたのでしょうか。江島神社本や岩本楼本の『江島縁起』（巻末に参考文献としてあげておいた）には、頼朝も文覚も登場しませんね。さらに、江島神社蔵の『えのしま弁才天縁起』では、源義経が主人公で、藤原秀衡《ひでひら》も出てきます。奥州藤原調伏というのも解せないのです」

失礼であったかもしれないが、私はのっけから疑問をぶつけた。

「『吾妻鏡』を歴史書としてみるかどうか、ということになるんでしょうね。ともかく、養和二年（一一八二年）、頼朝が初めて岩屋に参拝した折、奉納したと伝える奥津宮の鳥居などは、これものだと思っています」

と、岩本さんは人差し指にツバをつけて、眉に引きながら話を続ける。

「頼朝時代は江島明神と呼ばれており、弁才天の名が用いられるようになったのは、室町時代からです。当家の八臂の弁才天も、文学博士の楢崎宗重さんによれば室町時代の作とか。

さらに、江の島に、上・中・下の三坊が成立したのも、室町時代初期の享徳〜康正年間（一四五二〜一四五七年）なんです。

そのとき、私どもの祖先は佐々木姓で、江の島一山の総別当となり、岩本坊（中之坊）とお岩屋、および奥津宮を管理、運営していました。下之坊は桓武平氏の北条氏でしたが、明治の神仏分離以降は、後継者がいません」

私の頭のなかにひょいと、竹生島（近江源氏佐々木氏）→江の島（北条氏）という図式が浮かんだ。

『吾妻鏡』治承四年（一一八〇年）八月九日の条に、ほぼ次のようなことが書かれている。

近江国の住人に、佐々木源三秀義という者がいた。平治の乱（一一五九年）のとき、源義朝とともに戦ったが敗れ、子息など一族を率い、藤原秀衡をたよって奥州へ行こうとした。相模国に至ったとき、渋谷庄司重国は、秀義の勇敢さを感じて彼を留めた。当国に住んですでに二十年、この間、子息の定綱、盛綱などが頼朝の家臣となっている。

「当家は近江源氏の出で、家紋は四つ目結《めゆい》じゃありませんか」

岩本さんはうなずきながら、執筆された『江の島岩本楼今昔物語』をとりだし、系図の載っているページを開いてみせた。

その略系を示すと、次のようになる。

宇多天皇─敦実親王─源雅信（宇多源氏の祖）──佐々木扶義《すけよし》（近江国佐々木庄に住す）
……┐秀義
行定（佐々木宮神主）……智宗（岩本院祖。永正〜天文＝一五〇四〜一五五五年ごろの人）
……┐第四十八代・岩本亮一郎
弟・岩本二郎

「初代ともいうべき行定は、佐々木宮の神主でした。となると、下之坊が北条氏だったことも考え合わせて、竹生島の弁才天を江の島に勧請したのは佐々木氏である、としたほうが納得できますね」

「ええ、その可能性はあります。社も上之宮、下之宮と称したり、氏子から鳥居の奉納があったりと、神道的性格が強く、祭祀も初めは神道によって行なわれたようです。

　頼朝には、京の竹生島に対する、鎌倉の江の島という意識がありました。加えて、平家水軍の強力なのは厳島明神の加護による、と執権・北条時政が進言し、これを入れて劣勢な源氏水軍を強化祈願するため、江島明神を祀ったともいわれています。

　また、江の島に監視所を置けば、いち早く敵の来襲を発見、ただちに鎌倉へ通報できる利点がありました。下って、北条早雲も小田原城内に江の島の弁才天の分霊を祀り、要害の地としての江の島を確保するため、印判を持つ者以外の入島を厳禁しています。犯せば打ち首、という極刑でした。

岩本院の開祖・智宗は、北条氏の水軍担当の家臣で、以来、後継者には院の関係者がかならず起用されています。弁才天がもともと武の神であったことにもよるのでしょうが、江の島を軍事面から考えることも大切なのです。日露戦争のときも、海軍が監視所を作っていますしね。

ああ、もう一つ。岩本姓に改めたのは明治に入ってからで、岩屋本宮を運営していたのを記念し、その中の二字を採って苗字にしたと聞いています」

江の島における取材の要点は、以上のようなものであった。頼朝、政子ゆかりの弁才天はなかったし、彼らが弁才天を祀ったという確証も得られなかった。収穫は、撮影禁止の岩本楼の秘仏の写真を、岩本さんから提供いただき、皆さまにお見せできることだ。

北条政子奉納の弁才天が……

私の家にも、いわゆるツンドク本（積んでおいて読まないことを揶揄してこう言う）がかなりある。いつかは役に立つかもしれないと、買い求めていたものだ。ある日、別な調べもののため、そうした中の一冊、原浩三著『性神探訪』（八重岳書房）をめくっていると、次のような記事が目にとまった。

待乳山聖天　台東区浅草七の五

浅草神社から東へ大通りを越えると今戸に入る。待乳山は真土山、信土山ともいい、浅草で海苔がとれ、（浅草寺の）観音像を網であげたころから平野の中にポツンと小山をなしていた。（中略）

天台宗金竜山本竜院を別当とし、山上に大同年間に建立されたのが聖天宮で、斉藤別当実盛が特にこの聖天を信仰していたという。地主は小安明神というが、山下の池の中島にあった弁才天祠は、平政子所持の像と伝えた。

なんと、政子にかかわる弁才天が出てきたのである。私はカメラをつかむと、飛び出していた。

待乳山とはいうが、小高い丘で、石段を登ると、左手にさまざまな仏像が並んでいる。本殿はガッシリとしたコンクリート造り。参拝の後、まわりをめぐって社務所に寄る。

「ある資料によると、こちらに北条政子が奉納した弁才天があるそうですが……」

執務中の四、五人の男女が首をひねった。

「そんなこと、聞いたことがある？」

「いや、知らないな。縁起録にも出ていないいんじゃないの」

そんな話をしている。こちらがイライラし始めたとき、一人の女性が奥の部屋に入り、墨染めの衣を着た六十年輩の男性を案内してきた。彼は言う。

「北条政子は信仰心の篤い人で、あちこちの寺院に仏像を奉納されています。当寺に弁才天を奉納されたのも事実で、宝物台帳にも記載されていました。山門の左手に幼稚園を建てているところがあるでしょう。昔はあそこが池で、政子の弁才天を祀っていたようです。残念ながら江戸の大火で全山が焼失し、証拠になるものは何もありませんが、区立図書館へ行けば記録が残っているはずです」

ここでも空振りである。北条時宗あたりが「尼将軍の信奉していた弁才天です」と、持ち込んだかもしれないし、また寺側で寺格を高めるため、そうした伝説を作りあげたとも考えられるからだ。

落胆しながら帰宅した私に、衣川さんから情報が入っていた。

「栃木県真岡市の長蓮寺にも、江の島で祀っていた弁才天がある」

真岡市は「当店より安い品がありましたら、差額をお返しします」というスーパーがあり、「市の繁栄のため」と称して、市長が芸者を置き、話題を呼んだところだが、駅の南口は喫茶店すらなく、閑散としている。私の場合は、茂木町の秋野正夫君が車を出してくれたので助かったが、タクシーを拾うのにも苦労するところである。長蓮寺は、バーや小料理屋が軒を並べる小路の奥にあった。境内は広く、大きな鐘楼がそびえている。昔は格式のある寺院だったのだろう。

幸いなことに、弁才天は本堂横のガラス張りの脇寺の中に鎮座し、外から拝観できるようになっている。二臂で、右手に剣、左手に宝珠を持つ珍しいものだ。非常に大きな座像で、立てば三メートルぐらいになるだろう。傷みもほとんどなく、古いものとは思われない。

あいにく住職は不在だったので、奥さんに尋ねる。

「こちらの弁才天は、江の島から来たものだと聞いたのですが」

「そんなこと、初耳ですな」

これにはまいった。完全なムダ足だったのである。

第五章

恐ろしい弁才天の呪詛

呪詛は古代から行なわれていた

千鶴君から一報が入った。『正倉院文書』に「天平勝宝六年（七五四年）五月一日、東大寺の案主が大弁才天女坦に経典を奏請した」とある。同八年七月二十日の写経所解からは、本尊として画像を安置したであろう〈壇法所〉の存在が想像できる。北条政子が奥州調伏を祈願したのも、弁才天の画像であったかもしれない、と。

私はこれを機に方向転換し、呪詛の面に限って調べることにした。水沢君と千鶴君から続々と資料が届く。充実した日々が過ぎていったが、ここで大変なことが起こった。千鶴君が倒れたのである。見舞う私に、彼女はこう言った。

「呪詛の修法などを読んでいるうちに、邪気まみれになったみたい。身体のあちこちが痛いし、目が見えなくなることもあるんです」

私には理解できた。私自身、同じような体験を幾度もしていたからだ。霊的に敏感な方は、本章の呪詛に関する項を読まないほうがいいのかもしれない。

呪詛はサラスヴァティーの説話でもわかるように、古代から行なわれてきた。「神武天皇が天香山《あまのかぐやま》の埴土《はにつち》をとり、ヤソビラカ（祭具）を作って諸神に祈った（呪詛した）とき、ナガスネ彦は敗れたのだ」と、出雲神族の富《とみ》家では伝える。鈴木真年著『日本事物原始』によると、ナガスネ彦はコトシロヌシノ命、あるいはアジスキタカヒコネノ命の子である。智勇をかねそなえた人物であったらしいが、呪術面では神武天皇に劣っていたのである。古代の戦いは、人と人ではなく、神と神の戦いであった。ナガスネ彦（出雲神族）の神は、神武天皇（天孫族）の神に敗れたのである。

わが国で呪詛が盛んになったのは、奈良時代からとされる。病気の治療を司る典薬寮には、呪禁部門があった。呪禁師の仕事は、表向きは病気治療の呪術とされたが、その裏では人を呪殺する術も伝えていた。

平城京跡の発掘調査が行なわれたとき、古井戸の底から長さ十五センチほどの、木製の人形《ひとがた》が数多く発掘された。その人形の両眼と心臓の部分に、それぞれ約一センチの木釘が打ち込まれており、誰かを呪殺するために作られたものであることを示している。

『日本書紀』用明天皇二年（五八七年）の条にも、物部守屋大連と連合する中臣勝海連が物部派の穴穂部皇子と対立していた二人の皇子「太子彦人皇子の像《みかた》と竹田皇子の像とを作りて厭《まじな》ふ」とある。藤原頼長は保元の乱が起こるのに先立ち、近衛天皇を呪詛して、愛宕《あたご》山の天狗の像の目に釘を打った、と伝えている。

こうした人形への釘打ちは、現代まで続いている。いわゆる丑《うし》の刻参りである。『名例律裏書』は「邪俗ひそかに不軌《ふき》（不法なこと）を行なう。あるいは人形を作り、心を刺し、眼を釘打ち、手をつなぎ、足をしばりて、前人をして疾に苦しめ、死に及ばしめんと欲するものなり」と記している。

人形を作って、それを呪うべき相手に見立て、その人形を責めると、当の本人も同じように苦しむという考えに基づく邪術である。これを〈厭魅《えんみ》〉というが、奈良から平安時代にかけては、厳禁された呪術であった。

虫や動物を使う方法もあった

虫や動物などを使う方法もあり、こちらは〈蠱毒《こどく》〉という。前出の『名例律裏書』では、次のように説明している。

「蠱に多種ありて、備《つぶ》さに知るべからざる。あるいは諸蠱を集め合わせて、これを一器の内に置き、久しく相食《あいは》ませ、諸蠱みなことごとく尽《つ》き、もし蛇あればすなわち蛇蠱となすの類なり。畜とは、いわく猫鬼《びょうき》の類を伝え畜《たく》わえることなり」

つまり、虫や魚、蛇、動物などを一つの器に入れて共食いさせ、最後に残ったものを邪術に用いるわけである。つい最近、聞いたことだが、東京の下町で第六天（インドの性神の一つ）の法を操る行者は、コイの目に針を刺すという。寺院の境内の池に、目の見えないコイがいるところをときどき見かける。弘法大師に不便をかけたとかの由来が書いてあるが、もとは呪詛に使われたのかもしれない。

犬神の呪法は知られているところだが、それはどのようなものだろうか。広江清氏が伝える『土佐国淵岳志』に、次の記事がある。

ある人いわく、讃州東ムギというところに何某、人に仇《あだ》をむくゆる仔細あり。然れども天時いたらずして明けくれこれをなげく。あるとき手飼の犬を生きながら地に掘り埋め、首ばかり出し、平生好むところの肉食をととのえて犬に言いていわく、やよ汝《なんじ》が魂をわれに与えよ。いまこの肉をくわすべしとて、くだんの肉をくわせ、刀をぬきて犬の首をうち落とし、それよりして犬の魂をかれが胸中に入れ、彼の仇をなしたる人をかみ殺し、年来の表懐をとげぬ。

生きた犬を土中に埋めて絶食させ、好物の餌物《えもの》を鼻先におくと、犬の眼がつりあがる。そこを見はからって首を切り落とし、箱におさめて祀ると、よく人に憑《つ》くようになる――。

これは本居内遠の『賤者考』や平田篤胤《あつたね》の『仙童異聞』が大同小異に伝えるところで、ひろく信じられてきたものだ。その方法の陰惨さは、黒魔術師の姿を想い起こさずにはおかない。

『大弁才天秘訣』が暗示する呪詛

天河弁天社で呪詛があったことを聞き出したが、関八州如法真言律宗総統の浄厳《じょうごん》が正徳三年（一七一三年）に出した『大弁才天秘訣』もそれを暗示する。

金色ニモ観ゼヨ、金剛不変ノ義ナレバナリ、或ハ又《また》息災、白、増益、黄、敬愛、赤、降伏、青黒、鉤召《こうしょう》、黒、五種ノ法ニ随《したがい》テ、各其《その》色ニ観ズル事アリ、必シモ一準ナルベカラズ。

くわしくはないが、降伏、青黒というところに、弁才天にたくした祈願がうかがえる。『九鬼《くがみ》神伝書』になると、やや具体的になる。

十八天尊密印

本密印は、金剛菩薩三昧《さんまい》に入らせ賜ふ時、十八天尊の表され賜ふたる妙印なれば、本尊祈願の外みだりに用ふ可からず（十八天尊のうち、特に三天として、摩利支天、弁才天、大黒天をあげている）

印形を結び、密言光明神九品を唱ふれば、何事も成就なさずと云ふことなし

弁才天法

この法、妖術的調伏の法にして、他人を苦しめる法なり。この法を行ふ時は、行はる人寝て夢に小蛇にせめられ、眠ること出来ず。ために一日精心を苦しむなり、決して悪用すべからず

このくらいでは、読者諸兄も満足されないだろう。そこで小野清秀著『加持祈禱秘密大全』（大文館書店）にお出まし願うことにする（梵語などはカタカナに直してある）。

弁財天の香薬妙音成就法

一、名義　サラサハチ　インドの河名にして水を神格化したるもの。水辺に祀つるを常とす。ただし高野にては嶽《だけ》の弁天と称し、最高峰に祀つれり。意訳は美音天、妙音天弁財

天とす（後略）

二、形像　肉色二臂にして、琵琶を弾《だん》ず。また八臂《はっぴ》にして、左第一手に鉾《ほこ》、次に三股杵《こきね》、次に弓、次に輪、右の第一手に鉾、次に鈎《こう》、次に矢、次に索《さく》を持す。世に八臂弁天と称するものは、鍵、棒、弓、矢、三股戟《げき》、輪、宝珠、刀、または三股戟、独股戟《どくこ》、輪、矢、刀、斧《おの》、索、刀を持す。

三、種字　薩サツ。名の頭字なり。

四、三昧耶形　種々あり、所持の法具を象《かた》どる。

五、印相　費拏《ひだ》印すなわち琵琶印なり。左手の五指を伸《の》べて、仰《あお》むけてヘソの辺に置き、右手大指をもって頭指を捻《ね》じ、餘《よ》指をば散じて運動し、空篌《くうこう》を弾ずる勢《せい》をなす。

六、真言　オン　サラサハチ　オン　ソバカ。（以下略）

七、修法　知福、音楽には、二臂像を主とし、軍陣に、八臂像を本尊とす。宿曜《しゅくよう》の逗《とう》迫《はく》、疫病、闘争、悪夢、諸障魔《しょうま》、蠱毒等の諸災厄を除き、福徳を得るために修するを常とす。（以下略）

弁財天の修法の項では、薬洗浴の法しか記されていないので、他からこれを推測することとする。

降伏の修法

降伏法は折伏法ともいい、ふつうには調伏法ともいう。本来は自己の煩悩《ぼんのう》の賊心を調伏するのであるが、世間的には、怨敵、悪人、魔魅《まみ》などを伏する法とするのである。三部法にてはこれを下成就《げじょうじゅ》としてある。

この法は教令輪《きょうれい》明王の法にもっともいちじるしく、身の毛もよだつほど恐ろしきものである。例えば、人を呪詛してこれを殺すが如きことも、この法に含まれているのである。しかし本意は他の人にても、その悪心を調御《ちょうぎょ》して、善心に飜《ひるが》えさしむるにあるのである。調伏法は黒月（下十五日のこと）の日中、または夜半に起首《きしゅ》すべきである。日の善悪は論ずべきではない。もし、急速を要する場合であれば、白月でもかまわぬ。火曜宿に当る日がもっともよろしい。三時に行することはいけぬ。

行者は南面して蹲踞《そんきょ》し、右の足をもって左の足をふみ、自身法界に辺じて、青黒色の三角の曼荼羅《まんだら》となると観じ、我が身は一法界である、我が口は炉である。我は降三世忿怒《ふんぬ》尊であって、眷属《けんぞく》が囲繞《いぎょう》しておる。

かの悪人の身を壇の上に追いのせ、大智火を放って、我が身中の業、煩悩、およびかの悪人の貪瞋痴《とんじんち》、ならびになすところのことを焼浄《げじょう》し、彼此《ひし》平等に法の利益をこうむり、長寿福楽を獲得すと念じ、降三世の真言を誦《しょう》ず。

真言は、ウン、次に四明次にアミ、次にそれがしのなすところの悪事みなことごとく消滅せん、ハッタと唱う。

この法は、第一に摂化《せっけ》降伏、人非人らを調伏す。第二に除難降伏、王難怨仇《えんきゅう》などを除く。第三に無明降伏、仏法の中の苦悩を除きさる。第四に悉地《しつじ》降伏、諸々の邪法の障礙《しょうげ》を除去するのである。

調伏祈禱の法式

調伏祈禱はみだりに執行すべからず、万止《ばんやむ》を得ざる場合にのみ修法すべし。（中略）怨敵退散、悪人調伏は、依頼者の趣旨事情をよくよく調査し、はたして調伏の必要あるや否《いな》やを鑑定すると同時に、また調伏するべきものの性格行動を、実探した上にて取りかかるべきものとす。

調伏祈禱の中にて（中略）怨敵退散、悪人調伏などは、かならず別に壇を築き、みだりに人の立ち入らざる幽邃《ゆうすい》の地にて行なうべきものとす。

また、この調伏祈禱にかぎり（中略）斉主一人かぎりにて、他に副仕者を入るべからず。さらにまた、依頼者といえども決して祈禱所に入らしむべからず。供物その他、いっさいの準備も、斉主自身ひとりにてこれをなし、さらに助手を使用すべからず。

ただし、造壇の際に、大工や人夫を使用するはさしつかえなきも、それも調伏祈禱壇たることを知らしむべからず。

供物は水、塩《しお》、米のほかに、なお供えんとするときは、酒は汚酒《だくしゅ》、御餅《もち》は三角形または菱形、果物、野菜は刺《とげ》あるもの、魚類はタイやコイを用うべからず。鳥類は猛《たけ》きものほどよろし。灯明《とうみょう》、ろうそくを禁じ、油火《あぶらび》を用うべし。油器も丸形を嫌う。

すべて調伏用の祭具、斉主の衣冠、帯、足袋《たび》にいたるまで、いっさい新調し、祈禱後は、ことごとくこれを焼き棄つるべし。金属製にて焼けざるものは、地中三尺以下に埋め、いかなることもあるも、ふたたびこれを用うべからず。また祈禱壇に使用せし土も、穴を掘りてこれを埋め、壇を造りたる地所は、二尺くらい深さに土を入れ代《か》うべし。

祭神は（中略）大禍津霊神《おおまがつびのかみ》一神とす。

祈禱の次第は、初め単に修祓《しゅうばつ》式を行ない、大祓詞読《おおほっしょうどく》はいっさい用いず、ただちに主神を勧請《かんじょう》し、斉主は右手に剣を逆さに持ち、左手を鈴を下向きにさげ、きわめて猛悪の相《そう》貌《ぼう》、憤怒《ふんど》の肝声《かんこえ》にて、調伏文を唱えつつ、壇の周囲を左より右にまわる。この調伏文は各自に作製すべきものとす。また文章とせずして、怨敵《おんてき》あるいは悪人、何某《なにがし》、何年の男女、調伏のためと言うだけにてもよろし。

もっとも怨敵悪人といえども、今日は主、親の仇討《かたきうち》さえ禁じあれば、個人の怨敵悪人を調伏するは好ましからず、国家社会に害毒を流すがごとき凶悪の者を調伏するを本意とす。（中略）

祈禱の時間は、真夜中、すなわち丑《うし》の刻《とき》より始めて一刻、すなわち今の二時間修するを可とす。夜中行なうあたわざるときは、日出前か、または日没後にすべし。日中は決して行なうべからず。

衣服、器具は、すべて黒色のものを用うるを例とす。表白文を奏上の際は、剣は逆さに壇上神前に突き立て、鈴は腰に下《さ》ぐべし。すべて鈴の振り方も逆にす。

祈禱終了後は、悪人の写真などを入れて供えたる壺は、そのまま地中深く埋むべし。十字路に埋むれば、殊に妙なり。また写真や相手の人形などは、油を沸騰《ふっとう》せしめて、その中に入れ煮たるうえ、さらに焼き捨つるもよろし。

この調伏祈禱は、その効験《こうげん》きわめて顕著なるものにして、祈禱期間を一週日とすれば、五日目ころより悪人は病気にかかるか、または悔悟《かいご》の念を起こすべし。もし祈禱終了するも、病気もせず、悔悟もせざれば、一カ月以内に凶変を招く。

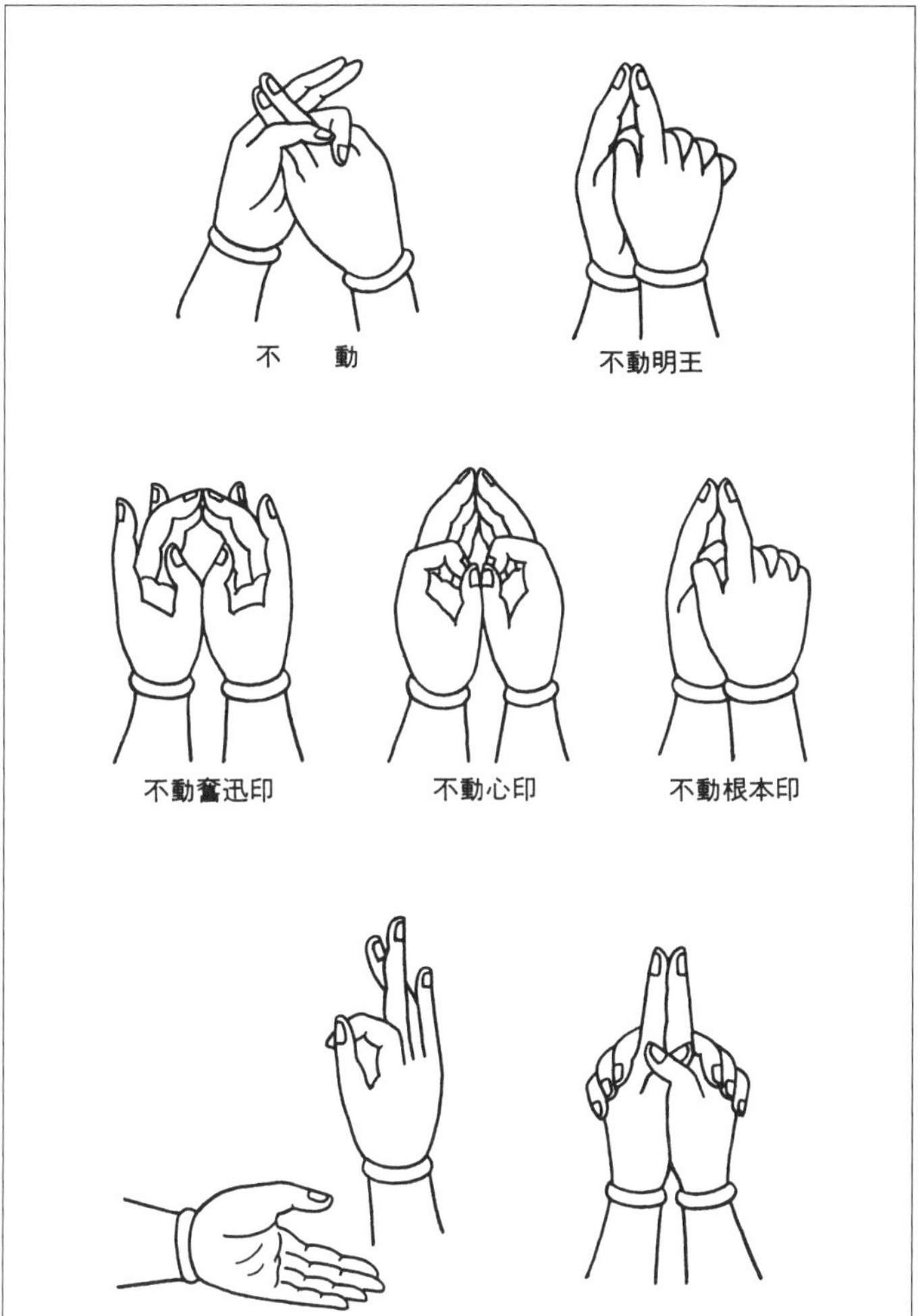
不　動
不動明王
不動奮迅印
不動心印
不動根本印
弁 才 天
不動針印

「不動」ほか、印の結び方

もし、また相手が真の悪人にあらざれば、灯火が消えたり、神籬《ひもろぎ》が動揺したり、異変多し。

祈禱終了後、斉主は三日か五日、七日か謹慎して、他と交際せず、朝夕懺悔《ざんげ》すべし。依頼者もまた、これにならうべし。

調伏祈禱の正段

壇は三角を下段とし、中段、上段は四角または三角としてもよし。

壺には悪人調伏の都合によりて、下にヘビ、中を金網にて仕切り、上にカエルを入れるなどのこともあり。あるいは悪人の写真か、人形を入るるもよろし。

真言は、オン、サラサハチ、エイ、ソバカ。

呪詛の本尊は不動明王

呪詛ということになれば、まず不動明王が頭に浮かぶ。不動明王の先はシヴァ神であり、さらに先をたどればナーガとナーギ（龍神、蛇神）になる。いずれも被征服民族の神であり、怨念がこり固まっているともいえる。それでは、不動明王法とは、いったいどういうものであったのか――。

『播抄《はんしょ》』に曰《いわ》く、不動をもって、初行の護摩本尊となすは、不動は常に火生三昧《さんまい》に住し、煩悩《ぼんのう》の薪《たきぎ》を焼く義なり。故にこの法に相応す。護摩の次第は、まず灑浄水《りじょう》、次に軍荼利《ぐんだり》の小呪、次に嗽口《そこう》水を諸々の供物の上にそそぐ。次に嗽口水を炉の上にすすぐこと三度。次に羯摩加持《こまかち》、次に薪をつみ火をあおぐ。以上は供養以前の儀式なり。

念誦《ねんじょう》おわりて数珠《うじゅ》を本所におく。本尊と炉と身とこれを三種という。この三種にまた身口意《しんくい》の三を具す。本尊の三密と、炉の三密と、行者の三密、しかして心を本尊とし、口を真言とし、身を印契《いんけい》とす。すなわち理の三密と、事の三密と一致不二《ふじ》となる。

次に法界定印《じょういん》。しかして心月輪の上にバン字あり、変じて卒都婆《そとば》となり、卒都婆変じて大日の羯摩形となり、身相具足せりと観ず。次に閼《み》の四処を加持す。三摩地は入我我入。根本印は無所不至印なり。次に定印を結び、ラン字変じて火輪となり、我が身挙体《きよたい》火輪なりと観じ、火天の大印を結び、四処を加持す。しかして火天の小呪《しょうじゅ》を誦《しょう》す（アキノウエイ、ソバカ）。次に加持芥子《けし》（十方法界）、次に茅草指環《ぼうそうしかん》、次に調進して火をあおぐ。次に浄水を薪《まき》の上にそそぐ。次に羯摩《こま》加持《かち》、次に炉の口を加持す。次に一華《いちげ》をとりて火天の小呪を誦《しょう》じ炉中に投じ、定印を結び、この華《はな》が荷葉座《かようざ》となり、坐の上に覧《らん》字あり、変じて賢瓶《けんぺい》となり、賢瓶変じて赤黒色の火天となり、四臂具足《よんぴぐそく》せりと観ず。次に大印を結び、大真言を唱《とな》う。次に四摂《よんせつ》の印明、勧請《かんじょう》の句、次に嗽口《そうこう》、次に塗香《ずこう》、次に蘇油《そゆ》、次に乳木、次に五穀、次に華《はな》、次に丸香《がんこう》、次に散香《さんこう》、次にまた蘇油、次に普供養の印、真言三力偈《さんりきげ》、次に一華《いっか》をとり火天の小呪《しょうじゅ》を誦し、曼荼羅《まんだら》を投げて坐とす。次に決邪《けつじゃ》の句にて外に撥《はっ》す。次に金掌《きんしょう》、唯願《ゆいがん》火天などを誦す。以上、第一の火天段おわり。

次に薪をととのえ、火をあおぐ。浄水を供物に散ず。炉口加持、定印、吽字観《うんじかん》、本尊印と真言、四処加持、一華《いちげ》加持と吽字観、観請句、四句偈《げ》、嗽口《そうこう》、塗香《ずこう》、蘇油《そゆ》、乳木飯《にゅうぼくはん》、五穀《ごこく》、華《け》、丸香《がんこう》、散香、また蘊油《そうゆ》、普供養、嗽口、次に一華《いちげ》をもって本尊の真言の末に奉送の句を附して送る。以上、部母段《ぶぼだん》終る。

次に薪《まき》をととのえ、浄水をそそぐ。羯摩《こま》、炉口加持《ろこうかじ》、本尊観、覧《らん》字変じて利剣となり、利剣変じて、忿怒《ふんぬ》の不動尊となる。刀印、真言は大呪、身加持、炉中の覧字観、一華《いちげ》を大呪を唱えながら火中に投じ、これを本尊の坐なりとして本尊を勧請す。召《しょう》請《せい》の句を唱《とな》う。次に嗽口《そうこう》、次に塗香《ずこう》、蘇油《そうゆ》、乳木、飯、五穀、華《はな》、丸香、散香、蘇油、普供養、芥子《けし》、普供養印と真言。次に嗽口三度、次に撥遣《はっけん》、奉送、以上にて本尊終わる。

次に薪をととのえ火をあおぎ、順次、前の法をくりかえし、五大明王段を行なう。

種字、印、真言を異にするのみ。(中略)また同一法をくりかえし、十二天段を行な

う。

最後に打撅《だけつ》真言。オン、コロコロ、ウン、ハッタ。

神線真言、オン、チリチリ、ビハラ、キャリ、ウン、ウン、ハッタ。

掃壇《そうだん》真言、オン、カラカラ、ソキラ、カラダヤ、ソバカ。(中略)

種子《しゅじ》。訶麼《かば》、含満《がんまん》。訶《か》は衆生《しゅじょう》の命風《めいふう》、これに空点を加えて大空不生とす。麼《ば》字は

煩悩、これに空点を加えて菩提《ぼだい》となす。含満は上の二字の合成である。このほか吽《うん》、

阿《あ》などを種字とする説もあり、

印相。十四根本印がある。常に独股《どっこ》印と剣印とを用う。(中略)

真言。大呪または火界呪というは、ナウマリ、サラバ、タタキャテイビャリ、サラ

バタ、タラタ、センダ、ウンキキキ、サラバヒサナンウン、タラタ、カンムン。

中呪は慈救呪《じくじゅ》という。ナウマリ、ザンマンタ、バサラタン、センタ、マカロシャタ、

サバタヤ、ウンタラタ、カンムン。

小呪は、ナウマリサンマンタ、バサラタン、カン。

修法。いっさいに通じて修するも、怨敵調伏、勝負ごと必勝祈願、家運業務の繁昌、その他福智、立身出世のために、おもに修せらる。護摩法をもって正式に修行すべし。行者は五辛《しん》酒肉を禁じ、色慾戒を犯せば、効なくして罰あり。

不動明王には八大童子附属し、特別の修法あり。この法を持すれば、童子つねに行者を守護し、消災、治病、開運、求福自在なりとす。

調伏の呪符

菅《すげ》にて人形を作り、年と氏名を書くべし。神仏の前にて加持して魂魄《こんぱく》を入れる。
オン、オリキリテイメ、イリテイメイ、ワヤシマレイ、ソワカ。
二十ぺん唱うべし。
また、次に自分信心の真言二十一ぺん、心経七巻、観音経三巻、アニチヤ、ソワカを百ぺん唱え、祈禱して、人形を切り焼くべし。焼くところに題字を書く。また焼かずして捨つる法もあり。

人を狂気にするには、四辻に埋め、人を殺さんとするには、宮の下に埋め、縁切りには

調伏祈禱の正段

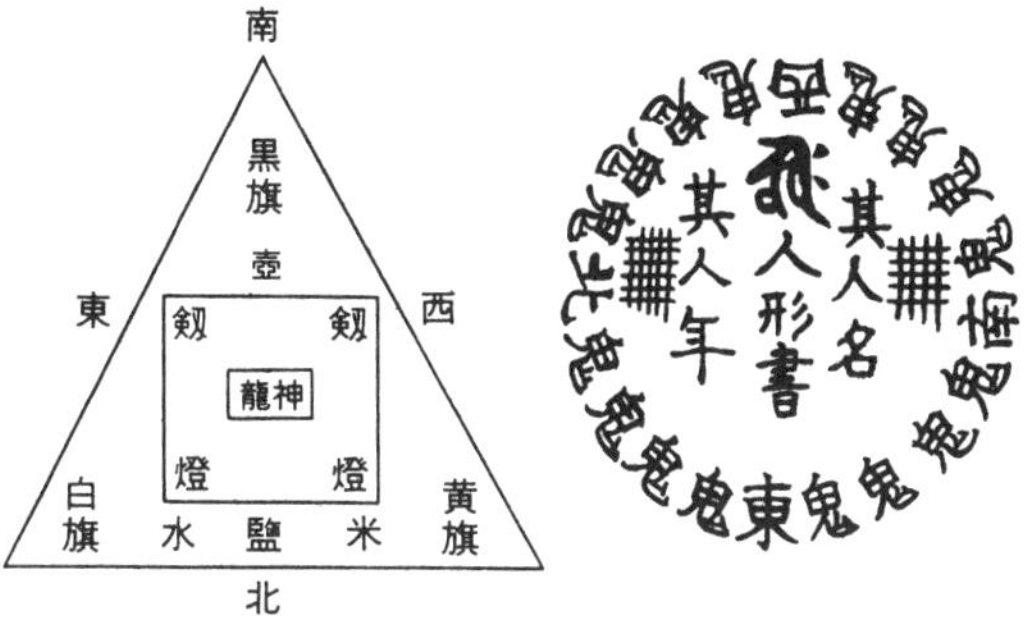

降伏法曼荼羅

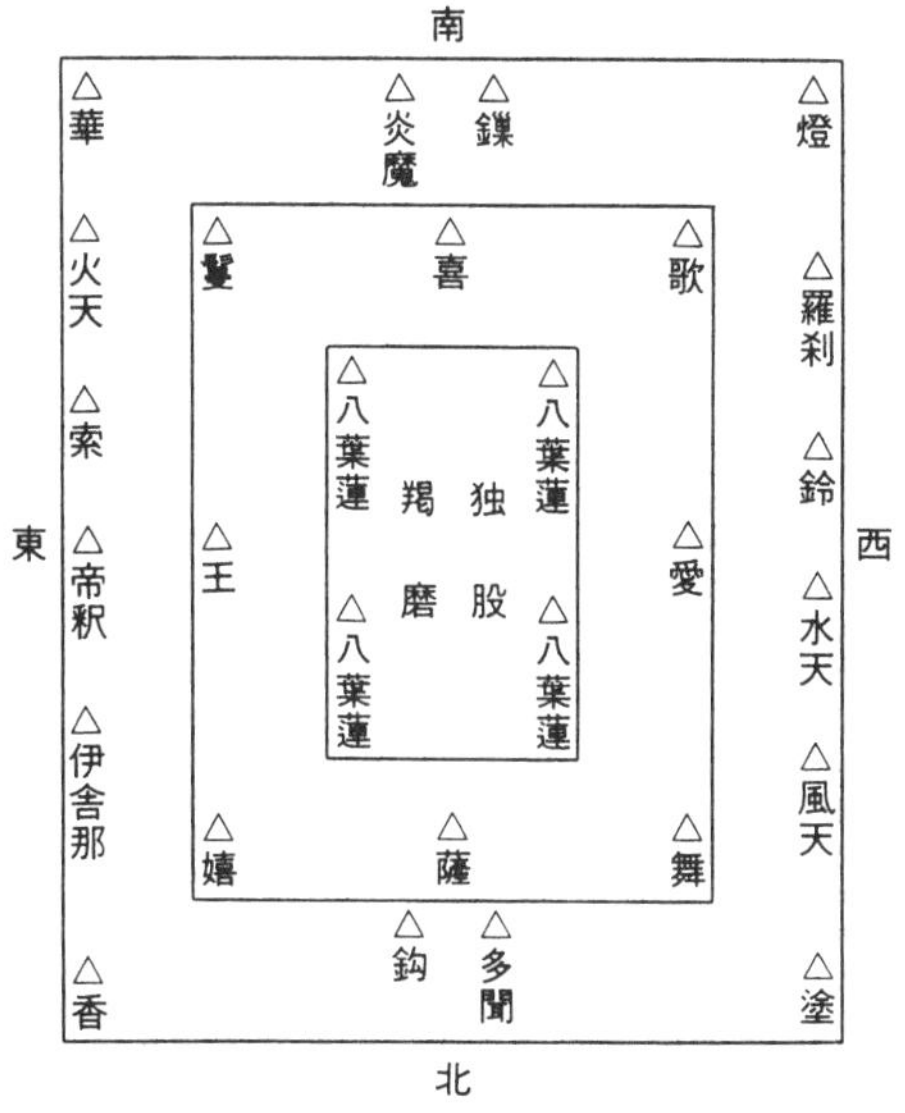

水中に埋め、人中をわるくするには火中に埋め、失物《うせもの》を出さしむるには小臼《こうす》の下に埋め、一太刀《たち》にて終わらすには、墓地に埋む。

呪詛を返す法もある

呪詛を受けた者は、特に身体が弱っている場合は、ひどい目にあう。死ぬことも少なくはない。ロッキード事件のとき、多くの関係者が他界した。ビルから飛び降り自殺した人もいる。霊能者たちは、これを呪詛によるものと断言する。

そうしたことからか、上古から呪詛を返す法があみ出された。霊能者たちが調伏を請け負いたがらないのは、それが邪悪で反社会的な呪術だというばかりでなく、こうした呪詛《すそ》返《がえ》しを恐れているからだ。呪詛が失敗したら、呪詛した者、あるいは依頼した者が死ぬといい、また、たとえ強い人間で返《かえ》りを受けなくても、子、孫、親族が倒れると伝えている。

ここでは、陰陽道《おんみょう》によるものを紹介しておこう。もっとも一般的な儀式は、呪詛の〈祝直《いわい》し〉と呼ばれるもので、これは病人からその原因となっている呪詛を祓い、天竺、唐土、日本の潮境から三丈くだったところにある呪詛の社《やしろ》に送り鎮《しず》めるためのものである。

実際には、病人から祓った呪詛を幣《みてぐち》に移し、それを近くの川に流したり、村のはずれの呪詛林の木の根元に埋めたり、あるいは病人の家から三丈以上くだったところにある、人のほとんど近づかない地点に穴を掘って埋め、その上に重い石をのせて封じたりする。

この儀式で招霊される霊能者の守護神は、呪詛を幣に移す際に、呪詛を病人の体内から荒々しく追い出すために活用される、と説かれている。呪詛の祝直しの守護神は善であって、呪詛神としての性格は強くない。

これに対し、調伏の祈願、その結果生じた呪詛や生霊、動物霊などの妖術的な呪詛を、相手に送り返す呪詛返しの儀式において招かれる守護神は、その本質的な狙いが相手を倒すことにあるため、悪神、荒神としての性格のほうが強い。その呪文は、次のようなものである。

式王子の呪文

これ日本・唐土《とうど》・天竺　三《さん》ヵ朝《ちょう》　潮境《うしおさかい》に　雪津島・寺子島　みゆき弁才王とて　王こそ一人育ちあがらせたもうた弁才王の妃　きり才如来《にょらい》さま　申されようには　夫婦二人に五人の王子を生ませたもうた　東々方甲乙が方は　式太郎さまが領じ取る（五方五人行なう）。五人の王子さまが申されようには　我らに役目が無《の》うてはなるまいとて　式目行ない参らしょう　とて　太郎王子さまが　木のと式　一が大神　と行ない参らする。次郎王

子さまが　火のと式　一が大神　と行ない参らせる。三郎王子さま　土のと式　一が大神と行ない参らせる。四郎王子さまは　金のと式　一が大神と　行ない参らせる。中方五郎の王子さまは　水のと式　一が大神　と行ない参らせる。

十二が方より　万人五性《ごしょう》十二年性《とししょう》の者が　外法使うて　これ有り候うとも　この方から外法は相法《あいほう》　と行ない使うぞ。相法は外法　と行ない使うぞ。

チリヂン熄滅《そくめつ》　チリンヤソワカ　チリヂンソワカ　チリチリソワカ　チラチラソワカ

と打って放す。

万人五性の者が　まだも深くに　外法おろせば　一くに掛けて　二くに戻す。三くに掛掛けて　四くに戻す。五くに掛けて　六道《ろくどう》返しに打って返す。打って戻す。

チリヂリ熄滅　チリヂリソワカ　チリヂンソワカ　チラヂラソワカ

と切って放す。

式の王子さまを　前立てうしろ立て　に頼み奉る。仇名《あだな》も取るな　ひけいも取らすな。

八十八カ式の式の警護　相そえ申す。方角違《たが》えな　方道《ほうみち》違えな　門を違えな　家を違えな人を違えな。元《もと》本人　その身の魔道　魂《たましい》魂魄微塵《こんぱくみじん》に打って返す。

チリン　熄滅チリヂンソワカ　チリヂンソワカ　チラチラソワカ

と、元本人　身体《からだ》へ　微塵　熄滅と打ち詰める。

右の五人の王子は、宇宙世界を構成する五つの基本要素を象徴している。太郎王子―木―東、次郎王子―火―南、三郎王子―土―西、四郎王子―金―北、五郎王子―水―中央、を表わしている。霊能者たちは、こうした神話的形象を式神化し、それらを前立て（使役霊）、うしろ立て（守護神）として用いることによって、因縁《いんねん》調伏や呪詛《すそ》返しを行なってきたのである。

次は不動王の呪文だが、これは生霊や犬神、猿神などに憑《つ》かれた時、それを駆り出し、相手側に送り返す式法。この呪詛返しは、式を打ち返すことによって、相手を呪殺し、地獄に落とすことが目的とされる。また、釘で人形を打つことがともなっている。

不動明王生霊《いきりょう》返しの呪文

もえん不動明王　火炎不動王　波切不動王　大山不動王　吟伽羅《きんから》不動王　吉祥妙不動王　天竺不動　天竺坂山不動　逆しに行なうぞ。

逆しに行ない下せば　向こうは　血花にさかすぞ。みぢんと破れや　妙婆訶。もえ行け　多へ行け　枯れ行け　生霊　狗神《いぬがみ》　猿神　水官　長縄　飛び火　変わり火　その身の胸元

四方さんざら　みぢんと乱れや　妙婆訶。
向こうは知るまい　こちらは知り取る。向こうは青血　黒血　赤血　真血を吐け。血を吐け
あわを吹け　息座味塵《そくざみじん》に　まらべや　天竺七段国へ行なえば　七ツの石を集めて　七ツの墓をつき　七ツの石の外羽《そとば》を建て　七ツの石のじょう鍵《かぎ》下して　みぢん　すいぞん　あびらうんけん妙婆訶と　行なう。打ち式　返し式　まかだんごく　計反国と　七ツの　ぢこくへ打ちおとす。オンあびらうんけんそばか。

呪詛返しで助かった藤原道長

『小右記』長和元年（一〇一二年）六月七日の条に、三条天皇の皇后・娍子の兄に当たる藤原為任が、道長の娍子に対する態度を怒り、陰陽師五人をやとって道長を呪詛したらしい、とある。

次いで、寛仁元年（一〇一七年）十一月十九日の条に記すところによれば、藤原顕光の次女・延子は一条天皇の東宮・敦良《あつよし》親王の妃であったが、道長はこの敦良親王を自分の娘寛子の婿に迎えたため、その結婚式の前日、怒り狂った顕光は延子の髪を切り、御幣を捧

げて庭におり、諸神などに呪詛したという。

また、翌二年六月二十四日の条には、前年の四月以来、病気に苦しんでいる道長の病気の原因を、延子が貴布禰（貴船）明神に祈って呪詛したからだと噂する者があった、と述べている。

これらの呪詛に対して、道長側はどのような手段をとったのだろうか。『栄華物語』巻第十五「うたがい」に見てみよう。


寛仁三年（一〇一九年）三月十七日、道長が重病になった。五十四歳の彼は、「今度は私も最後らしい」と言うので、周囲は非常に不安がった。人々は手を尽くしていろいろな祈禱を行なったが、効果があがらない。「物怪《もののけ》」が数知れず現われて騒ぐうちに、「なるほど、もっともかもしれない」と思われるものもあったが、とんでもないことや、想像もつかないことを数多く言うものもいる。

人々は、これまで重病に幾度かかかり、そのたびに立派な験者たちの素晴らしい験力などによって無事であったのだから、今度も大丈夫にちがいない、と信じようとしていた。子供たちは、道長のために三壇の修法を催し、さまざまな読経を尽くした。

道長は、ただひたすら仏にすがろうとする。そしてついに出家することを決意し、三月二十一日、院源僧都《そうず》を招いて髪を下した。

その後、病気は快方に向かった。物怪たちは残念がり、悔しがること限りなかった。随身の者たちは庭に伏し、涙を流して喜び、祈禱僧たちは、ここぞとばかり心を傾けて加持に専心する。こうして下旬には、道長の病は回復した。

呪詛を予知することもできる

以上、出てきたのは三壇の修法だが、道長はやがて五壇の修法を行なうようになる。これは、不動を中心に、降三世《こうさんぜ》、軍荼利《ぐんだり》、大威徳、金剛夜叉《こんごうやしゃ》の五大明王の壇を連ね、そのおのおのに超一流の高僧を配し、最上位の僧に従いつつ同時に祈禱するという、きわめて大がかりなものであった。

その証左が、道長による法勝寺の建立（承暦元年＝一〇七七年十二月に落慶《らっけい》供養）である。ここには金堂、講堂、薬師堂、阿弥陀堂、法華堂のほかに、五大堂がおかれ、右の五大明王が祀られていた。つまり、不動明王一尊だけでは心もとない、というわけである。

道長の時代には、数多くの陰陽師を輩出したが、そのなかでも特に安倍晴明《あべのせいめい》が有名であった。彼は天文博士、大膳大夫、左京大夫、播磨守《はりまのかみ》を歴任、従四位下まで昇ったが、その呪力は恐ろしいほど秀れていたという。

『今昔物語』巻二十四第十六に、晴明が広沢の御房へ行ったとき、そこの若い僧たちから、「式神を使えば、人を殺せるそうだが」と聞かれ、「道の大事を何と明からさまにたずねることか。そう簡単に殺せないが、少し真剣になって力を入れれば、かならず殺せる」と答えた話が載っている。

彼はまた、呪詛を予知し、これを未然に防ぐことができた。『宇治拾遺物語』や『古事談』は、大略次のように伝えている。


道長は法成寺建立のとき、毎日現地へ出かけていたが、ある日、寺の門を入ろうとすると、愛犬が吠《ほ》えたてて道長を入れさせない。不審に思った道長は牛車《ぎっしゃ》を止め、晴明を呼びにやった。

やってきた晴明はしばらく瞑想し、「殿を呪詛した者がおり、厭物《えんぶつ》を道に埋めて、それを踏み越えると呪《のろ》いがかかるように仕掛けている」と占った。

晴明が指さす所を掘らせると、土器をふたつ打ち合わせたものがあり、その中に十文字にからげた黄色い紙の捻《ひね》りが入っていた。開けてみると何もなく、ただ土器の底に一文字が朱砂で書いてあるだけだった。

太元法大壇図（配置図）

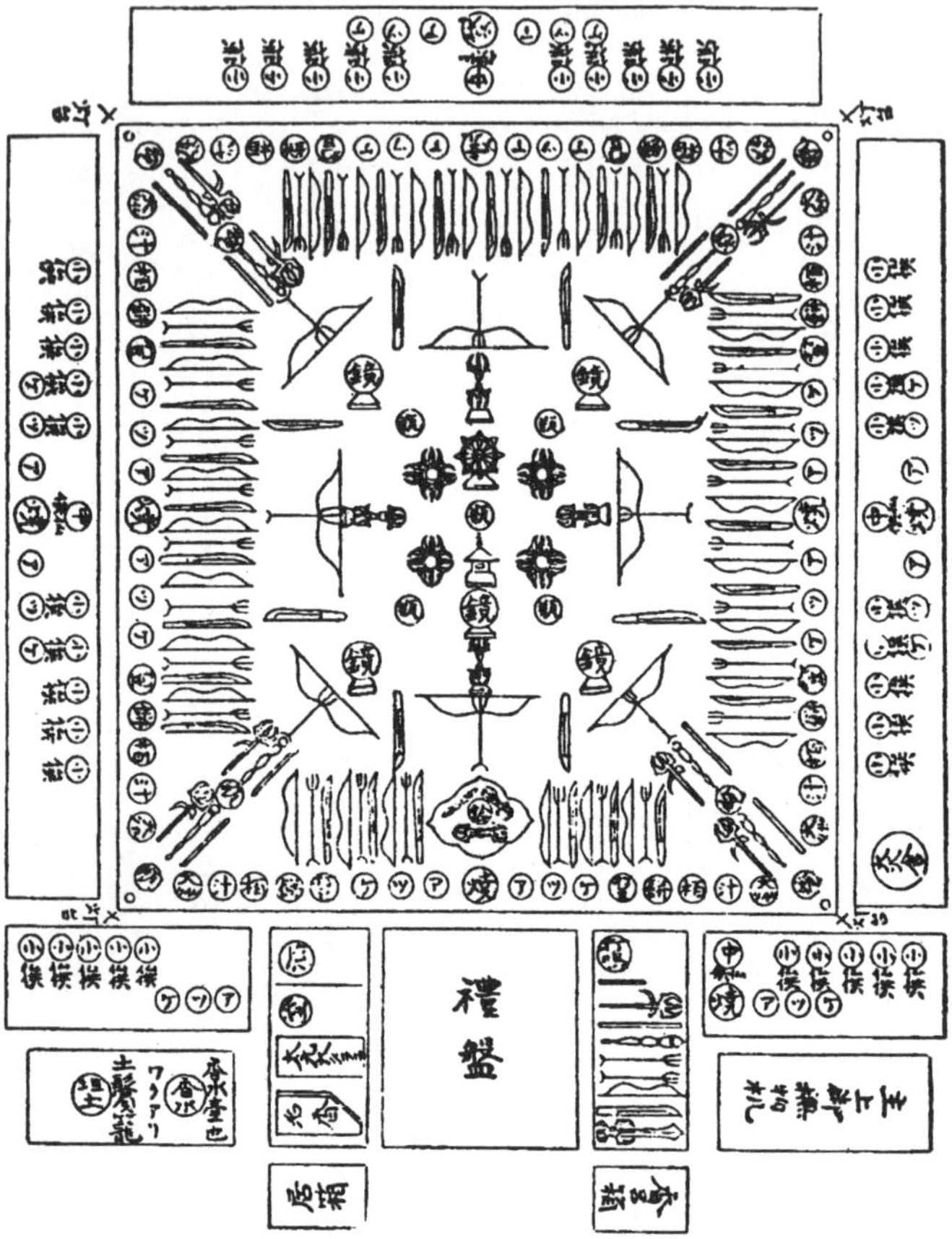

晴明は、「この呪術は、私以外に知っている者はいないはず。もしかしたら、私の弟子の道摩法師（芦屋道満《あしやどうまん》）が仕掛けたのかもしれません」と言って、懐から紙を取り出し、鳥の姿に引き結んで呪文を唱え、空高く投げ上げた。

するとそれは白鷺に変じ、南をさして飛んで行った。「あの鳥が落ち着く所を見届けてまいれ」と使いを走らせると、六条坊門万里小路《までのこうじ》のある古びた家に落ち入った。そこで、その家の主である老法師を捕まえて、道長たちの前に連行した。

この老法師は、晴明の判じたとおり、道摩法師であった。誰に頼まれて呪ったのかを問いつめると、「左大臣藤原顕光に頼まれた」と答えた。本来なら、道摩は流罪《るざい》であるが、頼まれての呪詛ということで、本国の播磨に追放された。しかし、この顕光は、死後も怨霊となって道長を苦しめたという。

太政官、秘密修法を禁ず

こうした呪詛や呪詛返しに対し、延暦四年（七八五年）および昌泰四年（九〇一年）二月に、太政官による禁止令が出された。

太政官符す

私に壇法を修するを禁ずべき事

右、太政官、去ぬる延暦四年十月五日、治部省に下す符いわく。僧尼、優婆塞《うばそく》、優婆夷《い》等・陀羅尼《だらに》を読み、以《もっ》て所怨《しょえん》に報い、壇法を行ない、以て呪詛をほしいままにす。今より以後、勅語に預るに非《あら》ずして、山林に入り、寺院に住み、陀羅尼《だらに》を読み、壇法を行なうを得ざれ。もし此の類《たぐい》あらば、身を禁じ、状を具して、早速に之《これ》を申し送り、隠漏《いんろう》するを得ざれてえり。左大臣（藤原時平）宣す。勅を奉るに、制を立つるの後、久しく年代を歴《へ》て、人、符旨《ふし》を忘れ、ややもすれば修法を好む。

仏教の澆薄《ぎょうはく》は、職として此の由《よし》、宜《よろ》しく重ねて仰すべし。其の諸尊及び聖天・諸天等の壇法は、皆悉《ことごと》く禁断し、私に修せしむる勿《なか》れ、若《も》したやすく修し、他の為に告げらるる者有らば、即ち重罪に科し、以て将来を懲さん。比房及び吏民、知りて言わざれば、また厳法に処し、曾て寛宥《かんゆう》せず、其の病患の為め必ず修すべきは、明らかに請僧及び病人の姓名を注して、京内は官に申し、在外は所部の官司を経て、悩めて裁許《さいきょ》を蒙《こうむ》り、然《しか》る後に之を行なえ。自余は悉く禁ず。但《ただ》し、尋常の念誦・壇法及び看病加持等は制限に在らず。

昌泰四年二月十四日

要するに、かつて奈良朝末期の不安定な世情の下で、陀羅尼を読み、壇法により呪詛するのを禁じたのに、ふたたび盛んになってきたので、これを厳禁するというのである。しかし、人間は禁断の木の実に手を出したがる。多くの人たちは「左大臣が禁じるぐらいだから、よほど効験があるのに違いない」と思ったことだろう。そして、呪詛は延々と現代にまで続くのである。

第六章

死してなお戦う秀吉と家康

怨念のみやこ京都

「以前、先生が言われていたようなことを載せている本がありましたよ」

と、水沢君が一冊の本を持参した。小松和彦・内藤正敏共著『鬼がつくった国・日本』（光文社カッパサイエンス）である。

かつて私は、水沢君との雑談の間に、「家康と秀吉は死んでも戦っている。家康は秀吉の怨霊を恐れ、徹底的にこれを封じ込めた」と、話したことがある。水沢君はそれを言っているのだ。

家康対秀吉の霊界における戦いの具体例をあげる前に、京の都（平安京）について述べておかねばならない。

平安京は、桓武天皇が早良《さわら》親王（後の崇道天皇の名を贈らる）、および父・光仁天皇の皇后・井上内親王と、その子で皇太子の地位にあった他戸《おさべ》親王の怨霊から逃れるため、わずか十年しかたっていない長岡京（奈良）を捨てて、建設したものだった。

それだけに霊的な防衛には、細心の注意を払っている。都の東南西北に、青龍、朱雀《すざく》、白虎、玄武の四神を祀り、四隅にも岐神《ふなと》をおき、六月、十二月に道饗《みちのあえ》祭を催した。岐神の一部は、幸神社《さきわい》、蟬丸神社に姿を変えて、現在も残っている。さらに、天神社、上下賀茂社、松尾社《まつのお》、鞍馬寺、貴船社、祇園社、東寺、西寺、城南宮、御霊社などで周囲を守らせた。

最大の鬼門といわれる艮《うしとら》（東北）の方向には比叡山延暦寺《えんりゃく》、その延長線上には、日本のヘソといわれる琵琶湖の竹生島がある。裏鬼門にも光福寺、石清水《いわしみず》八幡宮が配されている。

家康が二条城を築いたのは、御所（天皇家）の動きを見張るためのものでもあったが、まさにこの方位を引き継いでいる。家康は霊的に敏感だったばかりでなく、驚くほど気を配っているのだ。次のことがらが、それを証明する。

秀吉の霊を封じ込めた家康

豊臣秀吉が眠る豊国廟《ぶこく》は、清水寺の南、阿弥陀ヶ峰の山頂にある。そこから西方（阿弥陀ラインという）を臨むと、三十三間堂（観音）と、東西の本願寺（阿弥陀仏）が眺められる。秀吉は西方浄土へ行くこと（極楽往生）を願って、この地に墓を作るように遺言したのだ。そのことは、秀吉が三十三間堂や本願寺に多大の寄進をしたことでもわかる。

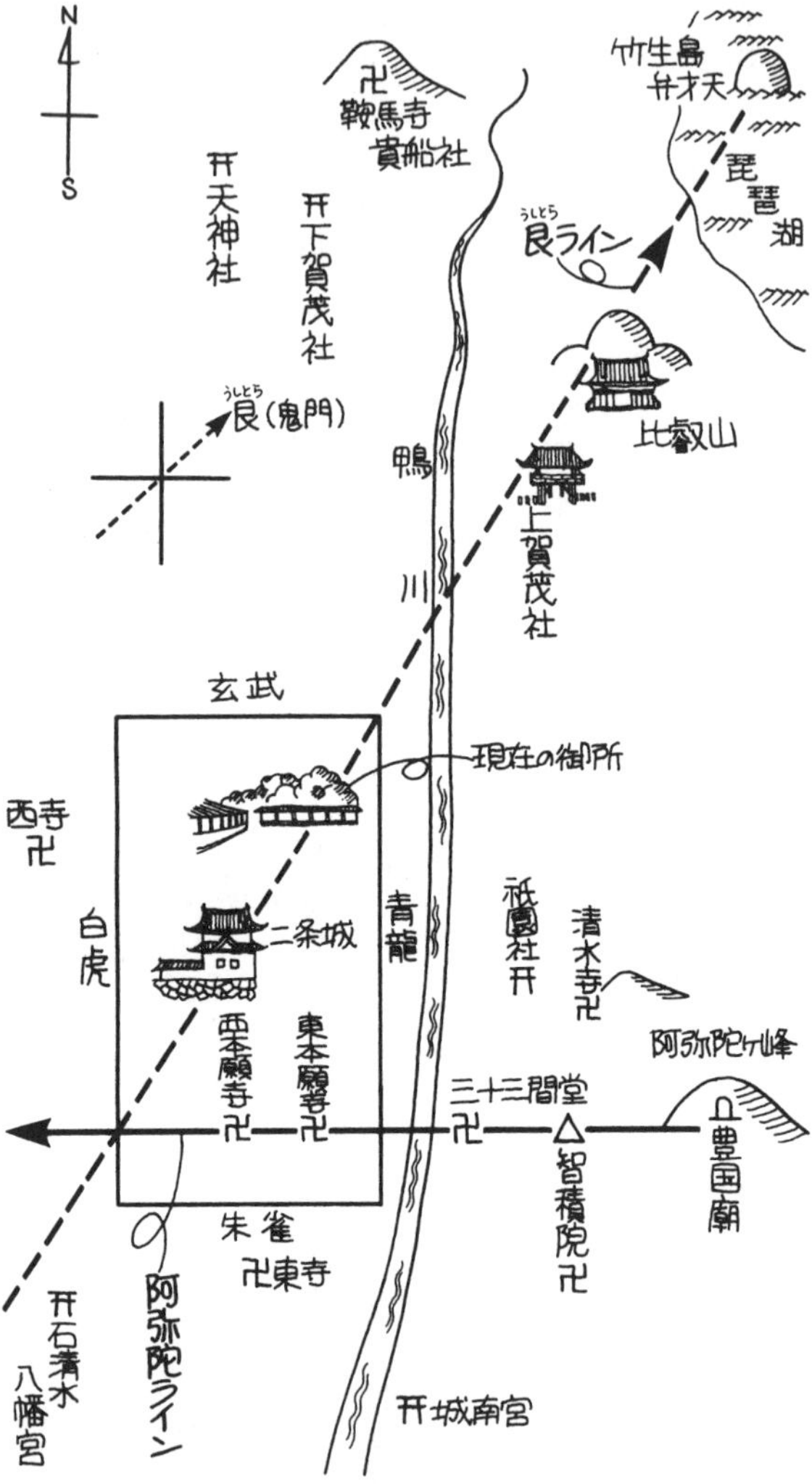

秀吉の阿弥陀ラインを切った家康の京の“守り”

しかし、家康は秀吉を祀る豊国神社（秀吉は天皇から豊国大明神の名を贈られていた）を破壊したばかりか、秀吉の阿弥陀ラインを切るため、阿弥陀ヶ峰の西麓に智積院《ちしゃく》を建立した。この智積院こそ、秀吉が焼き打ちした根来《ねごろ》大伝法院を移したものである。家康は根来衆に秀吉ののぞみを断たせ、その霊をも封じ込めさせたのだ。

徳川家はまた、滋賀県大津市の日吉《ひえ》神社内に東照宮を建立し、家康を祀った。日吉神社は秀吉の守護神であり、幼名の日吉丸もここに由来する。同じことが江戸城についても言える。徳川家は四街道（東海道、川越街道、水戸街道、日光街道）に東照宮を、もっとも重要視した東海道からの江戸への入り口には菩提寺の増上寺を置いて、江戸城の守りとした。

艮《うしとら》の方向には、不忍《しのばず》池に一夜で竹生島に似せた中の島を築かせ、弁才天を祀った。この弁天堂の隣に「太閤護持」をうたう大黒堂があるが、これまた秀吉の霊を封じ込めたにすぎない。大黒天は、『九鬼神伝書』の「十八天尊密印」で、三天の一つに数えているように、調伏の神なのである。

中の島の西側、池のほとりに一体の石像が建っている。裏から見れば男根、表から見れば役《えん》の行者だ。男根は外敵の侵入を防ぐ岐神《ふなと》の象徴で、役の行者、弁才天、大黒天とつなげることにより、鬼門の守りをより強固なものにしたのだろう。こうしたバリアを築かせたのは、怪僧の天海僧上であった。

栃木県足利市に、尊氏《たかうじ》の氏寺・鑁阿寺《ばんなじ》があり、本尊の後ろに後醍醐天皇像を秘かに祀っている。中の島の大黒堂とともに、怨霊を恐れてのことだろう。ともかく、家康と秀吉は死んでも戦っているのである。

二・二六の恨み悪鬼となってはらす

夜に入り陰雨、猛雨交々として来る。雷電激しく閃光《せんこう》気味悪し、遠く近く雷鳴続く。鬼《き》哭啾々《こくしゅうしゅう》たり　村兄（村中孝次）は読経をす　余は　寺内、石本等不臣の徒《やから》に復讐す可《べ》く　ノロイの祈りをなす、ノロイなり、ノロイなり。

余は祈りが日々に激しくなりつつある。余の祈りは成仏しない祈りだ。悪鬼になれるよう祈っているのだ。優秀無敵なる悪鬼になるべく祈っているのだ。必ず志をつらぬいて見せる。余の所信は一分一厘もまげないぞ。


これは二・二六事件の首謀者として、死刑を宣告された磯部浅一の書いた獄中手記である。理不尽な運命に突き落とされ、死と直面したとき、人間は敵を呪うよりほかにとるべき道がないのだろうか。

『地蔵堂通夜物語』によると、佐倉宗吾は処刑の際に眼をカッと見開き、「極楽往生に望みなし。念仏供養も頼み到さず」と叫んでいる。このとき一天にわかにかき曇り、雷鳴がとどろき、雨が滝のようになって落ちてきた。処刑に立ち会った役人たちは、いっせいに逃げ出した。

磯部と宗吾は、何に鬼神となることを祈ったのだろうか。古今東西いつの世でもそうだが、それは虐《しいた》げられた種族の神々であったに違いない。私の目には、龍神や弁才天、カーリー、ドゥルガーといった姿が浮かぶ。

水沢観音の弁才天（手塚敏行氏撮影）

そして、これら鬼神となった人物を、呪詛神とする人たちが出てくる。代表的な例が、四谷怪談でおなじみのお岩さんである。東京の西巣鴨に、播州浅野家の一菩提寺の妙行寺があり、本堂裏の大木の下にお岩さんの墓と伝える小祠が建っている。ここも『四谷怪談』を上演する前に参詣するところらしく、芸能人がおさめた卒塔婆《そとば》が立ち

第一部　ジェラシーの女神　謎の弁才天女 —福神の仮面をかぶった呪詛の神—

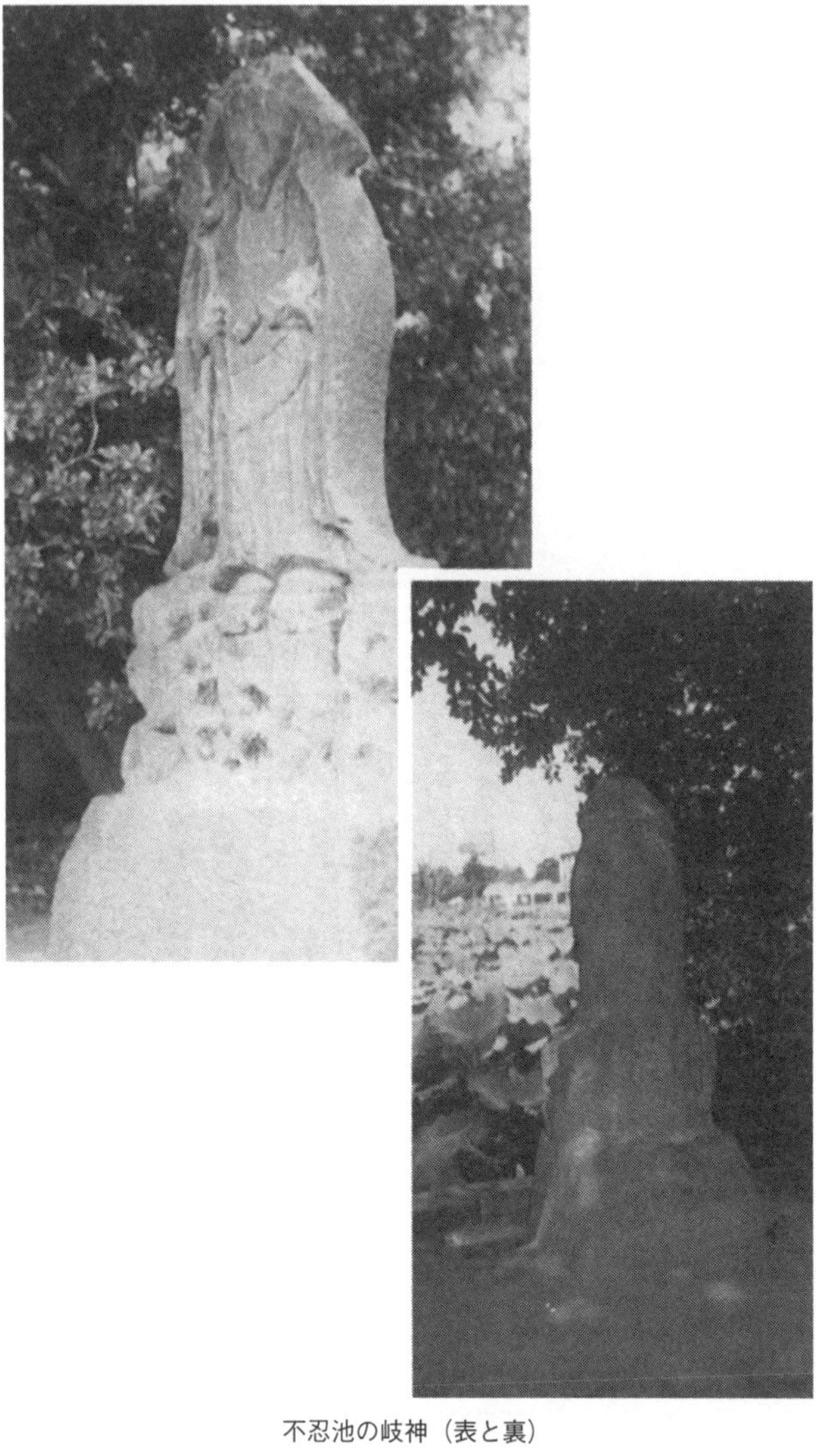

不忍池の岐神（表と裏）

並ぶ。私がある雑誌社の依頼で、取材に行ったときのことである。神前に、女性の髪の毛でぐるぐる巻きにした人形が置いてあった。同行のカメラマンは、「早く帰りましょう。長居は無用なところですよ」と、シャッターを二、三回押しただけで後ろを向いてしまった。

平成元年五月七日、脱稿を前にいつもの三人で昼食を共にした。打ち上げ式みたいなものである。千鶴君の顔色もだいぶよくなっている。

「少し前ですけど、ある週刊誌で現代の呪詛をあつかっていました。いまでも京都の貴船神社（祭神タカオカミの神＝龍神）や、岐阜のおちょぼ稲荷などで、丑《うし》の刻参りをする人がいるんですってね」

「おちょぼ稲荷には、名古屋大学の元助教授・大沼忠弘さんらと行ったことがある。なんでも、お千代ばあさんなる人が祀っていた稲荷が、非常にご利益があるというので、信者たちが大きくしたものだそうだ。おちょぼは、お千代が訛《なま》ったものとか、もとは田んぼの中の小祠だったらしいが、いまでは飲食店やお土産屋などが立ち並び、押すな押すなの人出だった。

本堂の右横に、さして大きくない枯木が立っているんだが、これに無数の釘が打ってある。そのなかに、男性の額にグサリと打ち込んだ写真があった。一緒に行った、高校の女教師が真っ青になってね、東京に帰ってくるまでおかしかった」

水沢君がうなずきながら、

「貴船神社では、呪詛に来る人と顔を合わせないように、社務所の人は夜、出歩かないと聞いています。それから、和歌山県加田の淡島神社（祭神オオクニヌシノ命、スクナヒコナノ命）には、木製の男女のシンボルに、針や釘を打ったものが、たくさん供えられています。浮気封じを願ってのものでしょうが、なんともおぞましい感じです」

「貴船神社、おちょぼ稲荷、淡島神社となると、やはり龍神系で弁天さんとも結びついてきますわね」

「藤原明衡の『新猿楽記』に、嫉妬に狂った妻が夫を恨んで祈る神々の名が列記されています。聖天、道祖、東寺の夜叉《やしゃ》（歓喜天、ダキニ天、弁才天との合体）、稲荷、宇賀神などです。いま千鶴さんが言われたように、龍神系の神々です」

「夜叉と聞いただけで、身の毛がよだちますわ。醜悪で恐ろしい鬼神としてのイメージが強烈なんですもの」

「しかし、実像は違うんです。夜叉とか羅刹《らせつ》は非アーリアン的な土着の神々ですが、これが赤い眼をした獰猛《どうもう》な人食いの鬼神とされるのは、古代の種族社会が消滅してしまうシュンガ王朝（紀元前二世紀末）以降のこととされています。

それ以前の夜叉女は、生殖、生産、豊饒《ほうじょう》を司る神で、豊満な乳房ときわめて端麗な容姿の女神でした。サーンチーの大塔に彫られている夜叉女の神像などが、そのことを何よりもよく示しています。原住民のドラヴィダ族やムンダ族が征服され、シュードラ（奴《ど》隷《れい》）に落とされると、彼らが日夜、崇《あが》めていた美しい女神も鬼女になり下がるのです。被征服民族の怨念が夜叉女に乗り移り、やがて呪詛の神に変身した、と言えるでしょう」

「悲しい物語ですわね。ところで、『古今著聞集』によると、平安時代にはすでにダキニ天を霊威あるものとして信仰していたようです。弁才天の呪法は、本来ダキニ天のものではなかったのか。室町時代、弁才天が福神として世に出たことにより、弁才天法の一つに加えられたのではないか。そんなふうに思えるんです。平清盛が行なった修法も、吒《だ》天《てん》（ダキニ天）の法ですもの。先生はどうお考えですか」

「可能性は大いにあるんだ。というのは、ダキニ天の調伏法なるものを探したんだが、びしっとしたものが出てこない。『加持祈禱秘密大全』も、〈稲荷大神の神使たる白狐と、大神と、荼吉尼天とを三重に混同せる変態的修法多し、豊川稲荷の如きは、其の一例なり〉と書いている。何かの本で読んだんだが、伏見稲荷から十二匹の狐を買ってきて、冷たい水につけておき、最後に生き残ったものの魂魄《こんぱく》を操って行なう邪術があるという。もし、

京都・三十三間堂の大弁功徳天像（上）と大安楽寺にあるアイヌコタンの白蛇石

弁才天法の中に狐を使うものがあったら、それはダキニ天法であり、稲荷法であるとしていいだろう」

水沢君が話をひきつぐ。

「ダキニ天法の一つである〈飯綱《いづな》の法〉に関しては、松風庵寒流の『老媼茶話』にかなりくわしく出ています。しかし〈もし狐を使ふもの、少しにても色欲、貪欲にふける心有る時は、この術行ふ事あたはず〉とありますから、呪詛とは関係ないようですが」

「結論として、呪詛の神は被征服民族の神、主として龍神系である。弁才天には出雲神族系の役《えん》の行者、その生まれかわりとされる弘法大師がからみ、修験行者、忍者、海賊たちがこれを信仰した。北条氏は忍者たちを利用しながら、弁才天の呪力をフルに使った。こう言っていいのじゃないかな」

「私、勉強になりましたけど、とても疲れました。これが修行というのかもしれませんわね。でも、今日はなにか憑《つ》きものがとれたような、晴れ晴れとした気持ちです。弁天さんも笑いかけているように思えるんです」

闇より光明の世界へ

磯部浅一は陸士の出で、陸軍一等主計（大尉）という出世街道を歩むエリートだった。その彼が、鬼神となり復讐できるようにと祈った。呪いは呪いを呼び、闇の世界を広げる。同僚の村中孝次は経典を読み、彼岸《ひがん》（悟りの世界）へ行けることを願った。あなたはどちらの道を選ぶのだろうか。

本書の取材は、衣川さんの話がきっかけとなって始まったのだが、拙宅を訪れた彼は、帰りがけにこんなことを言っていた。

「名前が衣川のせいでしょうが、衣川《ころもがわ》で滅んだ奥州藤原氏の悲哀が痛いほどわかるのです。鎌倉幕府に欺《だま》し討ちにされた彼らの子孫は、当然、怨念を持っていることでしょう。私は北条政子がかけた呪詛の念を解き、奥州藤原氏の菩提をとむらって、冥福を祈りたいのです。大安楽寺の弁才天にこだわるのは、そうしたことからなんです」

大安楽寺は、地下鉄小伝馬町駅から徒歩で二分たらず。弁才天は本堂横の小祠に鎮座している。手水《ちょうず》の前に、アイヌコタンの白蛇石などというものもある。私も大安楽寺へは幾度となく足を運び、弁才天と対面した。ところが、衣川さんが言う鱗紋は、鎧の文様のようであったし、あるとき同行した多摩美術大学の講師は、「室町時代以降の作品である」と断言した。

北条政子ゆかりの弁才天ではなかったが、衣川さんの「呪詛を解き、冥福を祈る」という〝和の心〟には頭を下げる。闇の世界などないほうがよい。京都三十三間堂の弁才天は、慈愛に満ちた観音さんのような顔をしている。頭部に鳥居もなければ、宇賀神も乗っていない。輪宝の冠をかぶっているだけで、呪詛の気などはまったく感じられない。まさに天女なのである。私はこれを弁才天本来の姿とみたい。

平成元年、己巳《つちのとみ》年。六十年に一度の弁天さんの年である。本書を脱稿するまでに、三年の月日が流れた。いろいろな障害があった。しかし、それらは弁天さんの年に本書を出版させるための伏線であったかもしれない。

参考文献　金光明最勝王経巻第七

大弁才天女品第十五《だいべんざいてんによほんだいじふご》之《の》一《いち》

爾時大弁才天女《そのときだいべんざいてんによ》、大衆《だいしゆ》の中《なか》に於《お》て即《すなは》ち座《ざ》より起《た》ちて、仏足《ぶつそく》を頂礼《ちやうらい》し、仏《ほとけ》に白《まを》して言《まを》さく、『世尊《せそん》、若《も》し法師《ほつし》あり、是金光明最勝王経《このこんくわうみやうさいしようわうきやう》を説《と》くものは、我当《われまさ》に其智慧《そのちゑ》を益《ま》し、言説《ごんせつ》の弁《べん》を具足荘厳《ぐそくしやうごん》すべし。若《も》し彼法師此経《かのほつしこのきやう》の中《なか》に於《お》て、文字句義《もんにくぎ》を忘失《まうしつ》する所《ところ》あらば、皆《みな》憶持《おくぢ》して、能《よ》く開悟《かいご》せしめ、復《ま》た陀羅尼総持《だらにそうぢ》の無礙《むげ》を与《あた》へん。又是金光明最勝王経《またこのこんくわうみやうさいしようわうきやう》は、彼有情《かのうじやう》の、已《すで》に百千仏《ひやくせんぶつ》の所《みもと》に於《お》て、諸《もろもろ》の善根《ぜんごん》を種《う》ゑて、常《つね》に受持《じゆぢ》すべきものの為《ため》に、贍部洲《せんぶしう》に於《お》て、広《ひろ》く行《おこな》はれ流布《るふ》して速《すみや》かに隠没《おんもつ》せざらしめん。復無量《またむりやう》の有情是経典《うじやうこのきやうでん》を聞《き》くものをして、皆不可思議《みなふかしぎ》の捷利《せふり》の弁才《べんざい》と無尽《むじん》の大慧《だいゑ》とを得《え》しめ、善《よ》く衆論及《しゆろんおよ》び諸《もろもろ》の伎《ぎ》術《じゆつ》を解《げ》せしめん。能《よ》く生死《しやうじ》を出《いで》て、速《すみやか》に無上正等菩提《むじやうしやうとうぼだい》に趣《おもむ》かしめん。現世《げんぜ》の中《なか》に於《お》ては、寿命《じゆみやう》を増益《ぞうやく》し、資身《ししん》の具《ぐ》、悉《ことごと》く円満《ゑんまん》ならしめん。

世尊《せそん》、我当《われまさ》に彼持経法師《かのぢきやうほつし》及《およ》び余《よ》の有情《うじやう》の此経典《このきやうでん》に於《お》て、楽《ねが》ひて聴聞《ちやうもん》するものの為《ため》に、其呪薬洗浴《そのじゆやくせんよく》の法《ほふ》を説《と》かん。彼人《かのひと》の有《あ》らゆる悪星災変《あくしやうさいへん》、初生時《しよしやうじ》に与《あた》へし星属《しやうぞく》の相違《さうゐ》、疾《しつ》病《びやう》の苦《く》、闘諍《とうじやう》、戦陣《せんじん》、悪夢《あくむ》、鬼神《きじん》、蠱毒《こどく》、厭魅《えんみ》、呪術《じゆじゆつ》、起屍《きし》、是《かく》の如《ごと》きの障難《しやうなん》をなすもの、悉《ことごと》く除滅《じよめつ》せしめん。諸《もろもろ》の有智《うち》のもの、応《まさ》に是《かく》の如《ごと》き洗浴《せんよく》の法《ほふ》を作《な》すべし。当《まさ》に香《かう》薬三十二味《やくさんじふにみ》を取《と》るべし、謂《いは》ゆる菖蒲《しやうぶ》、牛黄《ごわう》、苜蓿香《よくしゆくかう》、麝香《じやこう》、雄黄《ゆうわう》、合昏樹《がふこんじゆ》、白及《びやくきふ》、芎藭《くぐ》、猗杞根《くきこん》、松脂《しようし》、桂皮《けいひ》、香附子《かうふし》、沈香《ぢんかう》、栴檀《せんだん》、零凌香《りやうれうかう》、丁字《ちやうじ》、鬱金《うこん》、婆律膏《ばりつかう》、葦香《ゐかう》、竹黄《ちくわう》、細豆蔻《さいづく》、甘松《かんしようく》、藿香《わくかう》、茅根香《ぼうこんかう》、叱脂《しつし》、艾納《がいなう》、安息香《あんそくかう》、芥子《けし》、馬芹《めきん》、龍華鬚《りゆうけしゆ》、白膠《びやくけう》、青《しやう》木《もく》、皆等分《みなとうぶん》。

布灑星《ふしやしやう》の日《ひ》を以《もつ》て一処《いつしよ》に擣《つ》き篩《ふる》ひて、其香末《そのかうまつ》を取《と》れ、当に此呪《このじゆ》を以《もつ》て呪《じゆ》すること一百《いつぴやく》八遍《はちへん》すべし。呪《じゆ》に曰《い》はく、

怛姪他《たにやた》、蘇訖栗帝《そくりてい》、訖栗帝《きりてい》、訖栗帝《きりてい》、計劫摩怛里《けいごふまたり》、繕怒羯囉滞《せんどきやらてい》、郝羯喇滞《さやからてい》、因達囉闍《いんだらしや》利膩《りに》、鑠羯囒滞《しやきやぶんてい》、鉢設姪囇《ならにれい》、阿伐底《あはち》、羯細計娜矩覩矩覩《ぎやしけいなくどくど》、脚迦鼻麗《きやかだれい》、劫鼻囇劫鼻囇劫《ごふびれいごふびれいごふ》毘羅末底《びらまち》、尸羅末底《ししやまち》、刪底度羅末底《さんちどらまち》、哩波伐矩《ははぐ》、畔稚囇《はんちれい》、室囇室囇薩底悉体羝《しりしりさちしつていれい》、莎訶《そはか》。

若《も》し如法《によほふ》に洗浴《せんよく》せんことを楽《ねが》ふときは、応に壇場《だんぢやう》の方、八肘《はつちう》なるを作《つく》るべし。
寂静安隠《じやくじやうあんおん》の処《ところ》に於《おい》て、求《もと》むる所《ところ》の事《こと》を念《ねん》じ、心《しん》を離《はな》れざるべし
牛糞《ごふん》を塗《ぬ》りて其壇《そのだん》を作《つく》り、上《うへ》に於《おい》て普《あまね》く諸《もろもろ》の彩華《さいげ》を散《さん》ずべし
当《まさ》に浄潔《じやうけつ》の金銀《こんごん》の器《うつは》を以《もつ》て、美味《みみ》並《ならび》に乳蜜《にうみつ》を盛《も》り満《み》つべし
彼壇場《かのだんぢやう》に於《おい》て、四門《しもん》の所《ところ》、四人守護《しにんしゆご》すること、法常《ほふつね》の如《ごと》く
四童子《しどうじ》をして身《み》を好厳《かうごん》せしめ、各一角《おのおのいつかく》に於《おい》て瓶水《びやうすゐ》を持《ぢ》せしめよ

幡蓋荘厳《ばんがいしやうごん》し、繒綵《ぞうさい》を懸《か》けて、壇場《だんぢやう》の四辺《しへん》に安在《あんざい》し
復場内《またぢやうない》に於《おい》て明鏡《みやうきやう》と利刀《りたう》とを兼《か》ねて箭《せん》と各《おのおの》四枚《しまい》を置《お》き
壇《だん》の中心《ちうしん》に於《おい》て、大盆《だいぼん》を埋《うづ》め、漏版《ろばん》を以《もつ》て其上《そのうへ》に安《お》くべし
前《まへ》の香抹《かうまつ》を用《もち》ひて湯《たう》に和《わ》し、亦復壇内《またまただんない》に安在《あんざい》すべし
既《すで》に斯《かく》の如《ごと》く布置《ふち》を作《な》し已《をは》り、然《しか》して後《のち》に咒《じゆ》を誦《じゆ》にして、其壇《そのだん》を結べ
結界《けつかい》の咒《じゆ》に曰《い》はく、
　怛姪他《たにやた》、頞喇計《あんらけい》、娜也泥《なやでい》、呬攦《しれい》、弭攦《みれい》、祇攦《ぎれい》、企企攦《ききれい》、莎訶《そはか》
是《かく》の如《ごと》く結界《けつかい》し已《おは》りて、方《まさ》に壇《だん》の内《なか》に入《い》り、
水《みづ》を呪《じゆ》すること三七遍《さんしちへん》。四方《しほう》に散灑《さんせ》し
次《つぎ》に香湯《かうたう》を咒《じゆ》し、一百八遍《いつぴやくはちへん》を満《まん》ずべし
四辺《しへん》に幔障《まんしやう》を安《あん》じ、然《しか》る後《のち》に、身《み》を洗浴《せんよく》せよ
水《みづ》を咒《じゆ》し、湯《たう》を咒《じゆ》する、咒《じゆ》に曰《い》はく、
　怛姪他《たにやた》、索掲智《そがち》、毘掲智《びがち》、毘掲茶《びがだ》、伐底《はち》、莎訶《そはか》。
若《も》し洗浴《せんよく》し訖《をは》らば、其洗浴《そのせんよく》の湯《たう》、及《およ》び壇場中《だんぢやうちう》の供養《くやう》の飲食《おんじき》は河池《かち》の内《うち》に棄《す》て、余《よ》は皆《みな》
収《をさ》め摂《せつ》よ。是《かく》の如《ごと》く浴《よく》し已《をは》りて、方《まさ》に浄衣《じやうえ》を著《ちやく》し、既《すで》に壇場《だんぢやう》より出《い》で、浄室《じやうしつ》の内《うち》に入《い》り、
呪師《じゆし》は其《それ》をして、弘誓願《ぐぜいぐわん》を発《おこ》し、永《なが》く衆悪《しゆあく》を断《だん》じ、常《つね》に諸善《しよぜん》を修《しゆ》せしめ、諸《もろもろ》の有情《うじやう》に於《おい》

て大悲心《だいひしん》を興《おこ》さしむべし。此因縁《このいんえん》を以《もつ》て、当《まさ》に無量随心《むりやうずゐしん》の福報《ふくほう》を獲《う》べし。』

復頌《またじゆ》を説《と》いて曰《い》はく、

若《も》し病苦《びやうく》の諸《もろもろ》の衆生《しゆじやう》ありて、種種《しゆじゆ》の方薬《ほうやく》もて治《ぢ》するに差《い》えずとも

若《も》し是《かく》の如《ごと》きの洗浴法《せんよくほふ》に依《よ》り、弁《ならび》に復此経典《またこのきやうでん》を読誦《どくじゆ》して

常《つね》に日夜《にちや》に於《おい》て念散《ねんさん》ぜず、専想慇懃《せんさうおんごん》に信心《しんじん》を生《しやう》ぜば

所有《しよう》の患苦《げんく》尽《ことごと》く消除《せうぢよ》し、貧窮《びんぐ》を解脱《げだつ》し、財宝《ざいほう》足《た》り

四方《しほう》の星辰及《しやうしんおよ》び日月《にちぐわつ》、威神《ゐじん》もて擁護《ようご》し、延年《えんねん》を得《え》て

吉祥安隠《きちじやうあんおん》にして福徳増《ふくとくま》し、災変厄難皆除遣《さいへんやくなんみなじよけん》せん

次《つぎ》に護身《ごしん》の咒《じゆ》を誦《じゆ》すること三七遍《さんしちへん》せよ。咒《じゆ》に曰《い》はく、

怛姪他《たにやた》、三謎《さんめい》、毘三謎《びさんめい》、莎訶《そはか》。索掲滞《ぞがてい》、毘掲滞《びがてい》、莎訶《そはか》。毘掲荼《びがちや》、伐底《はち》、莎訶《そはか》。娑掲囉《さがら》。三歩多也莎訶《さんぶたやそはか》。塞建陀《そけんた》、摩多也《またや》、莎訶《そはか》。尼囉建陀也《にらけんだや》、莎訶《そはか》。阿鉢攞市哆《あはらした》、吡嚟耶也《びりやや》、莎訶《そはか》。泗摩槃哆《しまはんた》、三歩多也《さんぶたや》、莎訶《そはか》。阿儞密羅《あにみら》。薄怛囉也《はたらや》、莎訶《そはか》。南謨薄伽伐都《なもはがはつ》、跋囉《はら》甜摩写莎訶《かんましやそはか》。南謨薩囉酸底《なもさらさんち》、莫訶提鼻裔《まかでいびゑい》、莎訶《そはか》。悉甸覩《しつでんと》、漫《まん》、曼怛囉鉢拖莎訶《まんたらはたそはか》。怛喇《たら》覩仳姪哆《とびとた》、跋囉甜摩奴末覩《はらかんまぬまと》、莎訶《そはか》。

爾時大弁才天《そのときだいべんざいてん》、洗浴壇場《せんよくだんぢやう》の呪《じゆ》を説《と》き已《をは》り、前《すす》みて仏足《ぶつそく》を礼《らい》し、仏《ほとけ》に白《まを》して言《まを》さく、『世《せ》尊《そん》若《も》し芯蒭《ひつしゆ》、芯蒭尼《ひつしゆに》、鄔波索迦《うばさくか》、鄔波索迦《うばさくか》、鄔波斯迦《うばしか》ありて、是妙経王《このめうきやうわう》を受持《じゆぢ》し読《どく》誦し

書写《しや》し、流布《るふ》し、如説《によせつ》に行《ぎやう》ぜんものは、若《もし》は城邑《じやうおふ》、聚落《じゆらく》、曠野《くわうや》、山林《せんりん》、僧尼《そうに》の住処《ぢうしよ》に在《あ》らんに、我是人《われこのひと》の為《ため》に諸《もろもろ》の眷属《けんぞく》を将《ひき》ゐて、天《てん》の伎楽《ぎがく》を作《な》し、其所《そのみもと》に来詣《らいけい》して擁護《ようご》し、諸《もろもろ》の病苦《びやうく》、流星《るしやう》、変怪《へんげ》、疾疫《しつえき》、闘諍《とうじやう》、王法《わうほふ》の拘《とら》ふる所《ところ》、悪夢《あくむ》、悪神障礙《あくじんしやうげ》を為《な》すもの、蠱《こ》道《だう》、厭術《えんじゆつ》悉《ことごと》く皆除《みなのぞ》き殄《つ》くし、是等《これら》持経《じきやう》の人《ひと》、苾蒭等《ひつしゆとう》の衆及《しゆおよ》び諸《もろもろ》の聴者《ちやうじや》を饒益《ねうやく》して、皆速《みなすみや》かに生死《しやうじ》の大海《だいかい》を度《わた》りて菩提《ぼだい》を退《たい》せざらしめん。』

爾時世尊《そのときせそん》、是説《このせつ》を聞已《きをは》りて、弁才天女《べんざいてんによ》を讃《さん》じて言《のたま》はわく、『善《よ》い哉善《かなよ》い哉《かな》、天女《てんによ》、汝能《なんじよ》く無量無辺《むりやうむへん》の有情《うじやう》を安楽利益《あんらくりやく》し、是神呪及《このじんじゆおよ》び香水壇場《かうすゐだんじやう》の法式《ほつしき》を説《と》く。果報難思《くわはうなんし》なり。汝《なんぢ》当《まさ》に最勝経王《さいしようきやうわう》を擁護《ようご》して隠没《おんもつ》せしむる勿《な》く、常《つね》に流通《るつう》することを得《え》しむべし。』

爾時《そのとき》、大弁才天女《だいべんざいてんによ》、仏足《ぶつそく》を礼《らい》し已《をは》りて本座《ほんざ》に還復《げんぷく》す。

爾時《そのとき》、法師授記憍陳如婆羅門《ほつしじゆきけうちんによばらもん》、仏《ほとけ》の威力《ゐりき》を承《う》けて大衆《だいしゆ》の前《まへ》に弁才天女《べんざいてんによ》を讃請《さんじやう》して曰《い》はく、

聡明勇進《そうみやうゆじん》なり弁才天《べんざいてん》、人天《にんでん》の供養《くやう》悉《ことごと》く応《まさ》に受《う》くべし
名《な》は世間《せけん》に聞《きこ》えて遍《あまね》く充遍《じゆへん》す。能《よ》く一切衆生《いつさいしゆじやう》の願《ぐわん》を与《あた》ふ
高山《かうせん》の頂《いただき》なる勝住処《しようぢうしよ》に依《よ》り、茅《かや》を葺《ふ》きて室《しつ》と為《な》し中《なか》に在《あ》りて居《ご》す
恒《つね》に軟草《なんさう》を結《ゆ》ひて以《もつ》て衣《ころも》と為《な》し在処常《ざいしよつね》に一足《いつそく》を翹《あ》ぐ
諸天大衆皆来集《しよてんだいしゆみならいじふ》し、咸《ことごと》く同《おな》じく一心《いつしん》に讃請《さんしやう》を伸《の》ぶ
惟願《ただねがは》くは智慧弁才天《ちゑべんざいてん》、妙言辞《めうごんじ》を以《もつ》て一切《いつさい》に施《ほどこ》せ

爾時《そのとき》、弁才天女《べんざいてんによ》、即便《すなはち》請《しやう》を受《う》けて、為《ため》に呪《じゆ》を説《と》いて曰《い》はく、

怛姪他慕囇只囇《たにやたほれいしれい》、阿伐帝《あはてい》、阿伐吒伐底《あはたはち》、馨遇隷《きやうぐうれい》名具隷《みやうぐれい》、名具羅伐底《みやうぐらはち》、鴦具師《あうぐし》、末唎《まり》只三末底《しさんまち》、毘三末底《びさんまち》、悪近《あくこん》、唎莫近唎《りまごんり》、怛囉只《たらし》、怛囉者伐底《たらしやはち》、質質哩《しつしつり》、室哩《しつり》、室哩密《しつりみ》哩《り》、末難地《まなんち》、曇末唎只《どんまりし》、八囉拏畢唎裔《はちらぬしつりゑい》、盧迦跐逝瑟盧迦失羅瑟耶《ろかせいひつせろかしつらひつや》、盧迦畢唎裔《ろかひつりゑい》、悉駄《しつだ》跋唎帝《はりてい》、毘麼目企《びまもくき》、輸只折唎《ゆしじやり》、阿鉢唎底喝帝《あはりちがてい》、阿鉢唎底喝哆勃地《あはりちがたぼち》、南母只《なむし》、莫訶提鼻《まかだいび》鉢唎底近唎昏拏《はりちこんりこんぬ》、南摩塞迦囉《なむさいから》、我某甲勃地達哩奢呬勃地《われむかうほつちだりしやしぼつち》、阿鉢唎底喝哆《あはりちがた》、婆跋覩《はほつと》、市《し》婆謎毘輸姪覩《ばめいびゆにやと》、舎黍怛羅輸路迦《しやしつたらしゆろか》、曼怛羅畢得迦《まんたらしつとくか》、迦婢耶地数《かびやちすう》、怛姪他《かうにやた》、莫訶鉢喇婆鼻《まかはらはび》、呬里密里呬里密里《しりみつりしりみつり》、毗折喇覩謎勃地《びじやらとめいぼち》、我某甲勃地輸提《われむかうぼちゆだい》、薄伽伐点《ばがほてん》、提毘啖《だいびえん》、薩羅酸点《さつらさんてん》、羯羅滞《きやらたい》、鶏由囇鶏由羅末底《けいゆらけいゆらまち》、呬里密里《しりみり》、呬里密里《しりみり》、阿婆訶耶弭《あはかやに》、莫訶提鼻《まかだいび》、勃陀薩帝《ぼださつてい》娜《な》、達磨薩帝娜《だるまさつていな》、僧伽薩帝娜《そうがさつていな》、因陀羅薩帝娜《いんだらさつていな》、跋嘍拏薩帝娜《ばるぬさつていな》、裔盧雞薩底婆地娜《ゑいろけいさつちばちな》、羝《てい》彡《さん》、薩帝娜《さつていな》、薩底伐者泥那《さつちばしやでいな》、阿婆訶耶弭《あばかやに》、莫訶提鼻《まかだいび》、呬里密里《しりみり》、呬里密里《しりみり》、毘折喇覩《だびじやらと》、我某甲勃地《われむかふぼち》、南謨薄伽伐地《なもばがばち》、莫訶提鼻《まかだいび》、薩囉酸底《さつらさんち》、悉甸覩《しつでんと》、曼怛羅鉢陀弥《まんたらはだみ》、莎訶《そはか》。

爾時《そのとき》弁才天女《べんざいてんによ》、是呪《このじゆ》を説《と》き已《をは》りて、婆羅門《ばらもん》に告《つ》げて言《い》はく、『善《よ》い哉《かな》、大士《だいし》、能《よ》く衆生《しゆじやう》の為《ため》に、妙弁才《めうべんざい》及《およ》び諸《もろもろ》の珍宝《ちんほう》、神通《じんつう》、智慧《ちえ》を求《もと》め、広く一切《いつさい》を利《り》して速《すみや》かに菩提《ぼだい》を証《しよう》せしむ。是《かく》の如《ごと》く応《まさ》に受持《じゆぢ》の法式《ほつしき》を知《し》るべし。』即《すなは》ち頌《じゆ》を説《と》いて曰《い》はく、

先《ま》づ此陀羅尼《このだらに》を誦《じゆ》して純熟《じゆんじゆく》して謬失《びやうしつ》なからしむべし

三宝《さんぽう》と諸《もろもろ》の天衆《てんしゅ》とに帰敬《ききやう》して、加護《かご》を請《こ》ひ求《もと》め願《ねがは》くば心《こころ》に随《したが》はんと
諸仏《しょぶつ》及《およ》び法宝《ほふほう》と菩薩《ぼさつ》と独覚《どくかく》と声聞衆《しやうもんしゅ》とを礼敬《らいぎやう》し
次《つぎ》に梵王《ぼんわう》并《ならび》に帝釈《たいしやく》、及《およ》び護世者《ごせしゃ》の四天王《してんわう》とを礼《らい》せよ
一切常《いっさいつね》に梵行《ぼんぎやう》を修《しゅ》せん人《ひと》は、悉《ことごと》く至誠慇重《しじやうをんじゆう》に敬《きやう》すべし
寂静《じゃくじやう》の蘭若処《らんにやじょ》に於《おい》て大声《だいしやう》に前《まへ》の呪讃《じゅさん》の法《ほふ》を誦《じゅ》すべし
仏像《ぶつざう》と天龍《てんりう》の前《まへ》に於《おい》て、其所有《そのしょう》に随《したが》ひて供養《くやう》を修《しゅ》すべし
彼一切衆生《かのいっさいしゅじやう》の類《るゐ》に於《おい》て、慈悲哀愍《じひあいみん》の心《こころ》を発起《ほっき》すべし
世尊妙相紫金《せそうめうさうしこん》の身《み》を、想《さう》を懸《か》けて正念《しやうねん》に心乱《こころみだ》るる無《な》かれ
世尊護念《せそんごねん》して教法《けうぼふ》を説《と》き、彼《かれ》の根機《こんき》に随《したが》ひて定《ぢやう》を習《なら》はしむ
其句義《そのくぎ》に於《おい》て善《よ》く思惟《しゅゐ》し、復空性《またくうしやう》に依《よっ》て修習《しゅじふ》し
世尊《せそん》の形像《ぎやうざう》の前《みまへ》に在《あ》りて、一心正念《いっしんしやうねん》に安座《あんざ》すべし
即《すなは》ち妙智三摩地《めうちさんまぢ》を得《え》て、並《なら》びに最勝《さいしょう》の陀羅尼《だらに》を得《え》ん
如来《にょらい》の金口《こんく》は法《ほふ》を演説《えんぜつ》したまひ妙響《めうかう》諸《もろもろ》の人天《にんでん》を調伏《でうぶく》す
舌相《ぜつさう》は縁《えん》に随《したが》ひて希有《けう》を現《げん》じ、広長《くわうちやう》にして能《よ》く三千界《さんぜんかい》を覆《おほ》ふ
是《かく》の如《ごと》き諸仏《しょぶつ》の妙音声《めうおんじやう》、至誠《しじやう》に憶念《おくねん》して心《こころ》に畏《おそ》るるなかれ
諸仏皆《しょぶつみな》弘願《ぐぐはん》を発《おこ》したまへるに由《よ》りて、此舌相《このぜつさう》の不思議《ふしぎ》を得《え》たまへり

諸法《しよほふ》は皆有《みなう》に非《あら》ずと宣説《せんぜつ》し、譬《たと》へば虚空《こくう》の著《ぢやく》する所無《ところな》きが如《ごと》し
諸仏《しよぶつ》の音声《おんじやう》と及《およ》び舌相《ぜつさう》と、懸《け》念《ねん》し思量《しりやう》して円満《えんまん》ならんことを願《ねが》へ
若《も》し弁才天《べんざいてん》を供養《くやう》するを見《み》、或《あるひ》は弟子《でし》の教《をしへ》に随《したが》ひて
此秘法《このひほう》を授《さづ》けて修学《しゆがく》せしむるを見《み》て、尊重《そんじゆう》せば心《こころ》に随《したが》ひて皆成《みなじやう》ずることを得《え》ん
若《も》し人最上智《ひとさいじやうち》を得《え》んと欲《ほつ》せば、応当《まさ》に一心《いつしん》に此法《このほふ》を持《ぢ》すべし
福智《ふくち》と諸《もろもろ》の功徳《くどく》とを増長《ぞうちやう》し、必定《ひつぢやう》して成就《じやうじゆ》す、疑《うたがひ》を生《しやう》ずる勿《なか》れ
若《も》し財《ざい》を求《もと》めんものは多財《たざい》を得《え》、名称《みやうしやう》を求《もと》むるものは名称《みやうしやう》を獲《え》
出離《しゆつり》を求《もと》むるものは解脱《げだつ》を得《え》ん、必定成就《ひつぢやうじやうじゆ》す、疑《うたがひ》を生《しやう》ずる勿《なか》れ
無量無辺《むりやうむへん》の諸《もろもろ》の功徳《くどく》、其内心《そのないしん》の所願《しよぐわん》に随《したが》ひて
若《も》し能《よ》く是《かく》の如《ごと》く依行《えぎやう》する者は、必《かなら》ず成就《じやうじゆ》を得《え》ん、疑《うたがひ》を生《しよう》ずる勿《なか》れ
浄処《じやうしよ》に於《おい》て浄衣《じやうえ》を著《ぢやく》すべし。壇場《だんぢやう》を大小《だいぜう》に随《したが》ふべし
四浄瓶《しじやうびやう》を以《もつ》て美味《びみ》を盛《も》り香華《かうげ》の供養時《くやうとき》に随《したが》ふべし
諸《もろもろ》の絵綵《そうさい》と幷《ならび》に幡蓋《はんがい》を懸《か》け、塗香《づこう》と抹香《まつかう》もて遍《あまね》く厳飾《ごんじき》し
仏及《ほとけおよ》び弁才天《べんざいてん》に供養《くやう》し、天身《てんじん》を見《み》んことを求《もと》めば皆願《みなぐわん》を遂《と》げん
三七日前《さんしちにちまへ》の呪《じゆ》を誦《じゆ》して、大弁天神《だいべんてんじん》の前《まへ》に対《たい》すべし
若《も》し其《そ》れ此天神《このてんじん》を見《み》ずんば、更《さら》に心《こころ》を用《もち》ゐて九日《くにち》を経《ふ》べし

後夜《ごや》の中《なか》に於《おい》て猶見《なほみ》ずんば、更《さら》に清浄勝妙《しやうじやうしようめう》の処《ところ》を求《もと》めて
如法《によほふ》に弁才天《べんざいてん》を画《えが》き、供養《くやう》し誦持《じゆぢ》し心《こころ》に捨《す》つる無《な》かるべし
昼夜《ちうや》に懈怠《けだい》を生《しやう》ぜず、自利《じり》し利他《りた》して窮尽《ぐうじん》すること無《な》く
獲《う》る所《ところ》の果報群生《くわはうぐんじやう》に施《ほどこ》せば、求《もと》むる所《ところ》の願《ぐわん》に於《おい》て皆成就《みなじやうじゆ》せん
若《も》し意《い》を遂《と》げずんば、三月《さんぐわつ》、六月《ろくぐわつ》、九月《くぐわつ》、或《あるひ》は一年《いちねん》を経《へ》て
慇懃《をんごん》に求《もと》め請《こ》ひて心移《こころうつ》らざれば、天眼《てんげん》と他心《たしん》と皆悉《みなことごと》く得《え》ん

爾時憍陳如婆羅門《そのときけうちんによばらもん》、是説《このせつ》を聞《き》き已《をは》りて、歓喜《くわんき》し踊躍《ゆやく》し、未曾有《みぞうう》なりと歎《たん》じ、諸《もろもろ》の大衆《だいしゆ》に告《つ》げて、是《かく》の如《ごと》きの言《ごん》を作《な》さく、『汝等人天一切《なんぢらにんでんいつさい》の大衆《だいしゆ》、是《かく》の如《ごと》く当《まさ》に知《し》るべし。皆一《みないつ》心《しん》に聴《き》け。我今更《われいまさら》に世諦《せたい》の法《ほふ》に依《よ》りて、彼勝妙《かのしようめう》の弁才天女《べんざいてんによ》に讃《さん》ぜんと欲《ほつ》す。即《すなは》ち頌《じゆ》を説《と》いて曰《い》はく、

世界《せかい》の中《なか》に於《おい》て自在《じざい》を得《え》たる天女那羅延《てんによならえん》を敬礼《きやうらい》す
我今彼尊者《われいまかのそんじや》を讃歎《さんだん》する、皆往昔《みなわうじやく》の仙人《せんにん》の説《せつ》の如《ごと》くならん
吉祥成就《きちじやうじやうじゆ》し心安隠《こころあんおん》に、聡明《そうみやう》に慚愧《ざんき》ありて名聞《みやうもん》あり
母《はは》となりて能《よ》く世間《せけん》を生《しやう》じ、勇猛《ゆみやう》にして常《つね》に大精進《だいじやうじん》を行《ぎやう》ず
軍陣《ぐんぢん》の処《ところ》に於《おい》て戦《たたか》ひて恒《つね》に勝《か》ち、長養《ちやうやう》し調伏《てうぶく》して心慈忍《こころじにん》なり
現《げん》じて閻羅《えんら》の長姉《ちやうし》となりて、常《つね》に青色《しやうしき》の野蠶衣《やさんえ》を著《ちやく》す

好醜《かうしう》の容儀《ようぎ》皆《みな》具有《ぐう》し、眼目《げんもく》能《よ》く見るものをして怖《おそ》れしむ
無量《むりやう》の勝行世間《しようぎやうせけん》に超《こ》え、帰信《きしん》の人《ひと》咸《ことごと》く摂受《せふじゆ》す
或《あるひ》は山巌《せんがん》の深険《じんけん》なる処《おのろ》に在《あ》り、或《あるひ》は坎窟《かんくつ》及《およ》び河辺《かへん》に居《を》り
或《あるひ》は大樹《だいじゆ》諸《もろもろ》の叢林《さうりん》に在《あ》り、天女《てんによ》多《おほ》くは此中《このなか》に依《よ》りて住《ぢう》す
仮使《たとひ》山林野人《せんりんやにん》の輩《はい》も、亦常《またつね》に天女《てんによ》を供養《くやう》す
孔雀《くじやく》の羽《はね》を以《もつ》て幡旗《ばんき》を作《つく》り、一切《いつさい》の時《とき》に於《おい》て常《つね》に世《よ》を護《まも》る
師子《しし》、虎《とら》、狼《おほかみ》恒《つね》に囲繞《いぬう》し、牛羊雞等《ごやうけいとう》亦相依《またあひよ》る
大鈴鐸《だいりやうたく》を振《ふる》ひて音声《おんじやう》を出《い》だし、頻陀山《びんだせん》の衆《しゆ》も皆響《みなひびき》を聞《き》く
或《あるひ》は三戟《さんげき》を執《と》りて頭《かうべ》に髻《もとどり》を円《まる》くし、左右《さう》に恒《つね》に日月《にちぐわつ》の旗《はた》を持《も》つ
黒月《こくぐわつ》の九日《くにち》と十一日《じふいちにち》、此時《このとき》の中《なか》に於《おい》て当《まさ》に供養《くやう》すべし
或《あるひ》は婆蘇大天《はそだいてん》の妹《いもうと》と現《げん》じて、闘戦《とうせん》有《あ》るを見《み》て心常《こころつね》に慜《あは》れむ
一切《いつさい》の有情《うじやう》の中《なか》を観察《くわんさつ》するに、天女《てんによ》は最勝《さいしよう》にして過《す》ぐるもの無《な》し
権《かり》に牧牛《ぼくご》の歓喜女《くわんきによ》を現《げん》じ、天《てん》と戦《たたか》ふとき常《つね》に勝《か》つことを得《う》
能《よ》く久《ひさ》しく世間《せけん》に安住《あんぢう》し、亦和忍《またわにん》及《およ》び暴悪《ばうあく》と為《な》る
大婆羅門《だいはらもん》四明《しみやう》の法《ほふ》、幻化《げんけ》の呪等《じゆとう》悉《ことごと》く皆《み》な通《つう》じ
天仙《てんせん》の中《なか》に於《おい》て自在《じざい》を得《え》、能《よ》く種子《しゆじ》及《およ》び大地《だいち》と為《な》る

諸《もろもろ》の天女等《てんにょとう》の集会《しふゐ》する時《とき》には、大海《だいかい》の潮《うしほ》の如《ごと》くに必《かな》らず来応《らいおう》す
諸《もろもろ》の龍神薬叉衆《りゆうじんやくしやしゆ》に於《おい》て、咸《ことごと》く上首《じやうしゆ》となりて能《よ》く調伏《てうぶく》す
諸女《しよによ》の中《なか》に於《おい》て最《もつと》も梵行《ぼんぎやう》あり、言《ごん》を出《いだ》すこと猶《なお》し世間《せけん》の主《しゆ》の如《ごと》し
王《わう》の住処《ぢうしよ》に於《おい》ても蓮華《れんげ》の如《ごと》く、若《も》し河津《かしん》に在《あ》れば橋桄《けうばつ》に喩《たと》へん
面貌《めんめう》は猶《なほ》し盛満月《じやうまんぐわつ》の如《ごと》く、多聞《たもん》を具足《ぐそく》し依処《えしよ》となり
弁才勝《べんさいすぐ》れて出《い》づる高峯《かうふ》の若《ごと》し、念《ねん》ずるものには皆与《みなとも》に洲渚《しうしよ》となる
阿蘇羅等《あそらとう》の諸《もろもろ》の天衆《てんしゆ》、咸《ことごと》く共《とも》に其功徳《そのくどく》を称讃《しようさん》す
乃至千眼帝釈主《ないしせんげんたいしやくしゆ》も、慇重《をんぢゆう》の心《こころ》を以《もつ》て而《しか》も観察《くわんさつ》す
衆生若《しゆじやうも》し希求《けぐ》の事《こと》あらば、悉《ことごと》く能《よ》く彼《かれ》をして速《すみやか》に成《じやう》ずることを得《え》しめ
亦聡弁《またそうべん》にして聞持《もんぢ》を具《ぐ》せしめ、大地《だいち》を持《ぢ》する中《なか》に第一《だいいち》たり
此十方世界《このじつぽうせかい》の中《なか》に於《おい》て、大灯明《だいとうみやう》の如《ごと》く常《つね》に普《あまね》く照《てら》し
乃至神鬼諸《ないしじんきもろもろ》の会獣《さんじゆ》にも、咸《ことごと》く皆彼《みなかれ》の求《もと》むる所《ところ》の心《こころ》を遂《と》げしむ
諸女《しよによ》の中《なか》に於《おい》て山峯《せんぶ》の如《ごと》し、昔《むかし》の仙人《せんにん》の久《ひさ》しく世《よ》に住《ぢう》したるに同《おな》じ
少女天《せうによてん》の如《ごと》く常《つね》に欲《よく》を離《はな》れ、実語《じつご》は猶《なほ》し大世主《だいせしゆ》の如《ごと》し
普《あまね》く世間《せけん》の差別《しやべつ》の類《るゐ》、乃至欲界諸《ないしよくかいもろもろ》の天宮《てんぐう》を見《み》るに
唯天女《ただてんによ》の独《ひと》り尊《そん》と称《しよう》するあり。有情《うじやう》の能《よ》く勝《すぐ》るものを見《み》ず

若《も》し戦陣恐怖《せんぢんくふ》の処《ところ》に於《おい》て、或《あるひ》は火坑《くわきやう》の中《なか》に堕在《だざい》するを見《み》
河津《かしん》の険難《けんなん》と賊盗《ぞくたう》の時《とき》、悉《ことごと》く能《よ》く彼《かれ》をして恐怖《くふ》を除《のぞ》かしむ
或《あるひ》は王法《わうほふ》に枷縛《かばく》せられ、或《あるひ》は怨讎《をんしう》の為《ため》に殺害《せつがい》を行《ぎやう》ぜらる
若《も》し能《よ》く専注《せんちう》に心《こころ》移《うつ》らざれば、決定《けつぢやう》して諸《もろもろ》の憂苦《うく》を解脱《げだつ》せん
善悪《ぜんあく》の人《ひと》に於《おい》て皆擁護《みなようご》し、慈悲愍念《じひみんねん》して常《つね》に現前《げんぜん》す
是故《このゆゑ》に我《われ》至誠心《しじやうしん》を以《もつ》て、大天女《だいてんによ》に稽首《けいしゅ》し帰依《すえ》す
爾時《そのとき》、婆羅門復呪《ばらもんまたじゅ》を以《もつ》て、天女《てんによ》を讃《さん》じて曰《い》はく、
世間《せけん》の尊《そん》を敬礼《きやうらい》し敬礼《きやうらい》す。諸母《しよも》の中《なか》に於《おい》て最《もつと》も勝《すぐ》れたり
三種《さんしゅ》の世間《せけん》咸《ことごと》く供養《くやう》し、面貌容儀《めんめうようぎ》、人《ひと》観《み》んことを楽《ねが》ふ
種種《しゅじゅ》の妙徳《めうとく》を以《もつ》て身《み》を厳《かざ》り、目《め》は修広《しゅくわう》の青蓮葉《しやうれんえふ》の如《ごと》し
福智《ふくち》と光明《くわうみやう》と名称《みやうしよう》との満《み》ちたること、譬《たと》へば無価《むげ》の摩尼珠《まにじゅ》の如《ごと》し
我今最勝者《われいまさいしようしや》を讃歎《さんだん》す、悉《ことごと》く能《よ》く所求《しよぐ》の心《こころ》を成弁《じやうべん》せよ
真実《しんじつ》の功徳《くどく》は妙《たへ》にして吉祥《きちじやう》なり、譬《たと》へば蓮華《れんげ》の極《きは》めて清浄《しやうじやう》なるが如《ごと》し
身色《しんじき》の端厳《たんごん》は皆見《みなみ》んことを楽《ねが》ひ、衆相希有《しゅさうけう》にして不思議《ふしぎ》なり
能《よ》く無垢《むく》の智光明《ちくわうみやう》を放《はな》つ。諸念《しよねん》の中《なか》に於《おい》て最勝《さいしよう》たり
猶《なほ》し獅子《しし》の獣《けもの》の中《なか》の上《じやう》たるが如《ごと》し、常《つね》に八臂《はつぴ》を以《もつ》て自《みづか》ら荘厳《しやうごん》し

各《おのおの》弓《く》と箭《せん》と刀《たう》と矟《ほう》と斧《ふ》と、長杵《ちやうしよ》と鉄輪《てつりん》と并《ならび》に羂索《けんさく》とを持《ぢ》す
端正《たんじやう》にして観《み》るを楽《ねが》ふ満月《まんぐわつ》の如《ごと》し、言詞《ごんじ》は滞《とどこほ》るなく和音《わおん》を出《いだ》す
若《も》し衆生《しゆじやう》ありて心《こころ》に願求《ぐわんぐ》せば、善事《ぜんじ》は念《ねん》に随《したが》ひて円満《えんまん》ならしむ
帝釈《たいしやく》と諸天《しよてん》と咸《ことごと》く供養《くやう》し、皆共《みなとも》に帰依《きえ》すべしと称讃《しようさん》す
衆徳《しゆとく》能《よ》く生《しよう》ずること不思議《ふしぎ》なり、一切時《いつさいじ》の中《なか》に恭敬《くぎやう》を起《おこ》せ
莎訶《そはか》。
若《も》し弁才天《べんざいてん》を祈請《きしやう》せんと欲《ほつ》せば、此呪讃《このじゆさん》の言詞《ごんじ》の句《く》に依《よ》りて
晨朝《じんでう》に清浄至誠《しやうじやうしじやう》にて誦《じゆ》せよ、求《もと》むる所《ところ》の事《こと》に於《おい》て悉《ことごと》く心《こころ》に随《したが》はん

爾時《そのとき》仏婆羅門《ほとけばらもん》に告《つ》げたまはく、『善《よ》い哉《かな》善《よ》い哉《かな》、汝能《なんぢよ》く是《かく》の如《ごと》く衆生《しゆじやう》を利楽《りらく》し、安楽《あんらく》を施与《せよ》す。彼天女《かのてんによ》を讃《さん》じて加護《かご》を請《こ》ひ求《もと》めば、福《ふく》を獲《う》ること辺《かぎ》り無《な》からん。』

参考文献　江島縁起（江島神社本社）

巻一

古に天地いまたひらけす男女《をとこおうな》もわかれさりける時は渾沌《こんとんとして》も鶏子《けいし》のことし、溟《めい》涬《こうとしてまうけ》く萌芽をふくめり。或ハ大易大初《たいゑきたいそ》といひ、或は一陰一陽といふ。すめる物は薄《うすく》靡《なひき》てのほる円蓋《えんかい》三十六天既に顕れ、にこれる物は淹滞《あんていとし》てくたる。方与《ほうよ》四十五地爰《こゝ》になす。烏《う》蟾《せん》二離《り》の光は天につらなり、草木万物《そうもくよろつ》の性《せい》は地につけり。五行あひたすけて三才互にたもつ。しかありしより、丘陵原湿《きうれうけんしふ》の形まち〱に、川沢溟瀆《せんたくめいとく》のしなことなり。衆流《しゆり》の合ところ、是を海といひ、纖塵《せんちん》の集《あつまる》ところ、是を山といふ。然《しかれ》は則《すなはち》山は五土《と》の主《あるし》、海は百水《すい》の王也《わうなり》。虞帝《くてい》の礼《れい》、既に終《おハり》て、梁王《りやうわう》の賦《ふ》なを伝はる。張伯望《ちようはくはう》か牛漢《きうかん》にいたる履《くつ》。十万里の波飛《なみにとび》、伯司空《はくしくう》か竜門《りうもん》にをほる。草《くさ》二千年の磴《いしはし》にふかし。千重翠黛《せんちうすいたい》のほかに風老松《かせろうせう》のもろきにおつ。一条黄線《てうくわうせん》の底に月浮藻《ハうきも》の余《あまり》にすめり。物の形はつくらねと、人の心難《はたえ》レ堪《かたし》なり。東海道相模国江嶋は蓋天下の霊地也。崐崘《こんろん》（山《（ナシ）》）の奇《き》をうつし、五城《（しやう）》のかきゑなをけれとも、蓬萊海《ほうらいかい》の勢《いきほひ》をつたへたる三壺《こ》のかたち新《あらた》なり。秦皇徐市《しんくわうちよし》をうたかはゝ、驪《り》山塚《さんちよ》の春風《はるのかぜ》をなさりかてらにわたらめや。漢帝成将《せいしやう》をもちゐすは、覇陵原《はれうけん》の秋月《あきの》、こゝろすこくはすまさらまし。まことに人間《にんけん》の妙奇《みやうき》、仙境《せんきやう》の嶮岨《ひせき》なり。いにしへ、武蔵・相模の境《さかひ》に鎌倉《かまくら》・海月《くらけ》のあひたに、長湖《ちやうこ》あり。そのめくれること四十余里。これを深沢《ふかさは》とい ふ。湖水漫々《こすいまんまん》として、波浪蕩々《はらうとうとう》たり。洪水《こうすい》そらにつゝく影《かけ》わつかならす。泰嶂雲《たいしやうくも》を払《はらふ》勢《いきほひ》さかし《(さ)》まにひたす。雲霧谷《うんむたに》にみち、豺浪山《さいらう》にかまひ、すし浦陽洞野湄馬頭竜目《ほやうとうやのほとりはとうりうもく》の陂《つつみ》常山《しやうさん》の道ににたり。なをきけともいたりかたし。巠峧《はくこう》のながれのことし。思《おもひ》をはせて猶《なを》むなし。人おのつから至《いたれ》は、暴風《ほふう》忽に起《をこつ》て怒浪《とろう》しきりにさはく。岸《きし》によする波白玉《なみはくきよく》をくたひてむせひ、梢を払嵐《はらふあらし》□□《せいへき》をましへて、もうし。爰に竜王ありてすめり。その身一つにして、其頭《そのかしら》五つあり。降準《りうしゆん》の鼻《はな》、胡髯《ごさん》の顎《あきと》、眼《まなこ》に白日《はくしつ》をつなぬき、身に黒《くろ》雲をまとへり。畝傍橿原《うねはらかしはら》の御門《みかど》の御宇《とき》より、巻向珠城《まきむきたまき》の天皇《わう》天《の》位にいたるまて、十一代の帝祚をへて、七百歳の年祀をおくり、雷公雷父《らいこうらいふ》、雨師風伯山神鬼類《うしふうはくさんしんきるい》にともなひて、国土《と》にみちて、数毒《せつとく》をなす。洪水なかれて、資財を失《うしなひ》、山岳《やまをか》くつれて、屋舎《おくしや》をうつむ。度朔《たくしやう》の癘疫《れいえき》しけくおこり、兵甲《ひやうかう》の凶器しきりに動く。景行《けいこう》天皇《わう》の御世に竜悪《りうのあく》いよ〳〵さかりなり。永雨《ひのあめ》くたけ、人をころす。時におほく石窟《いしのあな》にかくれ、冬は穴にすみ、夏は巣にすみけむ上古《しやうこ》のよもかくやありし。安康《あんかう》天皇の御宇《時》竜《りう》鬼円《きゑんの》大臣《じん》に託《たくし》て暴悪《ほあく》をなす。これ人に託して物をわつらはせし始也《はしめなり》。

（五頭竜の図あり、図上の説明に「さんじん、らいこう、うし、五つりうわう、ふうはく」とあり。）

武烈《ぶれつ》天皇《わう》の御宇《きようう》竜鬼《りうき》また金村《かなむら》大臣《のじん》に託してなやます。この時五頭竜《ごつりうわう》はしめて湖水の南《なん》山谷《さんのたに》、津村《つむら》の湊にいてゝ、人児《の子》をくらふ。こゝを初瞰沢《はつくひさは》となつく。西岳《にしのをか》を江野《えの》といふ。この沢は湖塘《こたう》の水門、南海《なんかい》の入江也《いりえなり》。谷前《たにのまえ》に長者あり。子十六人をうめり。毒竜《とくりう》のためにのまれぬ。非歎懊悩《ひたんおうなう》して旧宅《きうたく》をはなれて、西里《にしさと》にうつる。これを長者塚《ちようじやつか》といふ。竜邑《りうむら》里《さと》にみちて人をのむことやます。郷党みな他所にうつる。世《よに》これを子死越《こしこえ》といふ。親をのまるゝ子のおもひ、涙伊嵩《なんたをいすう》の莪《ゐもき》にからし。子をうしなふ親のこゝろ、魂衛戍《たましゐはゑいしう》の棘《むはら》にいたむ。彼南山《かのなむさん》の松の林のかはらぬ色をかたらひ、礼容《れいよう》したかふ夫《をうと》にわかれ、此西園《このさいゑん》の竹のくさむらのかれは（ナシ）むつましと契《ちきり》けむ、徳音《とくおん》たかはむ妻《つま》にをくれ、村南《そむなん》・村北《そんほく》に夜々《やゝ》のかなしふこゑ、内懸外懸《ないけんげけん》に朝々《あさなあさな》のなく涙。天宝《ほうの》むかしの年、雲南《うんなん》にゆくいくさ、かくこそありけめ。こゝに八箇国の人相議《あひきし》て、おの〱《を》其児《そのこ》をもて《ち》、竜の贄《にゑ》に備ふ。江山千里《こうさんせんり》の旅人《りよじん》の隔《へた》つるたにもはかなきに、撫育多年の己子《をのかこ》を《を》おくりをきけむ《ん》かなしさを《よ》。望祀《まうし》をたてゝ、人みなかへりければ、竜水《りうみつ》をいてゝ口《くち》をひらいてむかふかたち、まことにをそるへし。

巻二

欽明《きんめい》天皇《わう》の御宇《きようう》喜楽《きらく》元年戊申《ねんつちのえさる》夏四月十二日戌刻《いぬのこく》より廿三日辰刻《たつのこく》にいたるまて、江野《えの》南海湖水湊口《なんかいこすいのみなとくち》に雲霞《うんか》暗蔽《あんへいとし》て天水氤氳《すいいんうむ》たり。天地震動すること終日《ひねもす》に不息《やます》。とはかりあ《を》て《へ》、天女雲《の》上にあらわれて、童子左右に侍《はんへ》り、もろ〳〵の天衆竜神水火雷電山神鬼類夜叉《しゆりうしんすいくわらいてんさんしんきるいやしや》羅刹雲上《らせつうんしやう》より磐石《はんせき》をたくし、海底より塊砂《くわひしや》をふきいたす。磕々《かうかう》たる雷《いかつち》のひかり、掣鼓《せいこ》を半天《はんてん》の間《あひた》にとはし、灼々《しやくしやく》たるひのほのを、犇輪《ほんりん》を窟雲《くつうん》の際《あひた》にはす。霹靂《へきれきたる》帛《はく》をさくかことし。波浪金《かね》をわかすにたり。岩巌《たうかん》おほくうかへいたす。夜叉鬼神贔屓《やしやきしんひいき》して嶋をつくる。或銅鉾《あるひはあか、ねのほこ》をもて《ち》搏砕《うちくた》き、或《あるひは》鉄棒《てつほう》をもて《ち》烈破《さきやぶ》る。頭《くび》をしゝめていたゝき、手をくひ《ん》てかきいたき、足をあけてとをくはぬ。肱をくしけてかろくなく。縄を縛《はくし》てをひつらぬき、杖をそはたてゝつきおこす。或《あるひ》は二巖《つのいは》をおしあはせ、或《あるひ》は一石《つのいし》をそはたてたり。梵王《ほんてん》「蓋《たいしやく》をとはす。香雲聳て亭々たり。」帝釈《たいしやく》簱《はた》をたる《れ》、塊雪《くわいせつ》は（しやうてんに）皓々《かうかう》たり、凡それ上界の天人は影をさかし《（さ）》にまして飛来《とひきた》り、下界の竜神は浪をうかつて、湧騰《わきあか》る四大天王《わう》は威をふるう《ふ》て衛護《ゑこ》し。百鬼《き》地衆《しんしゆ》は《（の）》徳《とく》によて《り》経営するものなり。その後《のち》蕩雲《たううん》を《お》さまりつき。軽霞《けいか》まきしりそけ《ひ》て、海上に忽に一嶋《つのしま》をなせり。蒼波の間《あひた》に神仙山《しんせんのやま》あらは《た》なり。これを江嶋といふ。時《の》人江野《えの》になそらへていふなるへし。そのめくれる三十《こと》余町。そのたかきこと数十余丈。十二の鸕鷀島《ろじしま》の上にくたる。又鸕鷀来嶋《これによりてうきたるしま》といふ。奇巌怪石の磊魂《いしくら》たる《り》。異鳴廻穴《いとうくわいけつ》の幽深なる、百尺《はくせき》の山天にさしはさみ、三台の島波《しまなみ》にいたゝく。周匝《しゆさう》して屈曲し、岫崒《しゆうしつ》として岀齬《かんご》たり。水は山の影をふくみ、山は水の心にまかせたり。維嶺《ゆいれい》の春朝六出《はるのあしたりくしゆつ》の雪参差《ゆきしんしとし》たり。洛川《らくせん》の秋暮千重の沙清浅《あきのゆふへせんでういさこせいせん》たり。白雲《（ナシ）》の破《やふる、》ところに洞門ひらけて、翠扇あらはれ、黒水《こくすい》の澄《すむ》（時）とき、潭底《へうてう》とほて《く》、素練《それん》こまやかなり。一たひ去り、一たひ来《きた》る、潮声《うしほのこゑ》伍員《ご、うの》か《の》廟《びよう》に入り、南枝北枝《なんしほくし》の花色《はなのいろ》、石氏《せきし》か家をかくす。山復山《やままたやま》けつりなせる高巒《かうらん》のかたち、水亦水《またみつ》、そめいたせる孤嶋のすかた、はるかにのそむもの眼《はまなこ》玄圃《けんほ》の台《うてな》につかれ、漸《やうやく》いたる物《もの》は、足金壇《あしきんだん》の宮にいる。峩々《がゞ》たる山西《のにし》の孤峯は、一《いつ》拳握《けんにきつて》てたらす。悠々《ゆふゆふ》たる海南《うみのみんなみ》の遠嶋は、二眼《がん》のそむ《ん》てゆたかなり。あひさるになを傍《かたはら》にあり。あひのそむ《ん》て《（ナシ）》又ゆくこととをし。玉楼金闕烈真《ぎよくろうきんけつれつしん》の境《さかひに》、うかゝひやすく、紫府黄庭群仙《しふくわうていぐんせん》の遊《あそひ》とほ《を》からす。たれか魑魅《ちみ》のみちをわたらむ。丹丘《たんきう》の羽人《うじん》ことを秘《ひ》せす。何《なん》そ鷺亭《ろきやう》の饌《せん》をまちけ《ふ》む《や》。鼎湖《ていこ》の烏号跡《うかうあと》をひらけり。まことに奇特の地勢、勝絶《しやうせつ》の妙痕《めうこん》なり。やむことなし禅定無溜《せんちやうむろ》の仙人《せんにん》のこの地をしめて栖《すみか》とし、弥陀有縁《みだうゑん》の教主はこの嶋にきたて《り》生《しやう》をみちひく。善神《せんじん》は一切の福をさつけ、悪神《あくじん》は万里《はんり》の禍《わさはひ》をはらふ。一たひ首《かうべ》をかたふくる人、一たひあし《あよみ》をはこふともから、三千界の中、まつ無量福の資《たすけ》をえ、一期生《いちごしよう》の後にはやく不退転《ふたいてん》の位にいたる。ねかへはすなはち伎術《きしゆつ》をあたへ、いためはすなはち医薬をう《さつ》く。柯亭《かてい》に月閑《しつか》なり。蔡邕《さいゐよう》か曲《きよく》なむそもとめむ《ん》。武城《ふせい》に雲帰子游《かへりてしゆふ》か歌をのつからゑ《え》たり。岐《き》伯施軌《はくしき》をさきにあけ、張儀英声《ちようぎゑいしやう》を後にはす。これ聡明勇進弁財天無量無辺不可思議《そうめいゆうしんのべんさいてんのむりやうむへんふかしき》の功《く》徳《とく》の其一《そのつ》なり。

この嶋の上に天女降居《かうこ》したまへり。これ弁財《へんさい》天女《によ》の応作《おうさ》、無熱地竜王《むねつちりうわう》第三の娘《ひめ》閻羅《えんら》大王《わう》の姉婆蘇大《あねはそてん》の妹《いもうと》なり。鞘々《さくさく》たる瑤《たま》の佩缺々《をもろくもろく》たる朱《あけ》の飾《かさり》、秋月霧《あきのきり》をまひてほからかなり。春花露《はるのはなつゆ》をふくむ《み》てあさやか「に《な》ひらけた」り。湖水の悪竜はるかに天女麗質《のれいせつ》を見て、ひそかに不堪《ふかん》の情緒《せいしよ》を感せしむ。すなはち天女の所《みもと》にいたり《て》志の深きよしをきこゆ。天女いと心よからすしてのたまわく、われ本誓《ほんせい》あり《て》。あまねく群萠雨《くんまう》をはくゝむ。衆生《しうせい》之徳《とく》冷物心《ものにあまねし》。なむち哀《し》憐《れん》なくして生《しやう》命《めい》をたつ、心すかたともに同からす。何そ配偶の妙述ならむや《いつれのところにかはいぐめうじゆつかならん》。竜のいはく、われ教命のまゝに、いまより後物のために毒あらしと誓はむ。哀愍《あいれん》をたれて此志《このこゝろさし》をとけしめよとありけれは、天女たやすく諾《たく》し給へり。そのゝち竜《りう》人を殺《ころす》ことなし。弁財天方便《へんさいてんほうべん》のちからをもて《ち》化作《けさ》するところの嶋なり。これを江島明神とす。

其後湖水《そのゝちこすい》の毒竜《どくりう》天女の命をうけて、なかく悪害の心をとゝめて、かへりて慈悲の徳をほとこす。弁財天《へんさいてん》女の威力伸邈《いりきちうはく》なり。楚毒悪竜《そとくあくりう》の改念殊勝《がいねんしゆしやう》なり。竜又誓《りうまたちかひ》をたてゝ南《みんなみ》にむかひて山となむぬ《り》。竜口《たつのくち》これなり。子死方《こしかた》明神といふ。郷党合掌偏に天女の憐愍《けうたうなこゝろをあはせてひとへへんさいてんむによれんみん》をあふき、邦国傾首《ほうこくけいしゆして》たゝ竜王の祭奠《さいてん》をまうく。抑掃燭夏の虫《ともしひをはらふなつむし》寄レ簫《ふえによる》秋の鹿を見れはみとのまくはいするみちは人みなことなれと《も》、物の心のおなしかるへし。方便の説はむかし一音の試諦《じやうたい》をきけり。万《(ナシ)》生《しやう》の慈《めくみ》は、いま万民の巨益《こやく》にあつかる。これよりさきに九族またきものもなかりけるに、父子《ふし》はしめてたもちつゝ、この里また繁疾也《はんしつなり》。親《おや》は六芸《けい》をまなむ《ん》て、石礁《せきそ》か義方《ぎはう》をおしへ、子は三性《しやう》をつらねて曽臣《さうしん》か忠孝をいたす。まことによしあるかな。

巻三

むかし役居士《ゑんのこじ》という人あり。生《むまれ》て神麗《しんれい》なり。弱《しやく》にして能言《よくものいふ》。孔雀明王《くじやくみやうわう》ならひに不動《ふとう》の咒《しゆ》を念誦《ねんしゆ》す。功徳成就《くとくしやうしゆ》して効験妙絶《こうけんめうせつ》なり。此神咒《このしんしゆ》のちからにより《て》もろ〳〵の鬼神を領して僮僕《たうぼく》とす。葛城《かつらき》明神一言主《ひとことぬし》か奏によりて、文武《もんむ》天皇《わう》三年伊豆に配流《ねんにいつのおおしまはいる》せらる、次年《つきのとしの》四月に行者嶋よりはるかに北海《ほつかい》を見れは、紫雲うかへり。すなはち雲のをこるところをたつぬれは、江嶋の西山《せいざん》、金窟《きんくつ》の上なり。行者尋《きやうしやたつね》ゆきて窟中にとゝまれり。勇鋭にして精《しやう》進《しん》をいたし、懇篤にして冥感《みやうかん》を祈《いのる》。又発願《またほつぐわん》していはく、われ冥応《みやうおう》をうけて此所《ところ》にいたれり。ねかはくは聖尊真身《しやうそんしんしん》を影現《えうげん》して、世間《せけん》を利益《りやく》せしめたまへと、ねんごろに請《いのる》こと七日、専《もつはら》不動明王の咒を念す。第《たい》七日の後夜《こや》の時分にをよんて、窟中より香雲あまねくみちて、光明あやしくかゝやく。天女忽然として現《げんし》れ給へり。八臂《ひ》具足《ぐそく》の尊躰《そんたい》なり。身色容儀鮮白《のいろえうぎせんはく》浄潔《しやうけつ》なり。すなはち妙音をもてのたまはく、

従無量劫来《しうむりやうこうらい》　成就善方便《しやうしゆせんほうへん》
普済苦衆生《ふさいくしゆじやう》　多所大饒益《たしよねうやく》

行者歓喜《きやうしやくわんぎ》合掌《かつしやう》してかさねて利益《りやく》の議《ぎ》をとふ。天女の言《のたまはく》我化《われけ》を鷲峯《しゆふう》におさめて跡をこゝ

にたれたり。まさにしるへし。国土人民《こくわうにんみむ》を擁護《おうこ》して衰悩《すいのふ》をのそき、安穏《あんおん》をゑ《えせ》しめむためなり。汝《なんぢ》長夜《ちやうや》を利益《りやく》せんかために、我《われ》化現《けけん》を求《もとむ》め。まことにこれ大悲者《ひしや》なり。行者《ぎやうしや》天女の生身《しやうじん》を見て神教《しんけう》をつゝしみうけて、敬礼稽首《きやうらいけいしゆ》す。又国土を安鎮し、黔黎《けんれい》を賑給《しんきう》せんかために一尺八寸の利劔をもて《ち》金窟第二重の内院に安置す。これ弁才天影現《へんさいてんえうけん》の㝡初《さいしよ》なり。（後略）

第二部

謎の津軽第二出雲王朝（未完）

［未発表篇］

「謎の津軽第二出雲王朝」および「出雲の銅剣が示すもの」は未完成の手書きの遺稿をそのまま活字化したもの。多々、不明点あり（●や○など、不明点が文中に残っています）。

まえがき　岩木山山麓に出雲の風が

一九八一年の春、私は岩木山山麓の赤倉に立っていた。津軽を訪れたのは、これが初めてではない。だが、奇妙なことに、その時は〝出雲の風〟が頬《ほほ》をなでるのを感じた。梅原猛氏流に言わせれば、「予感とか、霊感」であったのかもしれない。

赤倉は岩木山信仰の原点ともいうべきところ（津軽最古の大石神社がある）で、東北随一の霊場として知られ、現在でも「神さん」とか「ゴミソ」といわれる人々が軒をつらねている。彼等は、いったい何を祀っているのか。私はタクシーの運転手がすすめるままに、その中の一軒、神サダさん（先年他界）が祭主となっている赤倉山神社の門を叩いた。

「ここのご祭神は何でしょうか」

私は単刀直入に切り出した。

「龍神さんじゃがな」

「龍神さんにも、いろいろな系統がありますが……」

「龍神さんは、龍神さんじゃ」

どうにも、話が進展しない。こんな禅問答をすること約一時間、ようやく彼女の口から

（津軽が第二の出雲である）と推測させる言証を得た。

「その昔な、坂上田村麻呂将軍がエゾ征伐にやってきたとき、エゾが強くてな、ぜんぜん勝てんやった。このままでは敗けてしまう、そう思った田村麻呂は岩木山の神に必勝を心から祈った。その晩のことじゃ。一人の真白い衣をまとった美しい女神が、田村麻呂の夢枕に立ってこう言った。我を祀れ、しからば戦勝まちがいなし、とな」

「で、その女神の名前は」

「出雲の比売《ひめ》の大神じゃ」

田村麻呂が、津軽まで攻め込んだ史実はない。しかし、これだけ聞けば十分であった。以来十余年、古代津軽に関する資料を集めては、現地で再確認した。訪れるごとに、新しい発見があった。特に謎の神とされるアラハバキの神や、おしら様について（これだ！）という確証を得たことは嬉しい限りであった。

近年、津軽の古代史に関する図書が数冊発行された。だが、残念なことに、津軽と出雲とを結びつけたものは見当たらない。なぜなのか――。一つには、『東日流《つがる》外三郡誌』を表面的にしか把えていないこと、二つには、ナガスネ彦の素姓を知らないこと、三つには、アラハバキの神の正体がわからないこと、などがあげられよう。

私は本書において、これらの疑問に答え、古代の津軽が第二の出雲王朝であったことを立証する。なお、前著『謎の出雲帝国』（徳間書店）と、多少の重複部分があることをお許しいただきたい。古代出雲と津軽とを結びつけるためには、どうしても必要だったのである。

第一章

ナガスネ彦の素姓

『東日流外三郡誌』が伝えるもの

ナガスネ彦を最初に持ち出したのには、理由《わけ》がある。『東日流外三郡誌』が「神武帝に敗れたナガスネ彦は津軽に逃れ、アラバキ王国を建てた」と主張し、出雲神族富家の伝承には「ナガスネ彦は、大和地方における出雲神族の一武将であった。彼は神武に敗れ、出雲に退いたのち他界した」とある。司馬遼太郎《しばりょうたろう》氏も『歴史の中の日本』で「生きている出雲王朝」と題して、富家のことをとりあげ、同様のことを述べているからだ。

『東日流外三郡誌』は、ナガスネ彦の津軽逃亡、アラバキ王国の建設、入滅までに関し、おおよそ次のように書いている。

『御瀬洞神宮覚書』

邪馬台国五畿七道の国王・安日《あび》彦、長髄《ながすね》彦の二王は、日向《ひうが》国王・稚三毛淳麻《わかみけぬま》命（神武天皇）と倭国一円に及びて戦ふ。侵領せる日向一族は、陸海両方より阿修羅《あしゅら》の如く進撃し、邪馬台一族は脆《もろ》くも敗れたり。

安日彦は越国に退きたるも、長髄彦は日向族と戦ひて降らず、遂には日子五瀬命を敗り、日子稲飯《いない》命を灘の海に敗り、三毛渟麻命を無帆船に乗せて西海に流して勝利す。然《しか》るにその弟なる稚三毛渟麻命の新手に和州にて敗られ、長髄彦肩に深き傷を負て敗退し、東国に落忍《の》ぶ。奥州会津にて兄なる安日彦と合流し、一族の勢を得んとて津軽に来り、先住せる津保化《つぼけ》族と混じて、茲《ここ》に荒吐《あらばき》族とて奥州に五王の制を執《と》りて、東西南北の民頭に君臨《くんりん》す。

五王とは、中央に本王を置き、東西南北に更に四王を置き、侵領の輩《やから》に備《そな》ふ強固なる国造策なり。日本の中央は津軽として君臨せし安日彦は、長髄彦の滅後に倭国を奪取せんとして奥州の全軍を挙動し、神武帝の滅後を空位ならしめたり。

依て、奥州の権は雪に及ぶところを荒吐領として和議をなして、一族の要地を多賀(宮城県仙台市多賀城付近)に移す。然《しか》るに安日彦、長髄彦永眠の地・津軽を忘却せることとならず、死期を悟《さと》りて津軽に再住して往生す。

長髄彦の墳は初めて上陸せし立里に墳あり。安日彦は安東浦なる上陸地、田野沢に墳を築かれたり。然るに、此の両墳沢に在る故に度々《たびたび》洪水に墳は崩れたるに依り、一族は是を一族の居住地・十三港の東に墳を築きて、安日彦・長髄彦の御骸《みくろ》を移したり。

依て、此の墳を御瀬洞と称して崇《おが》み、建久辛亥《かのとい》二年（一一九一）に安倍神社を建立したるも、応永乙巳《きのとみ》三十二年（一四二五）南部守行義政の侵領を受け、福島城と倶《とも》に焼失す。

延徳庚戌《かのえいぬ》二年（一四九〇）此の地に天真名井宮御幸して、往古の安倍一族を偲《しの》びて御世堂と号して一宇を建立しけるも、元文戊午《つちのえうま》三年（一七三八）藩「寺社令」に依りて御伊勢宮と称され、弘化乙巳《きのとみ》二年（一八四五）是を神明宮と改められたり。

嘉永己酉《つちのととり》二年（一八四九）和田長三郎

『安日長髄彦之墳』

（前略）

安日彦七尺二寸の大巨骸にして、長髄彦七尺六寸の大巨骸なりと、再葬語部に伝へ曰《い》ふ。安日彦の寿命は七十二歳にして、長髄彦六十八歳にして没すと曰ふ。子息は、長髄彦六男二女、安日彦十男六女と曰ふ。

東日流六郡に荒磯と称す神社及び祠は、是《これ》皆安日彦、長髄彦の崇むる為の霊所なり。

文治二年（一一八六）成棟札《とうさつ》之文
十三磯町　五王山荒磯神社宮司

『東日流外三郡誌』は偽書か

『東日流外三郡誌』は偽書説が強い。この点に関して、解読者の豊島勝蔵氏はどのようにお考えなのか、五所川原氏の自宅でおたずねしたことがある。

彼は言う。

「正しいところもあれば、正しくないところもある。しかし、中世以降の記録は、考古学的にも次第に立証されてきています」

「取材、編纂に当たった秋田《あきた》孝季《たかすえ》と和田《わだ》長三郎《ちょうさぶろう》は菅江《すがえ》真澄《ますみ》らと親交があり、博学でもありました。特に孝季は長崎に留学し、語学、史学、西洋学などを修めています。こうしたことが、かえって偽書視へとつながった、と言えないでしょうか」

「彼等は日本だけでなく、中国、古代オリエントなどの歴史にも精通していたようです。そして、年代をそれらの史書に合わせようとしたフシがうかがえますね」

「魏書倭人伝のヒミコを登場させ、ナガスネ彦は邪馬台国の王であった、などと書く。また、安倍系図を孝元天皇―大彦命と結びつけたりもしています」

「文書中の陸前、陸中、羽前、羽後などの国名は、近世まで存在しない。（明治元年十二月七日に命名されたもの）さらに飽海《あくみ》の城輪柵、仙北払田柵なども、昭和初期に上田三平《うえださんぺい》が名づけたものですからね」

「書写されるごとに、加筆されたのじゃないでしょうか」

「秋田孝季と和田長三郎の二人が、書いたものだけではないことは確かです。紙質がまちまちですから、数代数人によって筆写されたと考えてよいでしょう」

「アイヌについてふれていないのも、おかしいでしょう。それらしき顔つきや、服装をした種族の紹介はありますが——。出雲神族に、我々とアイヌとは一番近い種族だった、という伝承が残っています。もし、ナガスネ彦が出雲神族であれば、アイヌは同族ということで、記載しなかったのかもしれませんが」

「岩木山の旧参道に祀られている神々は、ほとんどが出雲系です。そして、白老アイヌがいまでも秘《ひそ》かに岩木山（大石神社）に詣でていることを考えれば、吉田さんの理論も成り立つかもしれませんね」

「だいぶ前に、神代文字の研究家である吾郷清彦《あごうきよひこ》さんにお合いしたことがあります。その時、彼はこう言いました。私の仕事は、神代文字を解読し、世に出すことにある。上記《うえつふみ》、ホツマツタエ、宮下文書、竹内文書など、それぞれ偽書視されているが、正しい部分もあるはずだ。そこをピック・アップし、正史に組み立て直すのが、君、吉田君の務《つと》めだよ、と。

三郡誌に関しても、同じことが言えるのじゃないでしょうか。ナガスネ彦が津軽まで来たとは考えていませんが、彼を奉じた種族（出雲神族）が当地へ落ちのびてきたことは確かだと思うんです」

「あれだけナガスネ彦のことを書き連ねているんですから、何らかの根拠はあったのでしょう。三郡誌も偽書視して放り出したりせず、吾郷さんが言われるように、正しい部分を掘り起こしていただきたいと思っています」

「三郡誌を初めて学会に紹介されたのは、秋田大学の新野直吉《にいのなおよし》教授でしたね」

「ええ、『古代東北史の人々』（吉川弘文館）『津軽山王坊の調査概報』（秋田大学史学会編・秋田大学29）ほかの論文に、一部を採りあげていただきました。もっとも新野教授は、理解し難く信じ難い点も多い、と明言されていますが」

「三郡誌の史料的価値が決まるのは、これからですね」

「現在、東北大学、秋田大学、東北学院大学によって、古代から中世にかけての遺跡発掘調査が進められていますし、文部省も長期にわたって実施する計画を持っているようです。伝山王坊跡は、発掘によって実在が確認されました。津軽の歴史が明らかになるのは、これからですよ」

ナガスネ彦異聞

『日本書紀』に、ウマシマジの命がナガスネ彦を殺したとあり、『古事記』のほうは、ナガスネ彦を討つ歌を載せているのみで、その後のことは記していない。いったいナガスネ彦はどうなったのか。

福士貞蔵著『郷土史料　異聞珍談』（五所川原津軽考古学会）は、「長髄彦の兄、安日《あび》津軽に入る」と題し、次のような伝説を紹介している。

　津軽地方の王様を以て自負し、日《ひ》ノ下《もと》将軍と号したる津軽安東氏の始祖・高星《たかあき》丸は、前九年の大立物・安倍貞任の二男で、その遠祖は長髄彦の兄、安日と伝えられている。

『東日流物語』

長髄彦、饒速日《にぎはやひ》命ノ御子（ウマシマジの命）ヲ位ニ立《たて》ント防ギ申ス。於《これにおいて》是長髄彦誅《ちゅう》セラレ、兄安日ハ東国ヲ追放セラレ、東日流ニ住シ、浜安東浦ヲ領ス。是《これすなわち》則十三城也（また福島城ともいう）

『安倍系図』

安日、神武天皇の御宇、舎弟長髄彦の咎《とが》にて当国へ追下され、浜安東浦を領す。

『新羅之記録』

安日、長髄彦之末孫、津軽ヲ押領シ、十三湊繁昌ス。

『藩翰譜』

長髄彦は天皇（神武）の兄（五瀬）を討ちまいらせし罪に因《よ》りて殺され、兄の安日は東北に放たれて、津軽外ガ浜、安東浦等に居て、子孫相続く。

『野史』

会津四家合考ニ云ウ。神武天皇ハ大和国ニ入リ、安日、長ずい彦ハ之ヲ膽駒《いこま》山ニ拒《こば》ム。長ずい彦ハ誅ニ伏シ、兄安日ハ東北ニ放タレ、津軽外浜安東浦ニ居ス。子孫相続。

（藤崎城誌所載）


福士氏は「安日の追放説は津軽地方に止まらず、中央方面にも存している所を観れば、まんざら虚説でもあるまい」と、付記しており、『会津旧事雑考』や『安倍伝説』『秋田氏寛政呈譜』などにも、アビが津軽に追放され、安倍、安東、秋田の始祖になったと書いている。

となれば、『東日流外三郡誌』は、死んだと思われるナガスネ彦をなぜ登場させたのだろうか。佐治芳彦《さじよしひこ》氏は拙著『謎の出雲帝国』を読んだのか、ナガスネ彦二人説を打ち出した。上古には名前（役職名）の世襲が多かったから、この説もうなずけなくはない。だが、私は兄のアビが一般に知られておらず、自分たちの血脈を正しく伝えるためには、そうせざるを得なかったのだと考える。

アビは実在したのか

一昨年の春、金沢市の斉藤と名乗る高校生から電話がかかってきた。

「ナガスネ彦の兄のアビを祀っている神社があるのをご存知ですか」

「アビタ神社のことじゃないかな」

「ええ、そのことに関して、谷川健一先生が『すばる』一九八三年十二月号で考証されていますから、ご参考になさってください」

彼がいうアビタ神社とは、大阪市箕面市の阿比太神社と、新潟県上越市の阿比多神社のことである。前者の祭神は物部氏系のニギハヤヒの命、後者は出雲神族系のタテミナカタの命と菅原道真である。

両者の祭神が異なることは問題だが、出雲神族と物部氏は婚姻関係にあったし、因幡国

（鳥取県）伊福部《いふきべ》の系図には、ニギハヤヒの命をオオクニヌシの命の八世の裔とさえしている。いずれにしても、出雲色の濃い神社である。

伴信友《ばんのぶとも》や渡会延経《わたらいのぶつね》の『神名帳考証』では、阿比は阿倍（安倍、阿部）に通じるとする。

『日本書紀』継体天皇十年の条に、「百済の将軍・灼莫古《やくまくこ》が日本の斯那奴《しなぬ》（科野＝信濃）阿比多を日本に遣わし云々」とあり、タテミナカタの命→アビタをうかがわせる。『百済本紀』にも、「日本の使者・阿比多」が見える。

　そこで、阿比多は直《あたい》を百済風に読んだのではないかとの説があり、太田亮《おおたあきら》氏は我孫《あびこ》姓を引き、アビコは原始的なカバネの阿毘古で、彦に接頭語のアを附したものではないか、と説いた。この我孫氏には、オオナムチの命を祖とする三輪氏族がある。江戸時代、新井《あらい》白《はく》石《せき》なども、「奥州安倍氏は安日の子孫である」と主張していた。

　アイヌ語でアッピ＝アピ＝アペは「火」の意味で、アペ・カムイ（火を司る女神）は彼等がもっとも親しみ、敬愛する神であった。

　アピ→アペ→安倍、とは考えられないだろうか。出雲神族は火を神聖なるものとし、首長が跡を嗣ぐことを即位式と呼び、お火継《つ》ぎの神事が行なわれる。安倍、安東（安藤）、秋田氏の定紋は「違い鷹の羽」だが、これも拝火教（パールシイ）のシンボルなのだ。

　アビを出雲国造《こくそう》系の天のホヒの命の裔とする説もあり、昭和四年に黒滝信隆が編集した

『車力村誌』に、次のような記事（高山神社由緒書）が見られる。

我が津軽文化の流注は出雲地方に発祥し云々（中略）。高山神社附近の開創は、有史以前の土器時代にありといえども、有史以来、神武帝の御宇、出雲系に出でたる天穂日命の裔・佐賀命の後、津刈命すなわち安日王、または半日王の鎮座せし事は、岩木山神社、祭神・龍飛比売《たつぴひめ》命以下その伝説たる田光《たつぴ》沼、安国珠云々と関連して、津軽開闢《かいびやく》の昔を語るものあり。

岩木山神社の祭神に、いわゆる国造《こくそう》家のホヒ系はない。現在の祭神は、ウツクシタマの神、タツビ姫の命、ウカノメの神、オオヤマクイの神、坂上田村磨呂となっているが、藩政時代はクニトコタチの命、タツビ姫の命、オオクニヌシの命の三神を祀っていた。岩木山への参道には出雲神族の人神の最高神・久那斗大神さえ鎮座する。

祭神は時の権力によって、都合の良いように変えられる。明治維新以降、多くの神社の祭神にアマテラスがかぶされたことを見てもわかる。高山神社は現在の高山稲荷神社のことだろうが、次のような由緒を伝える。

元禄年間、赤穂藩没落の際、浪士の寺坂某がその城の鎮守の神である稲荷大神の霊《たま》代《しろ》を奉戴して、東西に漂浪し遂に弘前に仮寓した。のち鰺ヶ沢に至り醸造業を始めて赤穂屋と号し、大いに栄えた。その後、その子孫思うところあって、渡島国（北海道）に移住するに際して神号を受け、当所高山の霊地を定めて、鎮祭したのを起源とする。

高山稲荷は二階建ての大きな参籠所を持ち、多くの人たちを集めている。しかし、祭神ははたして稲荷なのだろうか。『車力村史』が記す伝承を、なかばしか信用しないとしても、祭神が違うのではないか。高山稲荷の境内に大きな池があり、龍神が祀られている。当社の絵馬には龍神が描かれているから、本来の祭神はこちらなのだろう。

津軽地方には、龍飛（田比）姫とオオクニヌシの命の伝説が数多く残る。『車力村史』の伝える高山神社の祭神「天穂日命」は、少なくともオオクニヌシの命と訂正すべきなのである。しかし、「津軽文化は出雲地方に発祥し」と記しているのは、注目すべきことだろう。

『東日流外三郡誌』が伝える系図

ここで『津軽三郡誌』が伝える、安倍氏の略系図をご紹介しておこう。

第一説　藤崎城安日彦系

安日彦―長台彦……東日流《つがる》丸―津刈丸（東日流丸襲名三十六代）……
　　　―熊野彦
　　　―荒吐《あらばき》彦

……安東《やすはる》……安東太郎良宗《よしむね》
　　　　　　―厨川《くりやがわ》治郎貞任《さだとう》―高星《たかあき》
　　　　　　―鳥海《とみ》三郎宗任

第二説　十三福島城長髄彦系

長髄彦―荒吐《あらばき》石化丸

　　　―江流澗《えるま》丸……阿倍氏康……

阿部晴基……頼時

　―安東太郎良宗……藤原十三秀栄へ

　―厨川治郎貞任―高星

　―鳥海三郎宗任

　―比与島七郎則任

谷川健一氏はエゾの酋長・爾薩体《にさって》が治めた領域の中心部とみなされるところに、白鳥川、安比川が流れ、白鳥、安比という集落がある（岩手県福岡町や仁左平）ことから、アビ→白鳥氏の存在を推測する。彼は『東アジアの古代文化』一九三四年四十一号の「物部氏・安倍氏と蝦夷・日本」と題する対談で、次のような発言をした。

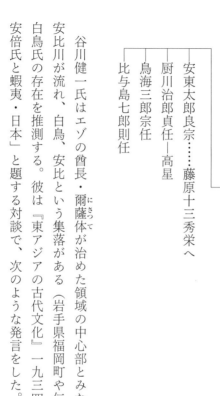

『秋田系図』をみますと、津軽の十三湊の近くに城をかまえていた安倍康季は日下将軍と号しています。この日下はヒノモトと呼ばせるのですが、なぜ日本将軍と書かずに日下将軍と書いたかということについて、喜田貞吉《きたさだきち》は日本国号をはばかって日下の文字を用いたと言っておりますが、私はそうではないと思うのです。これは何か河内の日下《くさか》がヒノモトと呼ばれたことと関連があるのではないか。だから日本と書かずに、日下と記したのではないか。

そう考える理由は、『秋田系図』にせよ、安東氏の『藤崎系図』にせよ、奥州の安倍氏の先祖はナガスネ彦の兄の安日という者であると明記してあるからです。もちろんこれらの系図を後世の作為としてうたがうことは充分できます。しかし安東氏の流れを汲む安倍康季が日下将軍と自ら号したその背景になるのは、河内のクサカ坂でナガスネ彦が神武軍と勇敢にたたかったという事実であり、そのことが念頭にあって日下将軍と号したと思われるのです。つまり蝦夷の流れを汲む安倍氏、安東氏、秋田氏、藤崎氏などにあっては、ヒノモトの呼称は河内の日下と切りはなせないと私は考えるのです。（中略）

ここで物部氏が登場します。神武紀によりますとニギハヤヒはナガスネ彦の妹と結婚してウマシマジを生んでいます。もしナガスネ彦が蝦夷であるとすれば、ナガスネ彦に代表される河内、大和の蝦夷と、二世紀の後半におなじ地方に東遷した物部氏との間に混血がおこなわれたことになります。（中略）

物部氏とナガスネ彦に代表される河内、大和の蝦夷との密接な協力関係は、おそらくながい間、陸奥国の蝦夷の間にも語りつがれていったのでしょう。そこでナガスネ彦の兄なる安日という人物を創作し、その子孫が自分たち奥州の安倍氏だという伝承をもちつづけていったと思われるのです。（中略）

さきに見ましたように物部氏の太陽信仰はヒノモトという呼称として奥州の蝦夷の間に伝承されていますが、一方、白鳥信仰の方もまた蝦夷の間に見られます。（中略）

安倍氏の一党が点々と白鳥《しらとり》の地名を残し、自らも白鳥を通称として用いながら、さいごにはみちのくから常陸の白鳥郷に再帰するというのは首尾一貫しています。

津軽に白鳥信仰はない

『すばる』の記述とはややニュアンスが違うが、谷川氏は河内〜大和に居住していた物部氏の率いるナガスネ族が陸奥へ移住した、と言うのである。しかし、右の主張に疑問がないわけではない。

第一に、ナガスネ彦を蝦夷としたこと。（喜田貞吉が提唱、これを受けたものか）出雲神族の伝承に「我々は蝦夷と近い関係にあった」とはあるが、出雲神族を蝦夷とする学説はほとんど見聞しない。

第二に、もしナガスネ族が物部氏を首長としていたのなら、神武はコトシロヌシの娘のヒメタタライスズ姫を妃とするはずがない。物部氏の女を娶るはずである。第三に、白鳥信仰（太陽信仰）を持ち出したこと。白鳥の地名は、九州から東北にかけて約二十ヵ所あり、白鳥神社（祭神は他界したとき白鳥と化したという伝説をもつヤマトタケルの命が主体）もあちこちに見られる。現存する白鳥神社がもっとも多い県は、清和源氏土岐《とき》氏の本拠地だった岐阜である。しかし、どこの神社の由来を読んでも、太陽信仰は出てこない。谷川氏はどこから白鳥（太陽）を津軽へ飛来させたのだろうか。唯一、考えられるのは、十和田神社がヤマトタケルを祭神としていることだ。由緒書にはこうある。

　社伝によると、大同二年（八〇七年）坂上田村麻呂が一宇を建て、日本武尊を祀ったのが始まり。

　のち荒廃していたのを、建武元年（一三三四年）北畠顕家に従って当地にきた南部氏が、甲斐白鳥の宮の祭神を遷して再興した。●●は熊野権現、青龍権現として知られていた。

谷川氏が白鳥信仰を持ち出したもう一つの理由は、安倍姓に白鳥姓があることによるのだろう。ここに、その系譜を見てみよう。

〈安藤系図〉

安倍頼良（頼時）—弟・行任（白鳥八郎）—則任（白鳥太郎、実は貞任の子なり）—和任（白鳥小太郎）—季任（安藤太郎）

〈藤崎系図〉

行任を則任とし、「白鳥八郎、苅田郡白鳥住」とある。このほか、貞任の孫・安東太郎尭恒—高任（常陸国云々）—光任（同じく白鳥十二郷を領し、白鳥城に居る）—高家（白鳥太郎）……藤崎秀任

以上は、陸中国胆沢郡白鳥郷より起る。常陸国の安倍姓は鹿島郡白鳥郷の発祥。

白鳥氏には、右のほかに倭漢《やまとのあや》氏、丹治姓丹党、桓武●氏大掾《だいじょう》氏族、同久米氏族、藤原南家伊東氏族、清和源氏佐竹氏族などがある。

谷川氏は、右の人々も白鳥信仰を持っていたとするのだろうか。「安倍姓白鳥氏は、常陸国白鳥郷から陸中国白鳥郷へ移住した。前者は『常陸国風土記』に白鳥の里という名で出てくるところで、天女の姿をした白鳥が天から舞い降りた伝説がある」と、白鳥信仰の根拠らしきものを説く。

しかし、津軽のどこを歩いても白鳥信仰は見当たらない。多くの寺社に「十和田さん」を祀っているが、それらはみな「青龍さん」として認識されている。祭神はヤマトタケルでも、白鳥でもない。小館衷三著『津軽の民間信仰』（教育社）及川大渓著『みちのくの庶民信仰』（国書刊行会）にも、白鳥（太陽）信仰は出て来ない。さらに太田亮氏は、「安倍姓白鳥氏は陸中白鳥より起りしにて、常陸には非ず」と断言している。谷川氏のいわゆる「白鳥伝説」は、相当ムリがあるようだ。白鳥は飛ぶ鳥なのか、白鳥神社は、白山神社、新羅（白木）神社、白髪神社、白髭神社などと共に、渡来系の人々の崇拝する神ではなかったか、ということである。岐阜県郡上郡白鳥町の白鳥神社では、「白山にいた泰澄大師が白鳥に先導されて、当地にやってきて霊場を開いた」と伝えている。久留米市の白角折《しらとり》神社は白山町に鎮座する。近くには白鳥神社や白髭神社があり関連が考えられる。

田川市の白鳥神社はヤマトタケルの創祀を伝えられ、正徳年間（一七一一〜一七一六）に藩主小笠原忠雄が鎮守大明神と改め、維新後現社号に改称された。また、『近江国風土記』の有名な白鳥伝説が残る伊香《いかご》郡与湖（余呉）郷あたりは、新羅王子アメノヒボコ系神功皇后を出したオキナガ族の本拠地だった。
美濃国（岐阜県）の白山神社は五百社を超え、新羅神社以下、白髪神社なども百数十社に及ぶ。白山神社について本多静雄氏は『古瀬戸』の中にこう書いている。

白山信仰は有史以前からそこに住んだ人々から、山岳神として崇敬せられていたと考えられるが、はっきりした形をとるのは、朝鮮系帰化氏族の越前麻生津に住む三神安角の子・神融《しんゆう》禅師泰澄を開祖とし、崇めてからである。泰澄が養老元年（七一七年）白山に登り、朝鮮の巫女・菊理姫（白山貴姫）をその山頂に奉斎したのが始まりであるが、爾来、この山は故国の神の坐す霊山として、同系帰化人に崇敬された。

岐阜県陶磁器陳列館の古川館長も、「武人であり、神人であり、陶工であった朝鮮系の渡来人が、但馬〜越前から、瀬戸へやってきた」と言う。須恵器は新羅焼と呼ばれ、古瀬戸はその新羅焼から生まれた。
私は清和源氏（甲斐源氏）も、右の系統をひくものだと考えている。その祖は清和天皇……新羅三郎義光である。義光は大津市三井寺のそばにある、新羅明善堂で元服した。元服式は、祖神を祀る氏神社で行なうものだ。新羅明善堂の祭神は、ヒボコあるいは渡来系の神とされる。義光の名前もひっかかる。『新羅本紀』武烈王（来日した金春秋のこと）八年の条に「春二月、百済の残兵が泗沘城を攻めてきた。（中略）王は、文品を誓幢将軍、義光を郎幢将軍として差しむけて、これを救わせた」と記されているのだ。さらに、ヒボコを主祭神とする出石《いづし》神社には、清和天皇がひそかに祀られている。

甲斐国（山梨県）には、南巨摩《こま》郡、北巨摩郡の地名が残る。これは高麗《こま》→高句麗に通じる。昔は甲斐駒の産地として知られ、朝廷に馬を献上するのが習わしだった。南部地方（青森～岩手県）の馬も有名になったが、これは甲斐源氏の流れをくむ南部氏が育てたものだ。馬といえば甲斐源氏の名前が出てくるほど縁が深いのである。武田信玄は、陶士《すえ》を各地に派遣して、情勢を探らせた。陶工が新羅系であることは、前述の通りである。

詳述とするときりがないので、甲斐源氏が新羅（ヒボコ）系と考えられる点を列記してみよう。

①壬申の乱でヒボコ族の騎馬隊が活躍した。武田氏の騎馬軍団も有名である。

②甲斐源氏の祖・新羅三郎義光は、新羅（ヒボコ）系の神を祀る新羅明善堂で元服した。新羅の武烈王配下の将に義光と名乗る者がいる。

③清和源氏の祖・清和天皇が、ヒボコ系の神社の宗社である出石神社に、秘かに祀られ

ている。

④甲斐国には巨摩（高麗）郡の地名が残り、甲斐駒の産地として知られていた。

⑤武田信玄は、密偵に陶士を使った。

⑥源氏の白旗や「笹竜胆《りんどう》紋」は、蒙古〜新羅系のものである。

⑦武田氏が代表家紋とした「割り菱」は、ヒボコ系の紋章で、神功皇后像の台座にもこれが付されている。

などである。

シラトリは滋野氏の氏神でもあった

昭和五十八年十月二日、横浜市のKという高校生から手紙を受け取っていた。

「滋野、海野氏の氏神が白鳥明神、別名オシラサマ、望月の氏神は諸羽明神、禰津氏の氏神は四宮明神であることを知っていますか。みんな眼病に霊験のある神様です。ぼくは滋野氏は山の民の統領だと思いますが、先生はどうお考えでしょうか」

以上の四氏は同族だから、白鳥明神（オシラ神）＝諸羽明神＝四宮神ということになる。

滋野氏の素姓に関してははっきりしないが、『藩翰譜』は「伊豆守滋野伸幸は、信濃国の住人海野《うんの》小太郎幸恒が後とぞ聞えける。某系図に曰く、清和天皇の御子貞秀親王と申しまして、信濃国海野白取の庄に下り住ませ給ひ、薨じ給ふ後に、白取明神と崇め、また滋野天皇と申し奉る。海野小太郎幸恒と申すは、此の親王の御末なり云々」とする。

高校生が滋野氏を山の民の統領だとしたのは、この一族から真田幸村を出しているからだと思われるが、やがて武田一族に吸収されていくことになる。

『甲陽軍鑑』に「永禄四年（一五六一）信玄公川中島に御馬を立てられ、先方侍大将、仁科、海野、高坂、御成敗也。然れども海野跡をば八十騎、そのままに召置かれ、小草若狭仰せ付られ、信玄公二番目の御曹子龍宝、十八歳に成給ふ盲目にて跡を継がせらる」と。武田系図にも「晴信（信玄）―龍宝（二郎、海野名跡となる、盲目也」と見える。

先の十和田神社の南部氏、田川市の白鳥神社の小笠原氏は武田氏の出身。滋野、海野氏の氏神への信仰は武田一族の中にも広まっていたのではあるまいか。眼病に霊験がある神様というのと、右の龍宝が盲人であったというのも気になる。

シラトリと蟬丸神社と龍神信仰

滋野氏らが信仰したシラトリ（オシラ）、諸羽、四宮については、拙著『謎の弁才天女』

（徳間ブックス）の中で述べているので、一節を引用させてもらうことにする。

水沢君が私に声をかけた。

「わが国へ仏教が伝来した当初は、ご利益信仰そのものでした。僧侶も、悟《さと》りを開いてくれる人としてではなく、呪術者として重用され、加持祈禱を盛んに行ないました。福神信仰が起ったのも、出発点から考えればうなずけるでしょう。そして、これら福神信仰の宣伝役として琵琶法師が使われたのです」

千鶴君がこれを受けて、

「彼らは逢坂《おうさか》関の蟬丸神社を信奉していましたわね。このあたりに弁才天の謎を解く鍵はないかしら。神社の由緒書によると、最初は坂神を祀っており、その後関明神と改称、さらに蟬丸を合祀《ごうし》した、となっています。坂神は龍蛇神とされているでしょう。だから、彼らの語る物語のなかには、龍神の化身ともいえる弁才天が登場すると……」

「坂神イコール龍神とは断定できないんだが、琵琶法師たちがそうした信仰をもっていたことは間違いない。藪田嘉一郎《やぶたかいちろう》氏も『能楽風土記』（檜書店）の中で、『申楽談《さるがく》儀』に出てくる山科《やましな》明神は、諸羽《もろは》山（柳山《りゅうさん》）の麓の諸羽明神であり、柳山の〝柳〟は、龍蛇の〝龍〟書き換えだと思われる。こうしたことから、琵琶法師たちが祀った諸羽神は、妙音天、すなわち大弁財天女の翻案《ほんあん》だと考えられる、と述べている。

近くの三井寺は、巳《み》（蛇）の寺だし、長等《ながら》神社もナーガ（龍蛇）の神社だ。蟬丸、長等両社ともに神紋は龍蛇を表わす巴だから、竹生島も含めてあのあたりは龍神信仰のメッカだった、といえる」

水沢君がうなずきながら、

「坂神に関しては、国立劇場芸能調査室専門員の服部幸雄氏が『文学』46年4、5、6月号に『逆髪の宮』―放浪芸能民の芸能神信仰について―と題して、相当つっ込んだ論文を発表しています。彼によると、蟬丸伝説の基本型は、大和国添上郡奈良坂村の奈良豆比古神社に伝わる春日王（施貴《しき》皇子）の話だそうです」

千鶴君が首をかしげながら、

「それ、どのような内容なんですの」

「天智天皇の第七皇子の春日王は、白癩逆髪《らいさかがみ》の病におかされたために宮中を退出し、平城山中の奈良坂に隠棲《いんせい》した。皇子には浄人王、安貴王の二人の子があり、父を養うために猿楽芸を始め、また市中に出て草花を売り歩いたり、弓矢を削ったりして暮した。それが奈良豆比古神社の縁起の製作された時代における、現実の夙《しゅく》人の生業の由来だ、と説いています。そして、服部氏は彼等共同体の祖・施貴親王は、すなわちシュクの神であり、同時にセキの神、サカの神でもあった、と述べています」

「藪田氏も同じようなことを書いてたな。蝉丸伝説は、大和奈良坂の夙猿楽のもつ春日王の物語で、それを換骨奪胎したものと推察する。すなわち奈良坂の一派が山科の四宮の夙に移り、山科座を作ったが、その故郷からもってきた春日王物語を、ここに住んだ地神盲僧の奉じる蝉丸の宮の物語と合わせ作ったので、その表現に『平家物語』などの古典の蝉丸を借りたものと考える。春日王を逆髪の宮という女性にした（近松門左衛門の浄瑠璃『蝉丸』に、髪の逆立つ女性が三人登場し、世阿弥の謡曲『蝉丸』では、蝉丸の姉が逆髪の宮になっている）のは、ここの宗教的風土に合わせたものだろう、とね」

「坂神から逆髪という人物が作られたわけですわね。園城寺の『寺門伝記補録』によると、関明神は当初、道祖神を祀っており、朱雀《すざく》天皇の天慶九年（九四六）九月二十四日に、延喜帝（醍醐天皇）の第四皇子の蝉丸と姉の逆髪宮を祀る、となっています。水沢さん、奈良豆比古神社の祭神は何ですか」

「それがね、ひそかに逆髪を祀っているんですよ。したがって、服部氏や藪田氏が言うように、奈良坂と山科四宮はつながっていることになります。四宮河原の芸人として、もっとも知られているのは地神盲僧です。地神盲僧というのは、琵琶の伴奏によって『地神経』なる経文を読誦して、土公神を祀り、地鎮祭を行なうことを業とした盲目の法師ですが、こうした人たちが生まれたのも、奈良坂の夙猿楽の素地があったからだといえるでしょう」

オシラ様の発生

「逢坂の関には、ささらや羯鼓《かっこ》（能、狂言、歌舞伎などで用いる打楽器）を持って、おもしろく芸能を演じ、旅行く人々を慰める男盲者がいたそうだから、サンカ系のササラ族やエラギ族も住みついていたことになる。

彼らは出雲神族の諜報役（神子《みこ》）をつとめており、出雲の信仰をもっていた。蟬丸神社に当初、祀られていた道祖神は、出雲神族の大祖神・久那斗《くなと》大神のことであり、その奥には龍神信仰がある。

エラギ族とされるクグツや白拍子などは、通称えびすさんとして知られる西宮神社の末社の百大夫を信奉した。（近くには阪急駅の夙《しゅく》川や、阪神駅の宿《しゅく》河原がある）この祭神が男根型の道祖神で、オシラ神巫女などを生んでいく。クグツは人形使いとして知られているが（津軽にはオシラ様遊ばせというのがある）彼らは呪術を用い、深夜に百大夫を祀る宗教儀礼も行なっていた。エビス信仰から後には『エビスまわし』が生まれ、さらに文楽の人形浄瑠璃の発祥ともなっている。

出雲の裏信仰は、龍神の化身とされる弁才天信仰だった。その天が芸能・音曲の神とされているから、彼らが弁才天をもち出したのもうなずける」

「服部氏も謡曲『鉄輪《かなわ》』の一節を引いて、鳴神《なるがみ》—嫉妬—逆立つ髪—龍蛇神というイメージ関連は、かなり古くからあった心意伝承と考えていいように思う。また、『太平記』が繰り返す延喜帝堕獄説話は、菅原道真《みちざね》にかかる怨霊伝説、その御霊《ごりよう》信仰を説こうとする意図に基づいて創られ、語り伝えられた一説話だった、と述べています。『北野天神絵巻』を見ると、道真の御霊は青龍ですし、仏教者は五霊の字に五龍を当てています。(十和田神社の祭神は青龍であり、菅原道真は出雲神族の出だ)やはり、弁才天の奥には龍神があったとしてよいでしょう」

「龍神信仰を持っていた地神盲僧、瞽女《ごぜ》(三味線を弾き、唄を歌うなどして銭を乞う盲目の女性)、クグツ、白拍子なども龍神の裏信仰として、むしろ弁才天を歓迎したのでしょうね」

水沢君が続ける。

「瞽女が嵯峨天皇の第四の宮サガミの姫君を祖神に擬定し、実は弁才天を守護神としていたことは、よく知られています。近世の盲僧集団である当道では、仁明天皇の第四皇子・人康親王の御霊を天夜尊と称して崇め、山科四宮村柳谷村に祖神として祀りました。蟬丸も含めて、いずれも祖神を天皇の第四の宮としているところから、服部氏は四宮《しくう》＝宿＝夙であり、根源神はシャクジ、シュクジ、スクウ神、宿神であった、としています。彼らが蟬丸を避けたのは、後世、乞食の祖、鉢叩き（空世念仏をして歩く半俗の僧で、サンカ族とされる）の祖とされたからでしょう」

「なるほど、シャクジにたどりつくのか。シャクジは守宮神、守久神、守君神、左宮神、左久神、石神、四宮神、三狐《さこ》神、など、いろんな表記のしかたがあるが、諏訪神社上社のもっとも重要な神事といわれる『御室《みむろ》』を見ると、完全な龍蛇神だね。

言い換えれば道祖神であり、久那斗大神であり、近年話題になった荒吐《あらばき》神にもなる。荒吐はアラハハキとも表記するが、ハハは古語で蛇の意味だ。この神は出雲系の氷川神社に多く祀られていたが、いま完全な形で残っているのは、塩釜《しおがま》神社の末社の荒脛《あらはぎ》神社だけだろう。ここの供え物は男根でね。中にオオクニヌシ命の顔を彫り込んだものもあった。倶知安のアイヌの元酋長・菊池俊一夫妻によると、アイヌの古語でクナトは男根、アラハバキは女陰の意味で、本来一対のものではなかったかという。

出雲神族四八九代の富當雄《まさお》氏（先年昇天）は、私への遺言のなかで、アラハバキとクナトは出雲の大祖神で、上古は共に祀られていた。しかし霊威が強いため、アラハバキは追放され、クナトは出雲大社の末社の出雲井《いずもい》神社に押し込められてしまった。だから出雲の旧家の人達は、龍神とクナトの大神が降臨する熊成《くまなり》峯（現在の天狗山）の磐座《いわくら》にお参りに行く。大社じゃあ、オオクニヌシさえ祀っていないんだ。と、語り残している。男根型の作り物は、こけし、オシラ様へと発展するんだが、アラハバキとされる遮光器土偶とオシラ様信仰の分布は完全に一致するんだ」

白鳥《しらとり》はどこへ行った

右の一節で、オシラ様（白取明神）、諸羽明神、四宮神が同体であり、その先を探ると龍神になることがおわかりいただけただろう。また、盲目の人達の信仰が篤《あつ》く、北川君の手紙にあった「眼病に霊験がある神様」というのとも一致する。海野の名跡を継いだ武田信玄の子・龍宝は盲目であった。

谷川氏が白鳥《しろとり》（太陽）信仰を持ち出したのは、津軽の安倍、安東氏らの祖を物部色の強い種族としたことによる。『天孫本紀』によると、物部氏の始祖は、天照国照彦天火明櫛玉饒速日《にぎはや》尊（古事記では天火明命）で、日神を思わせる。

そこで谷川氏は、『白鳥伝説』すばる7―3の中で、物部氏は鳥と深く関わりをもっている。鍛冶集団の尊崇するのは鳥であり、物部氏は鍛冶集団をひきいていたと見られるからである。（中略）フイゴをハブキと言い、鳥がはばたくことをハブクという。フイゴに羽鞴のいう字をあてるのは、鍛冶のとき使用される吹皮のフイゴで風を起すのが、あたかも鳥の羽翼に似たかっこうだからであると、釈日本紀は説明している。鳥はフイゴの象徴でもあり、そこから鍛冶氏族や集団の尊崇の対象となったと思われる。その鳥のなかでもとくに白鳥《しろとり》が鍛冶集団の神としてあがめられたことは言うまでもない。と説く。

谷川氏が物部氏とナガスネ族の混血種を作り出したのは、鳥越健三郎《とりごえけんざぶろう》氏や畑《はた》井《い》弘《ひろむ》教授が打ち出した「ナガスネヒコ物部始祖説」の影響によるのかもしれない。

┬ナガスネ彦
└トミヤ姫
　　　├ウマシマジの命（物部氏祖）
ニギハヤヒの命

という系図からすれば、当然とも言える。岩木山山麓の百沢村の守山神社を、物部守屋と結びつける説（岩木町史）がないではない。しかし、この守山は岩木山に代って拝礼する山で、現在でも岩木山神社の神主によって御幣が捧げられている。また、『車力村史』に「五九二年頃、蘇我との戦いに敗れた物部のある者は、東日流《つがる》の有馬郡に落ちのびてきて拓田した」との記述もある。『東日流外三郡誌』も伝える。

皇極帝三年（六四四）春、有馬郡に物部一族来る。
大化三年（六四七）、物部一族東日流大里を拓田し稲を植しむる
白雉五年（六五四）東日流入澗郡酋長乙部と物部氏合族し、茲《ここ》に天地八百万神崇拝弘布伝わる

津軽と物部氏とは無関係ではないらしいが、現在、その足跡を探し出すことは難しい。物部系の神社も見聞しない。谷川氏が誤りをおかしたのは、ナガスネ彦の素姓を知らなかったからだと思われる。

（第二章の原稿は残っておらず不明）

第三章

生きていたナガスネ彦の末裔

「ナガスネ彦の末裔がいる」という話を耳にしたのは、数年前のことであった。（なんとか伝承を聞き出したい）と思っていたが、日程が組めず、お合いすることができたのは、昭和六十年の初夏であった。

矢追日聖（本名、隆家）七十九歳。奈良市中町、通称〝紫陽花邑《あじさいむら》〟の主。当地は光明皇后が悲田院、施薬院を開いたところで、矢追氏はその志を引き継ぎ、重度心身障害者の菅原園、特別養護老人ホームの長曽根寮、知的障害の人達が住む救護施設・須加宮寮という三つの福祉施設を開いている。

現在の地名は奈良市中町となっているが、奈良時代は大倭国添下郡鳥見《とみ》庄中村、明治時代は奈良県生駒郡富雄村大字中小字藤木であった。

近くに古神道の形式をそのまま残す磐座だけの大倭神宮（登美神社、鵄神社ともいった）登弥神社、等弥神社があり、ここが鳥見の霊時の場所であり、ニギハヤヒ遷座の地とも伝えている。言い換えれば、ナガスネ彦の本拠地である。

矢追氏は、人を助け、世の中を浄化し、世界の平和をもたらすことを念願としているだけに、非常に温和で、ズケズケと質問する私に、快く応じてくださった。

「矢追という苗字は、珍姓の中に入りますね。何かいわれがありますか」

「ウソかホントか分りませんが、次のような言い伝えがあります。長くなりますので、ここをお読み下さい」

と、一冊の本を差し出した。山岡荘八《やまおかそうはち》監修『紫陽花邑』現代宗教研究所編。その一五六ページ～一五八ページの対談には、次のように書かれていた。

先祖に登美の道麻呂という人がいました。文武にたけた人で、特に弓の名手であったようです。聖徳太子の三歳ぐらいからの時からでしょう。太子つきの舎人《とねり》だったようです。言わば、扶育官のような立場だったと思います。

物部守屋が河内にいましてね、それが蘇我氏と勢力争いを起こしたのですが、表むきは、在来の神道と大陸伝来の新宗教、つまり仏教との対決のような形になったようで、太子は霊的感応によって、国内にどんなことがあっても、仏教は日本へ入るべき因縁があることを悟っておられたんです。

神道、儒教、仏教を同じ心で扱われたのですが、蘇我氏と物部氏との間が武力闘争にまで悪化したので、仕方なく仏教を受け入れるには物部氏を倒さなければならないと、蘇我氏と共に河内へ攻め入ったようです。このとき太子は、十六歳ぐらいだったと聞いています。

三回も戦いに敗けて、太子は大和へ逃げ帰ったんですね。私の先祖も、太子といっしょに敗けて逃げた口です。策つきて、道麻呂は太子と共に、大倭の神に祈願をかけて、四度目の河内攻略にかかり、ついに成功したということです。

話というのは面白いもので、大倭の神前へ供えて祈願した、九本の矢のうちの鏑矢が、守屋を狙って道麻呂が放ったとき、大きなうなりを立て、頭上で回って胸板を射ぬいたということです。

登美の道麻呂は、物部守屋を倒したので沢山の褒賞をいただいたらしい。河内全部を賜わったので、居を今の八尾に移したようです。何でも矢作《やはぎ》神社（八尾市南本町）はうちの祖先が建てたと聞いています。その付近かもしれません。

この神秘的な矢が、その頃かなりの噂になったのですが、その矢も道麻呂が背負っていたというので〝箭負《やおう》〟の道麻呂と世間から言われるようになり、これがまた住む所の名ともなって、いまは八尾市となったというわけですね。

私達の先祖は枚岡明神が奈良の春日の里へ遷座したとき、たまたま枚岡の神主だったので、御輿について春日へ移り、神仕えをしたらしい。奈良朝で、たしか孝謙女帝のときだったようです。そして、平城京《なら》の西郊にあたる先祖の地・鳥見小川（富雄川）のほとりにあたる藤木に住居をかまえて、今に至ったということです。

箭負から矢追になったのは、かなり後のことで、箭負はあまり縁起がよくないとかで変えたようです。登見↓箭負↓矢追と変わったわけですね。

〔註　用明紀二年（五八六年）の条に「舎人迹見《とみ》赤梼《いちひ》（中臣）勝海《かつみ》連の彦人《ひこひと》皇子の所《みもと》より退くを伺ひ、刀を抜きて殺しつ」と載せ、また崇峻即位前紀（五八七年）に「ここに迹見首赤梼ありて、大連（物部守屋）を枝下に射堕《おと》して、大連あわせて其の子等を誅す（中略）。大連の奴なかばと宅《いえ》とを分ちて、寺の奴、田荘《たどころ》とす。田一万頃《しろ》をもって、迹見首赤梼に賜ふ」とある。登美道麻呂とは、この迹見赤梼のことと考えられる。

また、吉田東伍の『大日本地名辞書』に「八尾は箭負の訛ならん」とあり『河内志』渋川郡の条にも「物部守屋の墓は太子堂村にあり、傍らに鏑矢塚あり」と記され、矢追家の伝承を裏づけている。〕

ナガスネの意味は

「ナガスネ彦に関して、うかがいたいのですが」

「日本書紀、神武天皇即位前紀に『長髄は是邑《これむら》の本《もと》の号《な》なり、因《よ》りて亦《また》もって人の名とす。皇軍《みいくさ》の鵄《とび》の瑞《みつ》を得るに及《ひた》りて、時の人よりて鵄邑《とびむら》と号《なづ》く。今鳥見《とみ》と云ふは、是訛《これよこなま》れるなり』とありますが、長髄のスネは曽根の訛《なま》りで、ソネは裾根を意味する方言です。ナガソネ村は、現在の鳥見谷に見るように、富雄川（トミの小川）を中にした、長い谷状にノコギリの歯状に無数の裾根を引いたところから生まれた村名です。つまり、ナガソネ彦は、大倭の都であったナガソネ村のスメラミコトという意味。

　稗田阿礼《ひえだのあれ》は鳥見（登美）の東南の稗田に居住していた人であり、平城《なら》の都はこの東に隣接しているところですから、記紀の編集者はトミに関する口碑伝承にはかなり明るかったと思います」

「古事記を選した多安麻呂も、母系はコトシロヌシの娘のヒメタタイイスズ媛《ひめ》命ですから、ナガスネ彦に関してはかなりの伝承を持っていたと思われます。しかし、古事記にはナガスネ彦が死んだ、とは書いていません。『東日流外三郡誌』によれば、ナガスネ彦が兄のアビ彦と津軽へ逃れて、王国を築いたことになっていますが、いったい、ナガスネ彦はどうなったのでしょうか」

「ナガスネ彦は、ナガソネ村のスメラミコトという意味ですから、数代にわたって何人もいました。しかし、神武帝に伏したナガスネ彦以後に、ナガスネ彦を名乗った者はいません。位をゆずった時に、その資格がなくなってしまうからです」

「出雲神族の伝承では、傷を負ったナガスネ彦は出雲へ逃れて、そこで他界した、となっています」

「津軽ナガスネ彦王国論は面白いんですがね、神武天皇と戦ったナガソネ彦命は、当地で自害した、と伝えています。これも長くなりますので『大倭新聞』（昭和三十九年十二月二十三日版）をお読みください」

（前略）狭野命《さぬ》（神武天皇）はただ一人、よく万難を克服しながら大倭の中津国まで進出したが、武力沙汰《ざた》では長曽根に敵《かな》わなかった。大倭には天業恢弘の理想社会が、すでに造られていたことを知った。高千穂の人々は大きな犠牲《ぎせい》を払って、わざわざ大倭へ捕虜《ほりょ》にきたような結果になった、と嘆いていた。

孤独感ひしひしと迫る狭野命は、妃のアヒラツ媛や、子のタギシミミの命らと共に、悲壮な決意をもって天佑を待つ心で、事のなり行きを見守っていた。

長曽根日子命は勝鬨《かちどき》をあげる寸前に、霊鵄の瑞光が狭野命を指したので、協和の光と感じとり、ただちに停戦を命じた。大君の至上命令と受け取った長曽根邑《むら》の人々は、黙然として干戈《たてほこ》を収めたものの、勝に乗じた勢の向うところ再度の決戦を予期して待機していたのであった。

こうした状況の中に、長曽根日子命は天啓を拝して、使者を狭野命のもとへ遣わして、左の如き意味の条件を申し入れたのである。
一、狭野命はもって、大倭の「すめらみこと」に即《つ》かせること。
一、正妃は大倭から迎え、アヒラツ媛は退けること。
一、二代の「すめらみこと」は、正妃の腹から生まれた御子をもって嗣《つ》がせること。
一、太古より長曽根邑に鎮《しず》まります、天津神国津神八百万《やおよろず》神に礼をもって順応帰一し、
祭政一致の実をあげること。
一、皇位の護衛は、大倭の精鋭をもって任ずること。
一、古き世から神のまにまに顕出した、大倭の社会機構はそのまま存続させること。
一、両軍戦没者の霊魂は、長曽根邑の祖霊地において鎮めまつること。以上。

狭野命はただちに群臣を集めて評議したところ、この申し入れを無条件で受諾することになった。妃アヒラツ媛の心境は誠に悲痛なものがあった。狭野命は完全に、大倭の婿《むこ》養子に迎える形となってしまった。

こうした講和の情報が流れ出すにしたがって、大倭の人々の憤怒《ふんぬ》は日とともに高ぶり、「すめらみこと」更迭《こうてつ》に関する疑念の情は、濃厚の度を増しつつ、やがては再び大倭を戦禍の巷《ちまた》に化せんとし、軍を構える態勢は目前に迫ってきた。

この実情を見てとった長曽根日子命は、もはや人力の限界を知り、朝露の日に向っ

て消えるに似たるわが命を、神の御前に捧げまつり、大倭に弥栄《いやさか》を祈ることに決意をしたのである。

「悠遠なる神代より今に至るまで、天津日嗣《ひつぎ》の大業は、天佑神助のお蔭をこうむりて、とどこおりなく果すことができた。時は正に、高千穂と大同融和の機熟するの秋である。大倭の群臣たちがもつ、忠君愛国の至誠の尊きを知るといえども、思うに我れ世にある限り、狭野命は高神座《たかみくら》に即位し給うこと不可能である。

我は大和（だいわ）を生むための礎《いしずえ》であることを悟りたれば、現世を去ること最良の道と心得たり。後々までも、現世のことは神はかりますように、恐《かしこ》み恐みも宣《の》る」

額《ぬか》づきて神に誓った長曽根日子命は、大倭の人々に「神慮の深遠なるを悟り、我が死をもって意義あらしめよ」と伝言し、従容として自決して果てたのである。

講和条約は、厳守された。大倭が擁立《ようりつ》した、ヒメタタライスズ姫が正妃となった。

歴代の古都・長曽根邑は、まだ鎮《しず》まらなかったので危険をさけ、御即位の大礼は、はるか南方の橿原の地で執《と》り行なった。これより名をカムヤマトイワレヒコの命と改め、後の世に人皇第一代・神武天皇と申すようになったのである。

正妃警護の目的で、長曽根の精鋭（内の物部）は、矛楯《ほこたて》をとって近衛《このえ》の大任についた。

四年の歳月は流れて、大倭は昔日のように大らかな、和《なご》やかな次に還《かえ》った。新大君は春二月二十三日、群臣と共にはるばる長曽根邑におもむき、長曽根大君の意志に従って、盛大にして厳粛《げんしゅく》な御親《みおや》祭を執り行なった。これが世にいう「鳥見山中の霊畤《れいじ》」である。

ナガスネ彦命は出雲神族の直系

「出雲神族のコトシロヌシに関する伝承と、かなり似ているところがあります。矢追さんの元の名は登美、出雲神族の本家が富。字は違いますが、トミという言葉（呼び名）に違いはありません。島根の出雲にも富村がありますしね。両家は一本の線で結ばれているような感じがします。

それに、ナガソネ村の人々が正妃に推したヒメタタライスズ姫命は、コトシロヌシの大神の娘でしょう。「ナガスネ彦は出雲系である」と主張した人に、作家の司馬遼太郎さんがいますが、私もそう思います。

なにか裏づける資料はないものかと、だいぶ探したんですが、これがあったのです。鈴木真年の『日本事物原始』に「ニギハヤヒの尊は、大倭国鳥見白庭の地に到り坐して、アジスキタカヒコネの命の女、鳥見のミカシヤ比売命を娶《めと》りて住み給ひて、虚空見山跡国《そらみつやまとのくに》と告り給ふ」と、また「ナガスネ彦はコトシロヌシの大神の子という説もあるから、（記紀が書いていているような）醜類ではない」と述べています。これを系図化すると、

オオクニヌシ─┬─アジスキタカヒコネの命───ミカシヤ姫
　　　　　　├─コトシロヌシの命─ナガスネ命
　　　　　　└─ヒメタタライスズ姫命　　　　　ニギハヤヒの命
　　　　　　　　──ウマシマジの命（物部氏祖）

あるいは、

アジスキタカヒコネの命─┬─ナガスネ命
　　　　　　　　　　　└─ミカシヤ姫
　　　　　　　　　　　　　ニギハヤヒの命

となり、ナガスネ彦は出雲神族直系の名族であった、ということになります」

「後世に残された歴史書は、すべて体制側によって書かれたものですから、自分たちの都合の悪いことは載せません。敵たるものはすべて逆賊で、性格は残忍、冷酷のように描きます。

私どもに伝わっているナガソネ彦大君の人となりは、まるで違います。彼は、終始神威を奉戴して行動をとったようです。時の流れに逆らわず、機を見ては抱擁、同化しながら、神ながらの大道をはずさず、常に新しいものへと進めていく。こうした転化は、一人ナガソネ彦大君に限らず、現在の日本人の血潮の中に、今日ただいまも脈々として生きているものではないでしょうか」

「ナガスネ彦が秀でた人物であったことに関しても、一つの資料があります。元禄六年（一六九三）に吉川惟順が書写した『神武天皇伝』（穂久邇《ほのくに》文庫所蔵）で、これは〈もっとも外見すべからざる〉家伝の書とされていますが、内容は『先代旧事本紀』の影響をうけ、ニギハヤヒの命の子ウマシマジの命がナガスネ彦を殺して、神武天皇に帰順したとしています。しかし、文中には、

河内国に宇麻志麻治《うましまじ》といふ者有り（中略）家臣《いえのみこともち》・長髄彦といふ者、事を執り国家を治む。知勇兼ね備へ、近国《ちかつくに》宇麻志麻治の手に属《つい》て下知を受けり（中略）長髄彦、宇麻志麻治命を以て大将軍と為し、大軍を率《ひき》ゐて合戦《あい》ふこと数廻《またたび》

などと見え、ナガスネ彦を智勇兼備の実力者として描いています。吉川惟順が固く他見

を禁じたのは、こうしたナガスネ彦観があったからでしょう」

「先ほど島根の出雲との関係について話されたが、ヤマタの大蛇《おろち》を始めとする出雲の伝説は、すべて三輪に残っています。スサノオは三輪を追われて当地（鳥見村）に逃れ、クシナダ姫と共に定住し、姫のほうは当地で他界したとかね。大和では、三輪のことをもともと出雲と言うんだからナガスネ彦が他界したのは、大和の出雲なんですよ」

「ところで、大倭神宮のご祭神は何でしょうか」

「天地創造、宇宙根元の神で、固有名はありません」

「私は龍神さんかと思いましたが……」

「神さんは、つきつめていけば、全部龍神さんになってしまいます」

「それでは、鎮魂《みたましずめ》祭に一二三《ひふみ》の祝詞は使われますか」

「はい」

「大倭神宮は占神道の面影を伝える磐座《いわくら》だけの神社で、非常に神《かむ》さびており、厳粛《げんしゅく》な気持にさせられます。しかし、いわゆるご神体山とは異なるようですが……」

「神名備《かんなび》山のことですね。うちらのは生駒《いこま》山です」

「よくわかります。『住吉大社神代記』で、東は生駒川、竜田。南は大和川。西は母木《おもの》の里。饒速日の山。

を神領としています。この地域はそっくりそのまま、神武天皇がナガスネ彦を平定獲得した地域なんです。大和から河内にかけて、ニギハヤヒを祭神としていた神社は、平安朝にほとんど住吉神によって乗っ取られていますから、先ほどの地域はナガスネ王朝の都であったとしてよいでしょう。そして、ご神体山が生駒山であった――」

「ナガソネ彦とニギハヤヒの尊のイメージは、非常にダブリます。どっちがどっちだか、判然としないことさえあります」

「出雲神族とは婚姻関係を結んでいますし、同族的なところがありますからね。矢追家の伝承に、物部がヒメタタライスズ姫を護衛するために近衛になった、とありますが、あれは正しいと思います」

「一般に、物部は天孫系だなどと言われていますが、まるで違うんですね。

石上物部の伝承を聞く機会を持ちましたが、『我々は天孫族に征服された。特に崇神天皇には徹底的にやられた。石上神宮は天皇の命で造ったもので、我々の神社ではない。石上のご神体は、拝殿前の神名備山だ。豪勢な神社を建て始めたのは天孫族で、これは庶民に畏敬の念を植えつけようとする政策以外の何ものでもない』と言うんです。

交野《かたの》地方で物部氏の祖・大臣イカシコオの命が農耕開発を盛んにしたのは三世紀の終りから四世紀の初頭、つまり崇神朝ぐらいまでなんです。その後、次第に衰退し、天孫族に服属させられ、いわゆる出雲の神宝事件では、物部氏のタケモロスミが天孫系として出撃します。

また、石上神宮の鎮魂祭で、ご神饌《しんせん》を捧げるのは、天祖社ではなくて、拝殿前の神名備山に対してです。

二千年も前の口伝なんて信じられない、と言う人が多いのですが、意外なほど歴史的にも考古学的にも裏づけされるのです。ところで、古神道の原点は、神社なし、教祖なし、教典なし、ですね。これに関しては、いかがお考えでしょうか」

「まったくその通りです。多くの神社には、神さんがいらっしゃいませんからね。建築物や形式など、神ながらの道とは本来、無関係なんです」

「どうも長い間、ありがとうございました。いつまでもご壮健で、活躍なさってください」

紫陽花村の矢追氏のもとを辞したのは、日のとっぷり暮れた午後八時過ぎであった。学園前から大阪梅田への車中で、私は幾度もつぶやいていた。

（神武天皇と戦ったナガスネ彦は、自害にせよ殺されたにせよ、やはり死んでいたのだ）

しかし東北にナガスネ彦の足跡が

（これ以降の原稿は不明）

第?章　ナガスネ彦の津軽への足跡はたどれる

（本章が、第何章の原稿であるか不明にて、？としております）

塩釜神社の祭神は何か

島根の出雲にしろ、大和の出雲にしろ、ナガスネ彦は死んでいた。しかし、彼の東北への足跡はたどれるのである。津軽には、ナガスネ彦を祀るという神明宮があり、陸奥一の宮・塩釜神社の祭神もナガスネ彦なのだ。数年前のことになるが、石見の仁摩《にま》で神代文字の研究者として知られる、吾郷清彦さんにお会いしたときである。

「塩釜神社の祭神を知っているかね」

のっけからこう言われた。

「一般には、主神がシオヅチの神、副神がタケミカヅチの神とフツヌシの神とされていますが……」

「いや、違う。ナガスネ彦なんだよ」

「えっ、本当ですか」

一瞬、息を飲んだ。

私が不勉強だったのである。それから間もなく、宮東斎臣訳の『先代旧事本紀《くじほんぎ》大成経』（三十巻本）を手にする機会があったが、なんとそこに塩釜神はナガスネ彦だと明記されていたのである。

（八日）長髄彦は（天孫族に）襲はれて大倭国を捨て、陸奥国に往《ゆ》きし故に中国《やまと》を順《まつ》伏《ろえ》り。長髄彦神は、元火神の尸《みがら》に化る嶽《ち》山祇《たけ》神の児として陸奥国に在り、塩を焼いて民に施し、后《のち》に椎桜宮（神功皇后）の御代に、住吉神の催促《さいそく》に依て、韓の軍の先に前《すすん》で能く数百の異神《あだし》、怨《あだしき》ぞ撃ち玉えり。

其の長高《たち》く、其の力も強く、其の威も巍《おびただし》く、其の気も猛《はげし》かりし故に、洲輪（諏訪）の神（タテミナカタトミの命）と倶《とも》に軍船を司りて功有り、仍《よっ》て陸奥の鎮守と為し、今の塩釜神是なり。

江戸時代、当社の祭神にオオクニヌシの子、アジスキタカヒコネを当てたことがあった。右の文章にも「ナガスネ彦が諏訪神と軍船を司り」と記され、ナガスネ彦が出雲神族系であることを暗示している。また、塩釜神社の神宝の塩釜は、出雲大社や神魂《かもす》神社の御釜、諏訪神社のご神体の鎌と通じる。鉄は出雲の象徴だった。そして、鉄器をご神体や神宝とする神社は、例外なくと言ってよいほど出雲系である。

隣の志波彦神社の祭神は志波彦の神とされているが、本当のところはクナトの大神（岐《ふなと》神）である。延喜式名神大社・志波彦神社の縁起に「岐神、先に冠川上に降る。因て、先に祠を立て、神降明神と云ひて、塩釜の末社とす。後、冠川明神といふ」と見え、塩釜神社の縁起にも「フツヌシ、タケミカヅチの先導として岐神を頼み云々」と書かれている。

末社には荒脛神社（本来の主祭神はアラハバキの神だったのだろう）があり、当地方が出雲神族の一拠点だったことがわかる。また、塩釜神社の弥宣に、安倍出雲守を名乗った者が多数おり、出雲―塩釜―津軽との結びつきを感じさせる。塩釜神社の祭神は、ナガスネ彦としてよいのではあるまいか。そして、これらの奉祭が津軽の神明宮（安倍神社）、洗磯崎《あらいそざき》神社（アラハバキ神社）へと引き継がれていったのだ。

ナガスネ彦出雲神族説を補う

諸兄の中には、「トミのナガスネ彦が出雲神族だという証拠でもあるのか」と、言われる方がおられるかもしれない。これに関しては、神名と地名をたどると割り出される。諏訪神の正式名はタテミナカタトミの命であり、上下社はトミの上つ社《やしろ》、トミの下つ社という。ナガスネ彦の妹はトミヤ姫だ。イセツ彦の後、伊勢・志摩を守っていたのは、イサワトミの命（伊雑《いさわ》宮記）であった。『出雲秘文』や『九鬼《くがみ》文書』では、オオクニヌシの父にサオトミの命を置いている。これらのトミが、現代の富氏につながるのである。

出雲神族は龍をトーテムとする、龍蛇族であった。これに関しては記紀に描かれているので詳述しない。トミのナガスネ彦の「ナガ」、クサナギの剣の「ナギ」は、インドの龍蛇神「ナーガ」と「ナーギ」に結びつくが、「トミ」自体「龍蛇」を表わす言葉なのである。

出雲神族の中の一支族・大和の大三輪氏のある者は、豊後国（大分県）から日向国（宮崎県）にかけて伸び、大神《おおが》氏となり、さらに緒方、佐伯、由布、高千穂、三井田、阿南、松尾、大野など、三十氏あまりを生んだ。

この中の緒方氏の始祖（惟基《これもと》）伝説は、崇神朝における三輪山伝説と同系である。中興の祖・尾形三郎惟義（緒方惟栄《これよし》）も蛇神の子とされ、尻に蛇の尾の形と鱗があったので、尾形三郎を名乗ったという。惟栄らは、文治三年（一一八七）宇佐宮へ乱入した罪によって、上野国《こうずけ》（群馬県）沼田庄に流された。そして、この地においても、「沼田氏の祖先（惟栄の子・惟兼が沼田を称す）が三峰山の大蛇と契《ちぎ》り一子をもうけたが、脇の下に鱗があり、武勇万人にすぐれていた」という蛇神婚の伝承を残している。

大分大学の富来《とみく》隆教授は右の物語を引きながら、トミ＝龍蛇神説（学生社『卑弥呼』）を展開する。

この惟栄が、のちにゆるされて豊後に帰り、その本貫たる佐伯の地（南海部《あまべ》郡、豊後水道に面している）において子孫が栄えることになる。すなわち佐伯氏がそれであり、大友氏の支配に属する次第になった。時代が下っての佐伯氏十七代の惟治《これはる》にいたって、たまたまざん言にあい、ついに憤死するような結果になるが、ここにふたたび蛇神の活動（霊神のタタリ）が見られるのである。大永七年（一五二七）のことである。

豊後の佐伯・南海部郡から日向の延岡にかけて、惟栄の霊をまつる社が十八社あるという。私が明治の初めの「神社書上書」によって調べたところ（近所の社祠を合併して一社とした以前では）少なくともその倍ほどになった。とにかくこれらの社をすべて「富ノ尾宮」「飛ノ尾宮」あるいは「飛ノ尾宮」あるいは「鵄《とび》ノ尾社」などと記して、「トビノオ」とよんでいる。地名にも「登尾」（ここにも富ノ尾宮があった）がある。（中略）

例えば海崎《かいざき》・山ノ口での社伝では、「天文十六年六月十六日の夜、久世清信が夢をみて大蛇の上に惟治公が乗って『汝らは三重組の物頭たるに恨めしや……』と大蛇が清信を呑もうとしたので眼がさめた。これを山口理右衛門という人に話したところ、

「自分も同じ夢をみた」と話した……、などのことが記されている。やはり惟治公は〝大蛇神〟の子孫なのであった。

緒方（尾形）の姓が「蛇ノ尾の形」が身体にあったということにもとづくことからみても、「トビノオ」というのはおそらく「蛇ノ尾」という意味にちがいあるまい。そうだとすれば、「トビ」とはまさしく蛇神のことであるにちがいない。「トビ」が蛇神である可能性、そのことにまちがいがなければ、この佐伯・南海部地方だけでなく、緒方氏をはじめとする大神氏一族の根拠地――高千穂から祖母山をへて、大野川・大分川流域――の各地に、トビあるいはトビノオという地名や社祠ないし伝承、またいわゆる蛇神そのもの（つきものとしてのトベ・トビ）がありはしないだろうか。

さらにまた「トビ」という呼称が「蛇神」の異称であるならば、これは大神氏一族の地域だけでなく、もっとひろく日本各地に、一般的にみとめられる可能性がありはしないだろうか？（中略）

祖母山の南に日向・高千穂（三田井）の地あり、祖母山の東北に豊後・緒方の地がある。両者は尾平《おびら》越なる峠によって通じている。尾平から南にむかって三田井に下るとき、まず「登尾」、ついで「富之尾」の地名がある。大神氏の長男三田井の家系は、その後不明となっているが、少なくとも二つの地名はトビ・トビノオとして蛇神に関連する――いま佐伯の因尾村（註・現在の南海郡本匠村）にも「登尾」の地名があり、そこに「富之尾社」が存している。

一方、尾平から北へ緒方にむかって下るとき、「飛尾」の地名があり、姥社《うば》が存する。姥社とは始祖大神惟基の「大蛇神婚」説話にかかる花ノ本姫の姥をまつるものとされている。その御神体は、石体の龍神（頭の形に似た自然石）像である。近くに竜千寺あり、飛渡《とびわたり》なる地名もある。

富来教授は、このほか岡山県や滋賀県の地名を調べて、トミ＝トメ＝トビ＝龍蛇であることを立証した。トミノナガスネ彦……出雲神族富家の苗字は、〝龍神〟を表わすものだったのである。

アラハバキの聖地にトミの地名が

（これ以降の原稿は不明）

第一章

出雲の銅剣が示すもの

1　古代史界に衝撃与えた出雲の銅剣

昭和五十九年七月十一日、島根県教育委員会は、斐川南の広域農道建設のための事前調査として、荒神谷遺跡（出雲市斐川町神庭）の第一次発掘に着手した。翌夕のことである。二十ヵ所のトレンチの一つが、銅剣の一部をとらえた。根元部分の茎《なかご》だけで、全形は露出していないが、銅剣であることに間違いはない。

同十五日、発掘範囲を広げたところ、前日まで「せいぜい六、七本だろう」と見られていた銅剣の数が、一気に増えて三十本近くになった。このあたりから、騒ぎは大きくなる。現地関係者のほか、奈良県国立文化財研究所のスタッフや、同志社大学・森浩一教授、九州産業大学・森貞次郎教授などが、続々と現地入りした。

八月三十日、取り上げ作業が完了。最終的に銅剣の数は三五八本となった。

ところが、これだけではなかった。翌六十年の夏、銅矛十六本、銅鐸五個が発見されたのである。銅鐸と武器型銅器が一緒に出土した例は、荒神谷遺跡を含め、全国で八例あるが、一ヵ所から銅剣、銅矛、銅鐸の三種が出土したのは初めて。

これに関し、次の三氏は毎日新聞のインタビューに答えて、こう話している。

森浩一・同志社大教授（考古学）の話
銅鐸と銅剣の組み合わせは何ヵ所か例があるが、銅鐸と銅矛の組み合わせは極めて珍しく、しかも同じ埋納拡からの出土は全国でも初めてだ。特に銅矛は銅鐸と違って、北九州でしか作った形跡はないので、出雲地方が北九州地方と密接なつながりがあったことを証明する重要な資料といえる。

田中義昭・島根大教授（考古学）の話
少なくとも弥生時代中期には、出雲地方に相当強力な政治的勢力が形成されていたことを示す有力な証拠だ。弥生時代の祭りには、銅剣と銅鐸ばかりでなく、銅矛と銅鐸を一緒に使うスタイルがあったのだろう。

門脇禎二・京都府立大教授（古代政治学）の話
私は文献学の立場から、一〜三世紀に古代出雲西部に、海上交通を利用して日本海西部全域に強大な影響力を持った「原出雲国」が存在すると考えていたが、今回の銅矛の発見でこの地域に青銅器の全要素がそろったことになり、私の説が裏づけられたと思う。

現在までに、銅剣が一ヵ所からまとまって出土した例は、兵庫県淡路島の十三本が最高である。また、この数は全国から出土した銅剣数に匹敵する。

当然、古代史界は、てんやわんやになった。頭を抱え込む学者も。最近まで、「出雲に古式古墳が出現するのは四世紀の中葉である。大したものも出土してないからそれ以前に巨大な王朝（国家）が存在したとは考えられない」という学説が主流を占めていたからである。

戦後、日本の史学界は、考古学によって主導権を奪われてしまった。炭素による年代測定法（C14法）の開発により、その権威はさらに高まった。文献学者などは、物的証拠をつきつけられると、グーの音も出なかった。

しかし、考古学で古代史が解明できるのだろうか、否！　である。私は常々、考古学関係者にこう主張してきた。

「日本全土を、くまなく五〇〇メートル下まで発掘した。その結果がこうである、と言われれば、九五パーセントは信用し、頭も下げよう。ところが、現在まで調査されたのは、ほんの一部分、限られた地域だけではないか。それを楯にとって、古代史論を展開するのは納得できない」

これからの古代史は、文献学、考古学、民俗学（民族学）、宗教学、言語学、はては医学なども含めて、総括的に分析、検討していくものになるだろう。そうしてこそ、初めて正しい歴史の扉が開かれると信じる。

昭和五十九年十月二十九日、山陰中央新報社では、松江市の島根県民会館大ホール京都府立大学の門脇禎二教授、山口大学の近藤喬一教授、奈良国立文化財研究所の佐原真研究指導部長、元島根県立図書館長の速水保孝氏、島根県教育文化財団の足立克己主事、さらに司会者として小説家の松本清張氏を迎えて、公開シンポジウム『古代出雲王権は存在したか―弥生銅剣大量出土の謎に迫る』を開催。県内外から、一、三〇〇人を超える古代史ファンと報道陣が参加した。（同シンポジウムの内容は、山陰中央新聞社発行松本清張編『古代出雲王権は存在したか』一、八〇〇円。にまとめられている）

しかし、ほとんどの出席者は、テーマとはほど遠い、あたりさわりのない話ばかり。「失言をして、あとからつつかれたくない」との気持が強かったからだろう。ただ一人、速水保孝氏のみが、孤軍奮闘という有様であった。彼の発言には、出雲人の血潮がたぎるのを、ひしひしと感じた。

それはともかく、出雲の銅剣が紀元後一～二世紀のものであるとすれば、少なくとも紀元前後に強大な勢力が、出雲に存在していたことは確かなのである。

古代史家が弱りはてたのも、実はこの点にあった。古式古墳や在位年数などから、崇神天皇以前の天皇を抹殺し（早大の水野祐教授など）、対抗勢力である原出雲勢力をも否定してきたからである。

2　予想できた出雲の銅剣の発掘

荒神谷から大量の銅剣が発掘されたことは、私にとって驚きではなかった。と言うより、〝当然のこと〟として、受け取っていたのである。

京都府亀岡市の出雲太神宮《おおがみのみや》（通称・元出雲）を訪れたとき、宮司の広瀬伯紀氏から、次のような話を聞かされていたからである。

「神社のすぐ横手に方墳があったんだがね、広瀬家にはこれに関して『天孫族が襲ってきたら、すばやく掘り返せ。お前たちの身を守るものが出てくるであろう』という伝承が残っていた。

だいぶ前にその方墳を発掘したんだが、出てきたのは銅製の武器ばかり。人骨は一つもなかった。イザという時にそなえて、遠い祖先が埋めておいてくれたんだね」

銅剣の型式は、細形→中細形→中広形→平形というように変化する。出雲の銅剣は、この中の中細形に属し、祭器とするのが一般的である。

しかし、出雲の銅剣は、長さが五十〜五十三センチ、幅は六〜六・六センチ。しかも、剳方およびそこから先の両側は、刃の研ぎ出しが行なわれていた。

中広形以降のものが祭器であることは確かだが、出雲の銅剣のほうは武器ではなかったのか。出雲太神宮広瀬家の伝承からすると、そう考えたほうが自然である。神名備山、仏経山、大黒山、生駒山（以降の原稿は不明）

3　津軽も同様の立場にある

津軽は本州のさいはてに位置し、みちのおく↓みちのく（陸奥）と呼ばれた。大和からみれば〈文化果てる国〉であった。そうしたこともあって、ごく近年まで古代史界では津軽がとりあげられることが、ほとんどなかった。

しかし、発掘調査が進むにつれ、古代〜中世の津軽が、想像もつかないほどの文化圏であったことがわかってきたのである。

沖野岩三郎著〝日本神社考〟恒星社厚生閣刊（昭和二十七年）

4　伊勢の皇大神宮

伊勢の皇大神宮には内宮と外宮がある。伝説によれば、内宮は十一代垂仁天皇の二十五年に建てたもので、外宮は二十一代雄略天皇の二十二年九月に建てたものである。内宮の祭神は天照大神であるが、その天照大神は男性か女性かといふ議論が時時起つてゐるが、今のところ大日女（おほひるめ）といふ女性であるといふことになつてゐる。外宮は豊受大神で、この神も男性か女性かまだ議論が一定してゐないが、豊受姫といふ女性であるといふことが、今は一定した見解である。かうした議論の起る原因を少しく調べてみたい。林道春の本朝神社考によれば、外宮の祭神は国常立命、ににぎの命、天之児屋根命の三神であると云ふ説を最初に載せ、次に一説として、天之御中主命であるとも書いてある。けれども結論は、うがのみたま、みけつ神、保食（うけもち）神などと、数種の名を持つて呼ばれる豊受大神であると断言してゐる。

歴代の天皇が伊勢の皇大神宮に行幸せられた時、まづ第一に天照大神の内宮にお出でになるはずだと誰でも思ふだらうが実際はさうでなく、まづ外宮へお出でになり、次に内宮へ行幸せられる。その理由は少しも我我にわからないが、それは外宮に天照大神の祖先であり、日本国の最初の太陽教主であつた天之御中主命を祭つてあるためではなからうかと推察しても、不敬な考へではなからう。次に考ふべきことは内宮正殿の屋上には十箇の葛緒木（かつをぎ）が並んでゐ、外宮正殿の屋上には九箇の葛緒木が並んでゐる。従つて内宮に属する社殿の葛緒木は皆偶数であり、外宮の葛緒木は皆奇数である。日本では丁半といふ言葉があつて、丁は割り切れる偶数であり、半は割り切れない奇数である。そして偶数を女性奇数を男性としてゐる。この葛緒木の数からいへば内宮は女性で、外宮は男性である。内宮外宮共にその正殿の下に心（しん）の御柱を立ててある。この柱は忌柱（いみばしら）とも云つて、正殿の床下のまん中に立ててあるらしい。この心の御柱のことは昔から極秘中の極秘で、その奉建式は真夜中に行はれる。昔はこの奉建式の時係りの神主達四人のほかは、ことごとく退出させられ、極秘裡にその式を終つたといふことである。ところがその心の御柱は内宮の正殿床下に窪地を作り、そこに御柱を建ててその殆ど全部が土で埋められ、外部に柱の一端が少し見えるばかりである。外宮の心の御柱は、同じく真夜中に人知れず建てるのであるが、この柱は床下のまん中の穴からずつと突き出して、床板の近くまで達してゐるさうである。以前はこの形式を説明することは不敬だと云つて誰一人口にする者はなかつた。けれども常識から云つても内宮の床下に埋められた御柱は、女性のシンボルであり、外宮の御柱は男性のシンボルであることは疑ふ余地がない。こんなことを研究して行くと、或は外宮の祭神は男性であるかも知れない。無論こんなことは甚しい臆測ではあるが、こんなことも言ひ得るのである。内宮は垂仁天皇の二十五年に建てたのであるが、その祭神が高天之原族の大日女命であつたため、出雲族はこの内宮を尊敬せず、皆出雲の大社に集まつて行くので、政策に富む雄略天皇は内宮よりも四百八十一年後に外宮を建て、出雲族の尊敬する豊受姫を祭つて、出雲族の気嫌を取つたのであるが、その際ひそかに天之御中主命を主神としたのではなからうか。そんな世間に知られない秘密があつたので、外宮を男性とする習慣が今日まで残つてゐるのかも知れない。

　さて、我我は五十鈴川のほとりまで来た。そこに建つ鳥居は⛩の神明造りで、この鳥居をくぐると長さ五十間幅四間の宇治橋がかかつてゐる。この橋を渡つて神路山つづみが丘を右に見ながら少しく行くと、五十鈴川の流れの近くに出る。そこで手を洗ひ口をそそいで杉の木立の中を通つて、内宮本殿の前に出て行く。

　しげり合ふ杉の林をかこひにて
　　ちりにけがれぬ神のひろまへ

と明治天皇の歌つた広前である。そこに立つて右手の蕃塀（はんぺい）を隔てて板葺きの小さい家を見る。この家は天照大神の祭典執行の際ここで御食（みけ）を調理する所である。左に石段があつてそこに鳥居が建つてゐる。この鳥居の建つてゐる所を板垣南御門といふ。内宮の建築は太古の皇居の建て方を保存してゐるので、正殿の周囲には五重の垣があり、第一を板垣、第二を外玉垣、第三を内玉垣、第四を蕃垣、第五を瑞垣（いがき）といふ。我我はその外玉垣南御門で正殿を拝するのである。昔の書物を見ると一般参詣者が、内玉垣南御門の近くまで行つて拝んでゐる画を描いてあるが、今は位記を持つ人だけが特別に許されて、そこまで進入することが出来る制度になつてゐる。頭を上げて見るとはるか向ふに正殿上の十本の葛緒木が見える。屋根の両端に内削（うちそぎ）の風木（ちぎ）がそびえてゐる。風木とは我等の祖先が掘立小屋に住んでゐた時、家の前後に二本づつの杭を交叉して屋根を風に持ち去られないやうにした、その杭の先端を忘れかねて今も風木（ちぎ）といふ名で、神殿の上に残してゐるのである。この風木に風穴といふのがあつて、内宮は二つ半、外宮は二つになつてゐる。この風木に内削（うちそぎ）、外削（そとそぎ）があつて、内宮は内削、外宮は外削である。

内宮の参拝が終ると今度は外宮の豊受大神宮に行つてみる。神殿は内宮と同じく唯一神明造の萱葺で、屋上には九本の葛緒木と外削の風木とが美しく見える。ここにも小さい蕃塀があり、その前の石段を登つた所が板垣南御門である。この外宮は板垣、外玉垣、蕃垣、瑞垣の四重の垣をめぐらしてある。ここの鳥居も皆神明鳥居である。

内宮外宮共にその正殿の出入口は平入である。平入とは正面から入るといふことで、平とは、

（これ以降、次頁までの原稿は不明）

く。これは〇〇大学の鳥越健三郎教授や甲南大学の畑井弘教授が打ち出した「ナガスネヒコ物部氏祖説」の影響を受けているのかもしれない。それに、物部氏系の人物の手によるものと考えられている『先代旧事本紀』にも「甘美真味《うましまで》命、長髄彦に謂《ゆ》って曰く（中略）長髄彦納れず、敢《あえ》て過を改むることを知らず、夫《そ》れ長髄彦神は、元稟性戻狼、天人の際を以て教ゆべからず、乃《すなわ》ち舅神を棄てゝ天孫の軍に加はる。故に、師衆帰順す。（中略）長髄彦天孫の為に襲《おそ》はれ、大倭《やまと》国を棄てゝ陸奥国に往く。故に、中国《なかつ》順伏す」とある。

しかし、多くの史書や津軽の伝説、出雲神族の伝承がナガスネ彦死亡説をあげているように、これは認められないことである。先にも述べたように、ナガスネ彦を奉じる種族が移住したと考えるべきだろう。

事実、ナガスネ族の東北への足跡はたどれるし、東北地方においては、安倍氏の祖はナガスネ彦であることが常識であったらしい。

秋田県仙北郡協和町に、唐松山神社がある。蘇我馬子の一党に襲われた、物部、中臣、武内等は、戦い利あらず各地へと敗走した。当社の縁起大略によると、物部尾輿の家臣・仲男は、守屋の一子で当時三歳であった那加世を背負い、遠く奥羽の地に逃れ、数代を経ていまの元宮の地大和→長野→新潟→仁賀保→秋田・唐松山にたどりついたと伝えている。

昭和五十八年の初夏、私は津軽から帰途、当社を詣でたのだが、主たる目的は、物部文書の存在を確かめることにあった。当主の六〇代長照氏は、なかなかのガンコ者だということで、親しくしていただいている角館・百穂国の主人・沢田〇〇氏に紹介していただき、協和町の教育委員会や高校の先生に同道を願った。

長照氏は当日の早朝、急病で倒れ、入院されたとかで、面会に応じられたのは六十一代〇〇氏夫妻。（お二人共、国学院大学卒）

「吾郷清彦さんなどが、さかんに神代文字で書かれた物部文書のことを書かれていますが、そろそろ公開されてはいかがでしょうか」

「たびたび、そう言って来られる方がいます。しかし、どこを探してもないのです。私は実在しない、と思っています」

「しかし、物部文字（あひるくさ文字）の太祝詞は一般に知られていますね」

「はい、現在でも護符などは物部文字を彫り込んだ、古い版木を刷ったものを使用しています。だいぶ不鮮明になってきていますが」

残念ながら、神代文字で書かれた物部文書は幻であったようだ（いわゆる秋田物部文書は昭和〇年〇月に〇〇氏によって発表された）。しかし、当社では一つの大きな収穫があった。物部系図を快く拝観させていただけたことである。金銅筒に入った系図そのものはシミだらけで、相当に古いものであることをうかがわせた。

目を走らせていて、胸が高鳴った。〇〇代〇〇の妻女の項に「長髄彦の末裔たる安倍氏の娘〇〇」と書かれているではないか。

秋田物部氏の間でも、安倍―安東（安藤）―秋田氏は、ナガスネ彦の末裔であるということが、常識になっていたのである。

当社は仏教伝来以前の神社建築様式で、海、川、山の自然石数十万箇を以て築造、社殿は剝面《むきめん》神明造である。しかし、もとは社殿背後の唐松山が御神体山（神名備山）であったと考えられ、山頂には男石、女石、玉鉾石の三石が祀られている。

主祭神はニギハヤヒの命で、一二三の鎮魂を伝え、剣での祓いを行なうなど、物部系であることを示している。

当地に物部姓は非常に少ない。これは新戸籍法が制定されるまで、本家以外に物部姓を名乗ることが許されなかったことによる（出雲神族富家の習俗と類似している）。

第三部　神名のしおり

［未発表篇］

手書きの遺稿をそのまま活字化したもの。

八幡神《はちまんしん》

八幡宮は稲荷と並んで日本全国に圧倒的な数で鎮座している。本宗は宇佐神宮である。応神天皇を祭るものだが、一般的には比売神と神功皇后を併せ祭る。

しかし、この神社の原型はかなり違ったものであったはずである。学者たちは、新羅系の渡来人で銅を掌握していた者たちの神社であろうという。また、鹿児島県の大隅八幡を大本とする見方もある。

さて、応神天皇を祭るのは、朝鮮半島との国家的緊張のおりの武勇神信仰から始まったものであろう。清和天皇の時代に、山城国の男山に勧請され、さらに後冷泉天皇の時代に、男山の分霊を鎌倉に勧請したのが鶴岡八幡宮である。全国的に鎮座をみるのは武家時代に至ってからである。

事代主神《ことしろぬしのかみ》

大国主命の子。神話では国譲《くにゆず》りのおり、大国主命はこの神の意見によって決断する。事代主神の神名は神託を司る神という意味合いがあるようだ。

しかし、この神はかなり複雑さを秘めている。書紀の神功皇后の条に神託の伝達者として現れる。壬申の乱の時、武市県主許梅《たけちのあがたぬしこめ》にかかり、神武陵を祀れと告げる。

また、書紀に、この神が三嶋溝織姫《みしまのみぞくいのひめ》に通って生まれた娘に五十鈴姫命があり、神武天皇に嫁する。さらに皇家の八神殿中の祭神でもある。

この神を祀った神社には、島根県の美保神社、奈良県の鴨都味波八重事代主命《かもつみはやえことしろぬしのみこと》神社などがある。出雲とともに鴨氏との関連が濃いように思われる。

大物主神《おおものぬしのかみ》

大和の三輪山の神である。神名のモノは物の怪のモノともいわれ、原始精霊の総師を印象する神といえる。

記紀には、この神の荒びが大田田根子による祀りで鎮まったとある。また、いくつかの神婚説話でも知られる。勢夜陀多良比売《せやたたらひめ》のもとに通い、生まれたのが神武皇后五十鈴姫である話。活玉依毘売《いくたまよりびめ》のもとへ毎夜通ったが、姫の親は怪しんで神の衣に糸をつけさせ身元を確かめた話。さらに倭迹迹日百襲姫《やまとととひももそひめ》に毎夜通い、姫に正体を見せよといわれ小蛇となって顕現したが、姫は恐れ悔いて自死した話（箸墓《はしはか》伝説）など。

また、書紀には、大物主神は大国主命の幸魂《さきみたま》奇魂《くしみたま》であるとも記され、出雲との関係も深いものがある。

少彦名神《すくなひこなのかみ》

大国主神とともに国を作り堅めた神。後に常世《とこよ》の国に帰ったと古事記にある。大国主命が出雲の美保の碕にいた時、ガガ芋《いも》のさやの船に蛾の皮を着てやってきた神があり、久延《くえ》毘古《びこ》（かかし）によって、少彦名神と知らされる。

また、日本書紀には大国主命が掌にのせてもてあそんでいたら頬にかみついたり、粟茎《あわがら》にはじかれて常世の国に飛んでいったとある。後代の一寸法師のおもかげのあるひょうきんな神である。

神話学では、粟の印象から焼畑農耕などと関係のある原始農神かともいわれる。また、大名持《おおなもち》・少彦名伝《すくなひこなのでん》といった日本医療（和法《わほう》）の祖神ともされている。各地の温泉にはこの神が祭られている神社が多い。

素戔嗚尊《すさのおのみこと》

きわめて複雑な印象に満ちた神である。高天原にあっては、有名な天の真名井のウケヒ（天照大神にわが心に悪心なきことを証す）の話、また農耕防害や神床けがしの話などがある。さらにこれらの乱暴行為によって高天原を追われ、出雲で八岐大蛇《やまたのおろち》を退治する話がある。

しかしこの神の原像は、朝鮮半島からの渡来部族のスサ族の奉じた祖神とみるべきと思われる。それが天孫族の神話に特別な形で習合してしまったため複雑になったのであろう。

スサ族は牛トーテムを持った産鉄部族で、鉄を求めて出雲入りし、かなり出雲族と衝突した。通説にいうような出雲族の祖神などでは決してない。

伊《い》弉諾《ざなぎの》尊《みこと》・伊《い》弉冉《ざなみの》尊《みこと》

国土創成と神生みの神。オノコロ島への天下り、神婚、国生み、神生み、黄泉《よみ》の国の物語、檍原《あわぎはら》の禊、三貴子化生などが主である。

神名は、イザ（誘）ナ（の）キ・ミはそれぞれ男女を表わし、神婚儀礼に由来するといえる。伊弉冉尊は火神軻偶突智《かぐつち》を生んだとき火傷で死んでしまう。これを伊弉諾尊が黄泉の国まで追いかけたが恐怖のあまり逃げ返ったという神話は印象的である。

なお、神話学ではこの二神を天父と地母と見る向きもある。史学的には淡路島あたりの海人族の祖神・創造神だったろうと見る者が多い。

付言すれば、この両神は皇祖神とみなされるはずだが、皇室からはそのわりに尊崇されていないようにもみえる。

高皇産霊尊《たかみむすひのみこと》

天地開闢の初めに高天原に出現した、いわゆる造化三神の一。神名のタカは高天原、ムスヒは生成する霊力をさし、天空生成神ととる見方が多い。

この神は、高天原にあって天孫降臨などのおりに大きな命令を司る神で、一種の皇祖神的色合いがある。学者によっては、天照大神が最高の皇祖神となる以前、この神がそれであったのではないかという者もいる。

なお、古事記にはこの神を高木神というとも記され、高い樹木に下る北方的な神かとも解されている。

この神を祭った神社に、対島の旧式内社高御魂《たかみむすひ》神社などがある。なお、宮中八神殿にもこの神は祀られている。

神皇産霊尊《かみむすひのみこと》

天地開闢の初めに、天御中主神、高皇産霊神に次いで出現した神。いわゆる造化三神の一である。神名は、ムス（生成）ヒ（霊）が中心で、上につくカミは美称と一般に解される。この神は、高皇産霊神とくらべると、あまり神話中で活躍していない。

延喜神名式には、カミムスヒと名のつく神社が六社ほどあるが、すべて出雲にある。このことから、古い出雲人が生成の神秘を尊んで崇拝した神であったものと思われる。性別を越えた神とされるが、古事記などからは母神の印象がほのめかされ女神的とはいえる。

なお、この神は皇室の八神殿の一神としても祀られている。

猿《さる》田彦《たひこのかみ》神

天孫瓊瓊杵尊《ににぎのみこと》の天降りの際、高千穂峯まで道案内をした神。しかしこの神は伊勢国壱《いち》志《し》郡の阿邪訶《あざか》という所で魚をとっていた時、比良夫貝に手をかまれて溺れ死んでしまう。書紀には、この神は口や尻は照り輝き、目はほおずきのように赤く、鼻の長い大男であったとある。何か太陽と猿と天狗に通ずる印象である。

元は海人族などが奉じた神であったようだ。また、天鈿女命《あめのうずめのみこと》とこの神とは巫女と祭られる神との関係であるという見方もある。

後代は道祖神や庚申様などの民間習俗と合体していった。

関係神社には、伊勢市の猿田彦神社、鈴鹿市の椿大神社などがある。

大山祇神《おおやまつみのかみ》

伊弉諾・伊弉冉尊の神生みによって生まれた神。かなり原始信仰の根を持つ神のようである。神名からは様々な原始山霊の棟領のような性格が感じられる。

さて、この神の娘に石長比売《いわながひめ》と木花開耶姫《このはなさくやひめ》があり、二人を瓊瓊杵尊に献ずるが、みにくい石長比売は返されてしまう。ここに大山祇神は、皇孫《すめみま》の御命《みいのち》は花のようにはかないことになろうと言った。それゆえ皇孫の命は短かくなってしまった。この神話は、死や生命のはかなさの起源を語ったものであろうとされる。

愛媛県大三島の大山祇神社（伊予国一の宮）はこの神を祀っている。瀬戸内の文化・交通上から、古くより海上守護神として重んじられた。

住吉大神《すみのえのおおかみ》

古事記には、伊弉諾尊《いざなぎのみこと》が檍原《あわぎはら》で禊をしたときに出現した表筒男命《うわつつのおのみこと》・中筒男命《なかつつのおのみこと》・底筒男命《そこつつのおのみこと》の三神があるが、これらの総称。

この神は、神功《じんぐう》皇后の新羅征伐（実際はかなり違った史実なのだが）のおりに出現し、軍船を導いて活躍したとも記される。海人軍団的な印象を感じとることもできよう。

神名のツツは、夕星《ゆうづつ》のツツとか、筒のツツとか、「つ津《つ》」として船着場をさすものであろうとか諸説がある。

大阪の住吉神社はこの神を祭っている。

また、『延喜神名式』には、播磨・長門・筑前・壱岐・対島など、いわゆる古代航路にそってこの神が奉斎されていることには意味がありそうである。

武甕槌神《たけみかづちのかみ》

伊弉諾尊が火神軻遇突智《かぐつち》の首を斬ったとき、血が石にほとばしって化生した神。神話において、この神は経津主神《ふつぬしのかみ》とともに高天原から命令されて下り、大国主命に国譲りを迫る。この神は剣を神格化したものらしく、また神名からすると落雷の威力の神格化ともからんでいるようでもある。

この神は常陸の鹿島神宮の祭神である。中臣・藤原氏に崇拝されて、後にこの神は春日大社にも迎えられた。

ただし、鹿島神宮の原像はなかなかに複雑でわかりにくいものがある。社殿の様式や神前での忍手《しのびで》（無音の拍手）の作法などから推して、むしろ出雲系の神社ではないかとも考えられるのである。

豊受大神《とようけのおおかみ》

伊勢外宮の祭神。この神は記紀などにほとんど記されていない。延暦二三年（八〇四）に成った『止由気宮儀式帳』には、雄略天皇の夢に天照大神が告げて、自分一人では食事も安らかならぬから丹波の等由気大神を自分のもとへ呼び寄せてほしいとのこと。これをもって伊勢に祀ったとされている。

神名は、ウケがウカなどに通じ、穀物神的なものと一般に解されている。しかし、中世の外宮（度会《わたらい》）神道では、国常立尊や天御中主神と同体とする神学的見方などがあり、複雑な原像があるようだ。

さらには、伊勢の多気連《たけのむらじ》の祖神宇賀《うか》乃日子という神を豊受大神の前身であろうとする意見も出されている。

火明命《ほのあかりのみこと》

瓊瓊杵尊と木花之開耶姫との間の子。神話では、姫神の一夜妊みを尊にうたがわれたので、姫神は無戸室（産屋のことか）に入り火をつけ、天孫の子ならば焼け死ぬことはないでしょうと誓い、ついに三人の子を生む。この中の一人である。

神名は炎が大きく明るくなった時に生まれたという意味であろうか。ただし、生まれに関する異伝は多い。播磨国風土記には、大汝命（大国主命）の子として火明命の名がみえる。

この神は尾張氏の始祖とされており、また物部氏の祖神饒速日命と同体であるという印象もあり、古来議論が多いものである。

鹿児島県の鹿児島神宮の祭神である。

天日槍《あめのひぼこ》

但馬《たじま》の国の出石《いずし》を拠点とした渡来日槍族の祖神。古事記には、新羅の女が日光によって妊み赤玉を生んだが、これが娘と化し天日槍の妻となる。しかし妻は日本の難波に逃げ渡り、これを追った天日槍は難波に入れず、但馬に住みついたとある。日本書紀にも、垂仁天皇の時代のこととして似た記載がある。

神名は、日神祭祀と関係がありそうである。陽を祀るホコが神格化したものといえる。

なお、播磨国風土記にあるように、日槍族と出雲族との間では勢力争いがさかんであった。田道間守《たじまもり》や神功皇后《じんぐうこうごう》は、日槍族の血筋をひく人物たちである。現出石神社はこの神を祭っているが、その他にも伏せて祀っている神社は考えられる。例えば気比神宮や大兵頭神社（大和）など。

第四部

古神道のしおり

［未発表篇］

手書きの遺稿をそのまま活字化したもの。

供養の原型にあるもの【一】

供養は日本人の心に根づいた仏教語である。仏前に物を供えて死者の冥福を祈るのである。

古神道ではまず現世の我《われ》の清めである。我すなわち祖先であるから、我を通して祖先を清め高める。死者を死者とみて、誰か他人（プロなど）に清めをまかせるという行き方はあまり本来的でないと考える。

さて、供養はもともと原始日本に土台があったから根づいたのである。これは死によって肉体から分離したけがれ多い霊魂を高いものにしていくために、盛んに祀りをして清めていったことに発している。

死は霊魂への再生であり、現世の我の清めを介して、それとつながる祖先を清めんとしたのである。

供養の原型にあるもの【二】

とむらいあげというものがある。所により三十三年や五十年とし、これで法要をきり上げる。これで死者は祖霊に帰ったとする。

ここには神道的なものが透けている。死者の霊を何度も祀って、その作用によって霊が神になってもらおうとする。神になれば、元が強くなるから、末たる現世の我もおかげこうむって強く盛んになる。本来の氏神信仰はここに本質があったはずである。死して霊は無に帰するのでもなく、すぐ神になるのでもなく、現世の我らの力添えによるしばらくの時が必要である。

ここに仏教の〝供養〟がすんなりかぶさった。あとはそちらの色が強まり、神道は現世のみの清め（禊祓《みそぎはらい》など）というふうに解され、奥行を欠くものにされてしまったのである。

カミの語源は鹿の肉？

神の語源は不明であるが、ここにユニークな説をひとつ。カミには狩猟生活の時代、超越者にささげられた神獣の印象があろうという、松原博一教授の説。つまり鹿身《かみ》である。たしかに春日曼荼羅《かすがまんだら》などには、神鹿に乗った神の姿がある。われわれの心の中に神鹿の印象は幽《かす》かに生きている。

ついで発展し、農耕生活の神霊観による薌（か・け）と穀物（み）の結合をいう。ウカノミタマなどと同類の穀物霊の印象である。

そして後代、人格神の印象が強まる中で、香身《かみ》が出てくると説く。

とまれ神の語源説は無数にある。ある者は〝彼身《かみ》〟説をとき、彼方の向うがわの体という印象をいう。松原氏の三段階の説は、まとまっていて面白い味がある。

神のみそぎ

神霊がみそぎする。こういえばけげんに聞こえよう。神霊はわれわれと違ってけがれるわけがないじゃないか、と。

では、福島県や宮城県の海岸地方で、「神さまのお浜下り」といって神輿《みこし》が浜に下って潮水を浴びる神事が多いのはなぜか。また東京深川の百台神輿などで、盛んに水がかけられるのはなぜか。これは結局、神霊自体のみそぎといえよう。古神道的な理解からすればそうなりえる。そして人間のよりむしろ神のみそぎの方が古伝的であったともいえよう。

神霊が清められ、改められ、盛んになることが期待されたのである。それによって、祭祀者や村落共同体の人々の御霊《みたま》も、同時におかげをこうむって清め高められたわけである。

獅子はなぜねむる

獅子舞いの中ほどあたりに注目しよう。笛の音にさそわれて獅子が一旦ねむってしまう。そしてややあって、別の音色によって静かに目をさます。この謎は〝こもり〟にある。ここで古い魂が切りかわる。サナギのように外見の不動の中に、じっくり内が育つ。そして新たに生まれる。

古神道の修霊法も、御霊《みたま》をねむりのごとくひっそり育てる段階がある。養育するの古語は日足《ひた》す（霊足《ひた》す）が原意である。〝ねむり〟は重要なのである。なお、天皇家の大嘗祭《だいじょうさい》における真床覆衾《まとこおふすま》も、天皇霊を承けるねむりの印象がうかがわれる。

民俗文化には無視できない鍵がある。

おこもりの意味

神を迎えるために、前もって慎《つつ》しみの精進をする、その忌み籠《ごも》りの期間をいう。辞書的にはそうなる。しかしいまひとつ奥を見たい。

民俗学の吉野裕子氏は、ずばり〝妊《みごも》り〟であるという。日本の祭りの原型にある巫女による神との交合・妊り・神のみあれの三段階のうちの一つであると説く。

これは古神道的にもそれなりにうなづける。おこもりは本来祭りの前段階よりも中核であった。御霊《みたま》をそっと鎮《しず》め、その中で育て強めていく。これは同時に神霊の妊《はら》みともいえる。

京都府下の居籠祭《いごもりまつ》りなどもその種の古祭である。氏子は一切無音沈黙を強いられる。これが祭りである。おこもりを調べていくと、鎮魂や祓いの意味もほの見えてくる。

古墳と神社

神社の原型は縄文・弥生期の磐座などの祭場から始まるようだと学者たちはいう。そして古墳と神社の関係となると微妙に口をつぐむ。清浄一点ばりの神社と墓とはつながりにくいと直観されるからだ。

しかし、大和葛城《かつらぎ》地方の神社には古墳とペアとなったものも多い。他所でもそれはいえよう。明らかに古墳が意識されている。それと伊勢神宮の御正殿《みしょうでん》の中が古墳そっくりなこと。古墳の副葬品じみたものが配置され、納棺ににた御船代《みふなしろ》が中央に安置されている。

こうしたことは、死がいわば〝霊の誕生〟ともいえ、生の前提に死ありという古神道の理が見えるからではないか。

古墳と神社の関係には多くの謎がある。

銅鐸は霊楽器か

勾玉のすれ合う音や草木のゆれる音に古代人は神の兆《しるし》を聞きとった。こういう力は現代人には失せてしまった。

さて、古神道系の神事には音にかかわるものが多い。太鼓、鈴、石笛、鳴弦、複雑な拍手など。しかしもっと奥には、鳴らすよりも鳴る神事があった。たとえば釜鳴神事である。これは現在多くは鳴らす仕掛けをしているようだが、本来はちがっていた。

銅鐸も、あるいはこうした神事中に超物理音を聞きとるものであったかもしれない。その音の発する方位や音変、それらによってウケヒをしたり、お伺いを立てたり、やや日常化して占いに用いたりしたのかもしれない。

霊動とは

一般には、御霊のはたらきが体に振動的にあらわれることをいう。清めの段階や神憑りや、まれには邪霊の憑霊などによってもひきおこされる。

本人に自覚あっての霊動は、それなりに清めや鎮魂に応用できるが、無自覚でのそれはやや問題をはらむ。よき導者にさばいてもらうことが必要である。

さて、通俗仏教系や新宗教系の導師は、霊動を因縁霊とか前世の業とかに結びつけたがるが、あまり度を越すと不安現象のもとになる。

霊動法と健康法

霊動は一種の無意識作用である。これを健康法に応用することも可能であろう。

大正初期に、岩田篤之介は岡山の檜山北辰妙見宮に伝承されていた修霊法を、療術的に再編成し「岩田氏本能法」を成した。潮《うしお》晃充《てるみつ》はこれを現代的に再編成し「自然良能誘起法」を成した。いずれも霊動の応用である。

また、中村春吉—石川清浦とつづいた霊動会という別の流れもある。ここでは気合法も加味されている。さらに、野口晴哉の整体法（とくに愉気《ゆき》法や活元《かつげん》運動）も、霊動という語を一切用いぬが、一種の霊動法であろう。

霊動は古語では布留部《ふるべ》といったようだ。石上系ではこれを鎮魂法とかさね合わせている。

幽斎《ゆうさい》と本田霊学

大本教や、その流れをくむ生長の家や三五教では、幽斎がいわれる。これは顕斎《けんさい》（一般祭祀）に対する一種の帰神法である。幕末に薩摩の本田親徳《ちかあつ》が再興したといわれる伝で、純粋系は、本田から長沢雄楯《かつたて》に、更に佐藤卿彦《あき》と伝えられて今日に至る。いわゆる秘教として神道霊学系（裏《うら》神道）の人々に注目されている。出口王仁三郎《おにさぶろう》は長沢から伝を承け、これを出口ナオの霊感を合流させて大本教をなしたのである。また、長沢から友清歓真《かんじん》（天行居《てんこうきょ》をなす）に流れたものもある。

さて、古神道の世界で本田霊学がどのように位置づけられるかはむずかしい。ただ審神《さに》者《わ》や鎮魂《ちんこん》など、古神道の骨格をそれなりに体していることは事実である。

幽《ゆう》の世界観

無常や幽玄は、今でも日本人の心のすみに生きている。これは中世仏教の産物だといわれる。しかしもっと古い根があるのだ。

日本人は現世中心主義ではない。といって来世観にひたってもいない。ここに幽の世界観がある。神道では「幽顕」をいう。古くは隠身《かくりみ》・現身《うつしみ》ともいった。目に見えないところではたらいている力を感じ、そこに天地宇宙のわざを察した。

幽に生き、幽の声を聞く。ここに神ごとがあった。ユダヤ・キリスト教のように絶対神の啓示によって律するのとはちがう。それゆえ、心の清めみがきが重んじられる。この心に映るいのちのリズムが無常を見させ、美が幽玄を生んでいったといえよう。

風と神霊

風の神は古代の自然崇拝だなどといわれる。しかし古神道実修の立場からは、もっと奥が感じられる。神棚から冷風が吹きつけたなどという報告もうける。また、息が風のように気吹《いぶ》かれて神前がスッと清め鎮《しず》まることも多い。天照・素戔嗚《すさのお》二神のウケヒも、気吹の中に神生みがなされた。風は大気の変であり、天地宇宙の気を読むのに便利であった。神意の兆《ほ》（しるし）を察しやすかった。

「体中の風」たる息を清めみがききり、神意に通ずるのが古神道の修霊法の中で重い位置をしめている。気吹祓、息長《おきなが》法などである。

なお、ヘブライ語の霊《ルーアハ》も風の意味で、神からの一方的な風のことをさし、やや似ている。

ムスビ（産霊）

タカミムスビ・カミムスビの神などの神格をいう。ムスビとは、ものを生むはたらきを神格化したものらしい。

『新撰姓氏録』には、始祖が多くムスビの神とされている。しかし宮中では、八神殿の祭神としても祀られている。生魂《いくむすび》・足《たる》魂・魂留《たまつめ》魂である。

古事記では造化三神として宇宙創造的にとらえられている。民間では、縁ムスビやおみくじを木の枝にムスブ信仰となっている。

ムスビの信仰は相当古い匂いがあり、原始生命観をふまえたものといえよう。生ムとムスにはやや印象差もあり、ムスは性を介さずおのずと発生する感がある。それだけ古い生命観ともいえようか。

モノ

大物主命《おおものぬしのみこと》、物部《もののべ》などのモノは謎の多い語である。神格を示すが、モノノケのモノとして怪異の匂いもある。

こういうモノを支配したり制御する役として物部がいた。モノシリ（物知）という古代呪術者もいた。これは今でも種ヶ島や東北地方に存在する。元はヒジリ（聖）と対になる語であったろう。

物部の鎮魂の原型はモノ鎮《しず》めであり、後に印象が薄れて、健康法や瞑想法的になっていったといえる。忌部《いんべ》系の祝詞も元はモノ鎮めである。モノに対して「我は汝らと仲間であり、その長であったのだから、よく聞きなさい」と説得するのである。一般の祝詞とは異なる。

タマ

神道の根本をなす霊魂観である。これを踏まえてこそ、荒魂《あらみたま》和魂《にぎみたま》、一霊四魂《いちれいしこん》、鎮魂《ちんこん》などがわかってくるのである。

近代人はタマを心と考えたがる。しかし大もとはやや異なる。神社神道では祈念中心であり心本意でよいが、古神道は〝魂の運用〟を実修するので、やはり魂の深みを知る必要がある。

たとえば出雲の祓いである。これは複数魂の運用によって、人間の魂の切りかえや注入を行なうものである。神社で見かけるお祓いとはだいぶ異なっている。

また、豊玉姫《とよたまひめ》、玉依姫《たまよりひめ》など多くタマのつく神名があるが、魂のはたらきの神格化である。

神道考古学

国学院大学の大場磐雄教授が起した学問。氏は「わが国固有の信仰の発生と、それから起った宗教現象とを、遺跡遺物を通じて考究する、宗教考古学の一部門である」と定義している。氏は、神道史を①神道前期（縄文期）②原始神道期（弥生〜古墳期）③文化神道期（仏教渡来以降）と区分する。

具体的には「祭祀遺跡」の研究が中心となった。物によって祭りの実体を証そうとする試みである。ただし古墳期のものにしぼられがちであり、例えば中国地方の巨石遺跡（縄文期かそれ以前）などは敬遠されている。

ともあれ、神霊世界を物でとらえるこの限界をきびしく知った上での地味な学問であるべきだろう。

日本の神仙道

仙はまさに「山に人」ゆえ、史上にめだたぬ。しかし古神道や修験道と微妙に重なりつつ、かなり古くからあったといえる。近世から近代にかけて、宮地常磐・堅磐父子、雲居官蔵、河野至道、国安晋明らが、その世界では知られている。

これらの源流は遠く上古に、帰化系の仙道家が日本に持ち込み、吉野山などに根づいたものらしく思える。

ところで、現代の台湾などの仙道は、宋代あたりに一度整備されたものを継承しているようだが、日本のものとはかなり色合いが異なる。日本のそれは、一般に幽冥界信仰や接霊などが根本にあるようだ。

実体はいまだ漠としているが、古神道の帰神法などとも通ずるところがあり興味をひく。

雑誌と学会

仏教の『大法輪』や『ナーム』に当るような一般誌はない。神社発行誌として、『大美和』（奈良の大神《おおみわ》神社）『朱《あけ》』（京都の伏見稲荷）などがわりと充実している。

学術誌として、『神道宗教』『神道及び神道史』（以上国学院大学）『神道学』（出雲大社）として、『神道史研究』（八坂神社）の四誌が代表的である。なお、神道関係の論文の出やすい誌として、『国学院雑誌』『国学院大学日本文化研究所紀要』『皇学館論叢』『皇学館大学神道研究所所報』などがある。

学会は、国学院大に二つ、出雲大社、八坂神社に一つずつ、全部で四つある。なお、神道系大学は、国学院と皇学館の二校である。

鎮魂《ちんこん》【一】

出雲神道をはじめ古神道は鎮魂を重んずる。しかし言語表現はしにくい。世に鎮魂法として一種瞑想法的なものを見かけるが、古法の一部を近世以降整備したものと思われる。神事の場に参ずるにあたって鎮魂が必要となる。というより、鎮魂されていなければ神事が立たないのである。

一般人としては、日々の神拝その他の行為の中でおのずと体得するのが筋であろう。鎮魂帰神《きしん》法と称して一部の団体では荒っぽく行じている向きもあるが、やや疑問がある。鎮魂はそれだけとり出して短期習得しようとすべきものではなかろう。

鎮魂には、物部系が有名であるが、宮中系、賀茂系、修験系その他がある。

鎮魂【二】

広い意味での鎮魂として、いわゆる怨霊鎮め的なものもある。これは日本の精神史の闇部をなすところであり、梅原猛の史観もここに光を当てたものである。

この種の鎮魂の原型には、物部氏による〝精霊制御〟の法があった。これは相手の氏族の守護神や霊を、こちらから制御する一種の呪法である。これは祭政時代には、国家力の本質として重いものがあったのである。しかし後代、こうした状況もうすれ出すと、単なる武(もののふ)とされてくる。崇仏蘇我氏の力の前に、物部呪法は効かなかった。

さて、鎮魂関係の本としては、宇佐美景堂『霊体結修鎮魂之要諦』(霊相道)、田中治吾平『鎮魂法の実修』(霞ヶ関書房)などがある。両者とも物部系と思える。

民俗学の神道理解へ一言

民俗学ばやりである。日本人の心の根を見つめんとする一種の精神本能ともいえようか。民俗学者の神道的世界への発言もある。

ただし、民俗学には落し穴がある。それは、二・三年もやり出すと、一切分ったような気になって上すべりを起こしやすい傾向があるからだ。穀霊や稲作儀礼といった便利な語で〝神事〟をバサッと分析してしまう。これによって見えるものもある。しかし見えなくなる部分の方が圧倒的に多い。

学者が、例えば神事の席で真に降神をビリ〳〵と体感することがあれば、なまじの用語法など飛んでしまうはずである。

民俗学の発展のためにもこのことを一言。

気吹《いぶき》

古事記に、剣をかみ、玉をかみ息をはくとき「気吹の狭霧《さぎり》」の中に神々が生まれいでると記されている。

また、神憑りの状態にある巫女などは、さかんに気吹を吐く。息というものは、われわれが考える以上に奥深く神秘的なものがある。禊や祓いで御霊《みたま》が清まると、息が清まり、一種の霊的な作用をはらんでくる。

出雲の〝気吹祓い〟なども、そうした清まった息で祭場や他人その他を清めたりする技《わざ》である。こうしたことは理窟では追い求めがたい。といって信仰と一くくりにもなしがたい。清めのありようをわずかでも実感した者が、さらに実感を重ねる中で「これだ」と直観する。そうした世界だとしか言えない。

審神者《さにわ》

『政治要略』に「神明の託宣を審察《しんさつ》するの語なり」とある。記紀には、武内宿禰《たけのうちのすくね》や中臣烏賊津使主《なかとみのいかつのおみ》が審神者とされている。

今日の神社では、ほとんどこの役を聞かぬ。しかし古神道上は重要な要素である。神のお告げを聞いて解釈する人、と一応解しうる。上古の祭政世界の根本をなしたところである。

さて、旧大本教、本田霊学、近代心霊学などでは、審神者のことはよく聞く。また御嶽教の「御座立《おざだ》て」の神事における前座、かくれ念仏における善知識、さらに新興教派の身言正宗における親仏、希心会（霊友会系）における立会い。これらはいずれも審神者役である。

現代のごとき、民族的文明的危機のおりにあっては、真正の審神者法《さにわほう》の再建が望まれる。

巫女《みこ》

神社の庭を緋袴《ひばかま》で歩いている少女も巫女だが、古神道では通じない。あくまで神意・神告をその身に承け顕《あら》わしうる人間でなければならない。そして巫女と審神者は一組《セット》になる。どちらが欠けても道が立たぬとする。

よく新興教派が、巫女型教祖を絶対視し、一元ラインを敷くが、古伝の立場からは疑問である。巫女が自らの精神バランスを欠いて脱線するケースは多い。

古代伊勢神宮では、御杖代《みつえしろ》とよんだ巫女がおり、祭政原理を体現していた。またそれより以前の神功《じんぐう》皇后なども高次元の巫女であった。例の邪馬台国の卑弥呼もそうである。審神者とともに、今日真正の巫女の出現が望まれる。

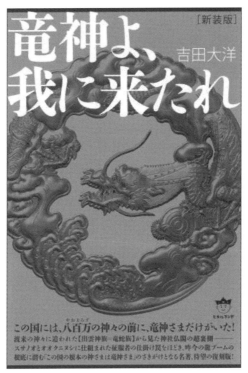

吉田大洋　よしだ たいよう
昭和10年満州生まれ
著書に
『すぐわかる家紋と姓名』（弘済出版社）
『すぐわかる苗字と祖先』（弘済出版社）
『竜神よ、我に来たれ！』（徳間書店）
『謎の弁才天女』（徳間書店）など。
『［新装版］謎の出雲帝国』『［新装版］竜神よ、我に来たれ』（ヒカルランド）など。

本作品は、1989年８月、徳間書店より刊行された『謎の弁才天女―福神の仮面をかぶった呪詛の神』を再録したものと、未発表の「謎の津軽第二出雲王朝」および「出雲の銅剣が示すもの」（未完成の手書きの遺稿）をそのまま活字化したもので構成されています。

［蘇る吉田大洋著述集］
謎の弁才天女＋謎の津軽第二出雲王朝（他）

第一刷　2021年9月30日

著者　吉田大洋

発行人　石井健資
発行所　株式会社ヒカルランド
〒162-0821　東京都新宿区津久戸町3-11　TH1ビル6F
電話　03-6265-0852　ファックス　03-6265-0853
http://www.hikaruland.co.jp　info@hikaruland.co.jp

振替　00180-8-496587

本文・カバー・製本　中央精版印刷株式会社
DTP　株式会社キャップス
編集担当　TakeCO

ISBN978-4-86471-997-1

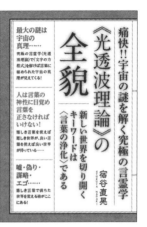

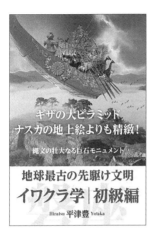

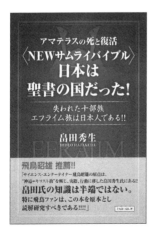

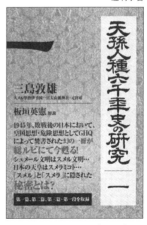

ヒカルランド　好評既刊！

地上の星☆ヒカルランド　銀河より届く愛と叡智の宅配便

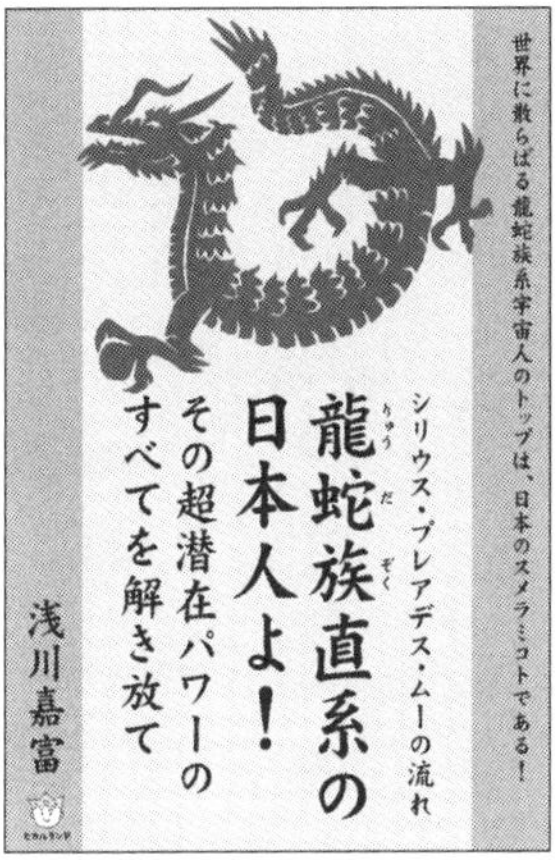

龍蛇族直系の日本人よ！
その超潜在パワーのすべてを解き放て
著者：浅川嘉富
四六ハード　本体 1,800円+税

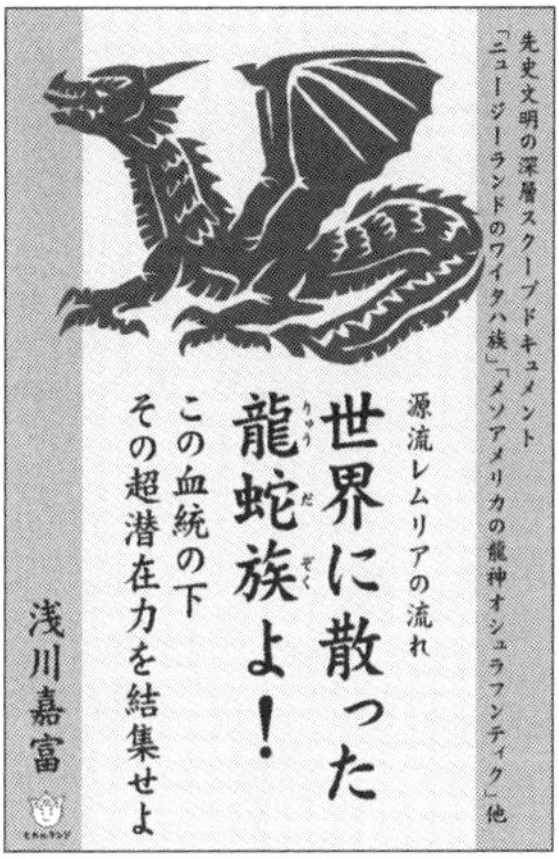

世界に散った龍蛇族よ！
この血統の下その超潜在力を結集せよ
著者：浅川嘉富
四六ハード　本体 2,200円+税

地球隠れ宮一万五千年のメッセージ
幣立神宮が発する日本の『超』中心力
著者：春木伸哉／江本 勝
四六ハード　本体 1,700円+税

エンペラーコードが明かす《日本の始まりはシュメール》
著者：坂井洋一
四六ソフト　本体 1,815円+税

ヒカルランド　好評既刊！

地上の星☆ヒカルランド　銀河より届く愛と叡智の宅配便

日本人が知っておくべき
この国根幹の《重大な歴史》
著者：加治将一／出口 汪
四六ハード　本体 1,750円+税

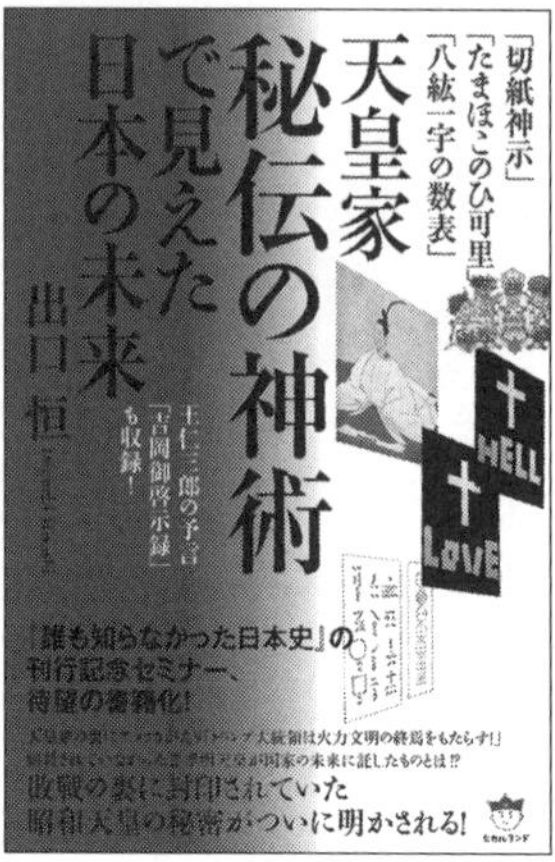

天皇家秘伝の神術で見えた日本の未来
王仁三郎の予言「吉岡御啓示録」も収録！
著者：出口 恒
四六ソフト　本体 1,815円+税

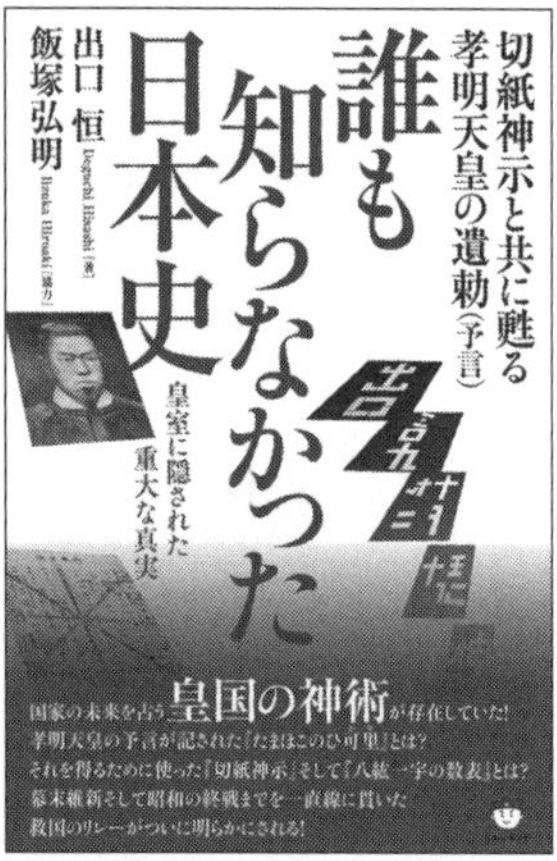

誰も知らなかった日本史
皇室に隠された重大な真実
著者：出口 恒／飯塚弘明
四六ハード　本体 2,000円+税

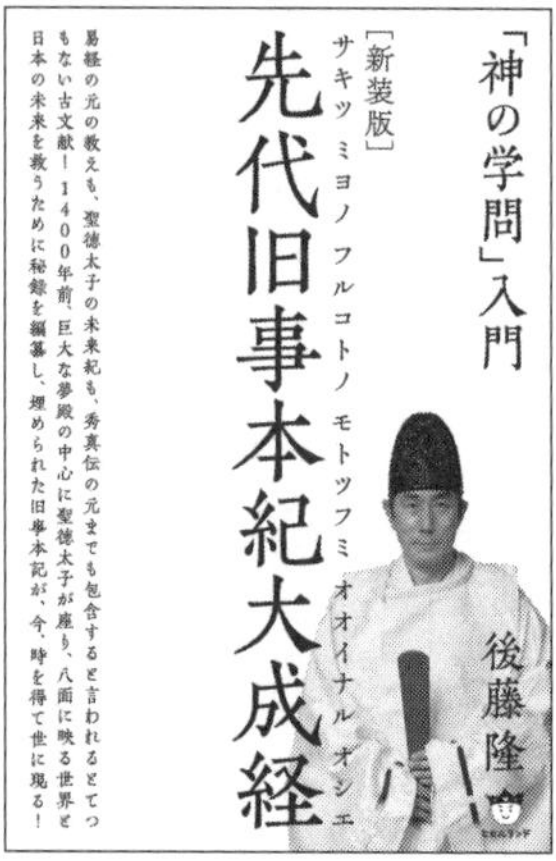

「神の学問」入門
［新装版］先代旧事本紀大成経
著者：後藤 隆
四六ソフト　本体 2,222円+税

ヒカルランド　好評既刊！

地上の星☆ヒカルランド　銀河より届く愛と叡智の宅配便

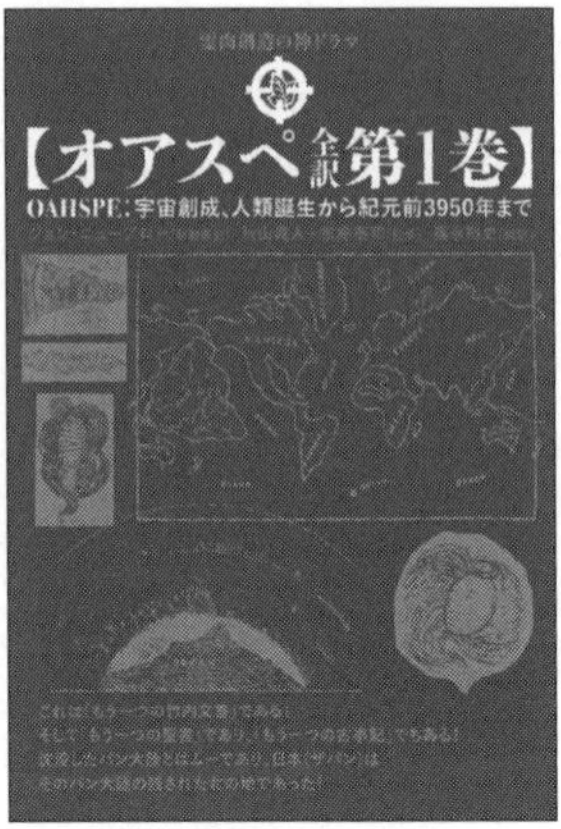

【オアスペ全訳 第1巻】
自動書記：ジョン・ニューブロー
監修：秋山眞人＋布施泰和
翻訳：福永裕史
Ａ５ソフト　本体 6,000円+税

【オアスペ全訳 第2巻】
自動書記：ジョン・ニューブロー
監修：秋山眞人＋布施泰和
翻訳：福永裕史
Ａ５ソフト　本体 6,000円+税

【オアスペ全訳 第3巻】
自動書記：ジョン・ニューブロー
監修：秋山眞人＋布施泰和
翻訳：福永裕史
Ａ５ソフト　本体 6,000円+税